教養としての
スポーツ心理学

徳永幹雄編

大修館書店

■執筆者一覧

● 編者

徳永幹雄(とくなが みきお)
　1939年福岡県生まれ。1961年広島大学教育学部体育科卒業。1962年九州大学教養部助手，講師，助教授。1987年九州大学健康科学センター教授，同センター長を経て，2002年に定年退職，同名誉教授。現在，福岡医療福祉大学教授。

● 執筆者 (50音順)

兄井　彰　福岡教育大学教育学部
　——11章1, 2, 附章18

井澤和大　聖マリアンナ医科大学病院リハビリテーション部
　——14章7

石村宇佐一　金沢星稜大学人間科学部
　——10章5

磯貝浩久　九州工業大学大学院情報工学研究院
　——附章1, 10, 20

今村律子　九州工業大学大学院博士後期課程
　——9章2

岩﨑健一　熊本健康体力づくりセンター
　——10章1, 2, 3

上田真寿美　山口大学大学院医学系研究科
　——14章5, 附章13

上地広昭　山口大学教育学部
　——14章2

上野耕平　鳥取大学教育センター
　——附章2

内田若希　九州大学大学院人間環境学研究院
　——14章6

遠藤俊郎　大東文化大学大学院スポーツ・健康科学研究科
　——10章6, 11章4, 附章5

大場ゆかり　武蔵野音楽大学音楽部
　——附章8, 14

岡　浩一朗　早稲田大学スポーツ科学学術院
　——14章7, 12

織田憲嗣　アスリート心理相談室
　——9章3

海野　孝　元宇都宮大学教育学部
　——附章7

岸　順治　岐阜経済大学経営学部
　——附章11

北村勝朗　東北大学大学院教育情報学研究部
　——附章6

渋倉崇行　新潟県立大学人間生活学部
　——附章4

下園博信　九州共立大学スポーツ学部
　——11章3

鈴木　壮　岐阜大学教育学部
　——10章9, 10

関矢寬史　広島大学大学院総合科学研究科
　——10章4

杉山佳生　九州大学大学院人間環境学研究院
　——15章7, 8, 附章16

髙見和至　神戸大学大学院人間発達環境学研究科
　——附章3

田口耕二　大商学園高等学校
　——10章7

土屋裕睦　大阪体育大学大学院スポーツ科学研究科
　——9章4, 5

徳永幹雄　福岡医療福祉大学人間社会福祉学部
　——1章〜8章, 9章1, 13章, 15章1, 6, 附章19

西田順一　群馬大学教育学部
　——14章8

橋本公雄　熊本学園大学社会福祉学部
　——12章, 14章1, 15章2, 附章15, 17

藤永　博　和歌山大学経済学部
　——15章3, 4

船橋孝恵
　——15章5

村上貴聡　東京理科大学理学部第一部
　——10章8

安永明智　文化学園大学現代文化学部
　——14章4

山口幸生　福岡大学スポーツ科学部
　——14章3

渡辺　修　サイコスポーツ株式会社
　——附章9

まえがき

　近年，スポーツ心理学で注目されているのは，スポーツ選手へのメンタルトレーニングです。オリンピックなどのトップ選手からジュニアの選手に至るまで，日頃，練習してきた技術を本番でいかに発揮するかについて，心理的サポートをする仕事です。そのために，日本スポーツ心理学会は2000年から「スポーツメンタルトレーニング指導士」という資格認定制度を開始しています。

　「将来メンタルトレーニングの仕事をしたいのですが，どういう条件が必要ですか」といった質問をよく聞きます。当然ながら，スポーツ心理学を専門的に学ばなければなりません。まず，教育学部の保健体育科や体育学部（あるいは，スポーツ科学部など）のある大学に入学するか，教育学部などの心理学科のある大学に入学するか，2つの方法があります。前者はスポーツ科学を，後者は心理学を専門的に学んだ後，大学院に進みます。大学院は修士課程や博士課程に「スポーツ心理学」の科目がある大学を選び，そこで，スポーツ心理学を専門的に学ぶことになります。また，スポーツ選手への心理的サポートができるようになるためには，競技スポーツの心理学だけでなく，スポーツ集団の運営法，技術の心理的指導，健康のために行われるスポーツ，悩みを持った選手の相談などの心理学やスポーツ科学一般の知識が必要になります。これらを学び，学術・研修実績や指導実績を積み，メンタルトレーニング指導士の条件を満たしていくことができます。

　一方，スポーツ指導者や競技者自身が競技成績や実力発揮度の向上のために，スポーツ心理学を学びたい人も多いことと思われます。

　本書はこうした意味から，スポーツ心理学の入門編として大学生や大学院生に使用できるテキストとして企画しました。『教養としてのスポーツ心理学』というタイトルですが，構成は序論(歴史，定義，領域など)，競技スポーツの心理学，健康スポーツの心理学，スポーツ心理学の研究法，スポーツ心理学の基礎知識の5部構成で，幅広い内容になっています。また，大学での授業は半学期が15週であると考え，全体を15章で構成しました。

　執筆にあたっては，徳永・橋本が大部分を担当しました。しかし，競技スポーツや健康スポーツの実践例や基礎知識については，現在，活躍中の若手研究者の多くに依頼して，その活動や新しい知識を解りやすく書いて貰いました。

　本書がスポーツ心理学に関心のある人びとの実力発揮度や競技成績の向上に繋がれば，望外の喜びであります。

　最後に，本書の出版にあたっては，大修館書店編集第三部丸山真司氏に，多くの執筆者との連絡，原稿の整理，書式の構成，校正などで，多大なご尽力を頂きました。ここに記して厚く感謝の意を表します。

平成17年3月　　徳永幹雄

Contents

第1部 序論 1

1章 スポーツ心理学とはどんな学問か 2
1. スポーツ心理学の歴史 2
2. スポーツ心理学の定義 3
3. スポーツ心理学の研究内容 5
4. 日本スポーツ心理学研究の現状と課題 6

第2部 競技スポーツの心理学 9

2章 競技者に必要な心理的スキルとは 10
1. 心理的スキルとは 10
2. 心理的スキルを測定する評価尺度 11
3. 心理的スキルとパフォーマンスの関係 14
4. 心理的スキルのトレーニング 15

3章 「やる気」はどのようにして高めればよいか 18
1. 「やる気」とは 18
2. 「やる気」を高める方法 18
3. 目標設定の方法 20

4章 競技に必要な「よい緊張感」はどのようにしてつくるか 25
1. 「よい緊張感」とは 25
2. 体のリラックス 26
3. 心のリラックス 29
4. サイキング・アップ 30
5. 本番で「頭寒足熱」 31

5章 集中力はどのようにして高めるか 33
1. 集中力とは 33
2. 集中力を高める練習 36
3. 集中力を妨害されない練習 37
4. 集中力を持続する練習 39

6章 自信を高めるにはどんなことをすればよいか 41
1. 自信とは 41
2. 自信に影響する要因 42
3. 自信を高める方法 42

7章 競技の作戦はどのようにしてトレーニングすればよいか 47
1. イメージとは 47
2. イメージの基礎練習 47
3. 作戦能力のトレーニング 49
4. イメージカードを用いたトレーニング 50

8章 競技前の心理的準備や競技後の評価はどのようにすればよいか 53
1. 競技前や競技中の気持ちづくり 53
2. メンタルな動きづくりとその方法 54

　　　　3　競技前の心理的準備と本番での注意 57
　　　　4　競技後の振り返り（反省） 57
　9章　チームづくりに必要な心理的要因は何か 60
　　　　1　チームとは 60
　　　　2　コミュニケーション・スキル 61
　　　　3　協調性と個性化の育成 64
　　　　4　チームとしての集中力の高め方 66
　　　　5　チームづくりの戦略 68
　10章　競技スポーツではどのような介入指導をすればよいか（実践例） 71
　　　　1　メンタルトレーニング指導上の留意点 71
　　　　2　高校弓道選手への指導 74
　　　　3　中学柔道選手への指導 77
　　　　4　サッカー選手への指導 79
　　　　5　バスケットボール選手への指導 81
　　　　6　バレーボール選手への指導：
　　　　　　日本代表バレーボールチームに密着した心理的サポート 84
　　　　7　野球選手への指導 87
　　　　8　テニス選手への指導 89
　　　　9　カウンセリングを中心とした指導 92
　　　　10　介入指導に必要なスーパービジョンと倫理 94
　11章　スポーツ技術獲得の心理的課題は何か 97
　　　　1　技術獲得に必要な運動学習の理論 97
　　　　2　合理的な技術獲得の練習方法 99
　　　　3　判断力・予測力を養う練習法 101
　　　　4　運動学習理論とバレーボール指導 103

第3部　健康スポーツの心理学 107

　12章　健康スポーツの心理学とは 108
　　　　1　台頭する「運動心理学」 108
　　　　2　運動とメンタルヘルス 110
　　　　3　身体活動・運動行動に関連する心理的要因 112
　　　　4　身体活動・運動の継続法 114
　13章　運動・スポーツで心の健康は高められるか 117
　　　　1　心の健康と運動・スポーツの指導 117
　　　　2　運動・スポーツの心理的効果 119
　　　　3　健康スポーツと心の健康づくり 122
　　　　4　競技スポーツと心の健康づくり 122
　14章　健康スポーツではどのような介入指導をすればよいか（実践例） 125
　　　　1　健康スポーツの指導上の注意 125
　　　　2　児童・生徒への指導 126
　　　　3　大学生への指導 128

4　高齢者への指導 131
　　　5　更年期女性への指導 133
　　　6　身体障害者への指導 135
　　　7　心疾患患者に対するリハビリテーション 137
　　　8　組織キャンプの指導 140

第4部　スポーツ心理学の研究法 143

15章　スポーツ心理学の研究にあたって 144
　　　1　メンタルトレーニングの評価法 144
　　　2　運動・スポーツ心理学研究における研究デザイン 146
　　　3　実証的研究の方法論 147
　　　4　スポーツ心理学に必要な統計解析法 150
　　　5　質的研究の進め方 152
　　　6　心理尺度の作成法 154
　　　7　レポート・論文の書き方 157
　　　8　スポーツ心理学に関係する著書 159

第5部　スポーツ心理学の基礎知識 163

附章　スポーツ心理学に必要な基礎知識とは 164
　　　1　動機づけ理論と原因帰属理論 164
　　　2　スポーツ選手のライフスキル 166
　　　3　大学運動選手のアイデンティティ：スポーツマン的同一性の影響 168
　　　4　スポーツ活動とストレス 170
　　　5　競技不安 172
　　　6　コーチングの心理 175
　　　7　セルフトーク 177
　　　8　女性スポーツ選手の心理的特性と問題 180
　　　9　ビジュアルトレーニング 182
　　　10　スポーツにおける目標志向性 184
　　　11　スポーツ選手のバーンアウト 186
　　　12　スポーツ傷害に関わる心理的問題に対するアプローチ 188
　　　13　スポーツにおけるジェンダー論 190
　　　14　競技引退に関わるスポーツ心理学的指導・援助 192
　　　15　身体活動・運動に適用される理論・モデル 194
　　　16　スポーツとパーソナリティ・態度・楽しさ 197
　　　17　運動・スポーツに伴う感情変化のメカニズム 199
　　　18　アウト・ドア・スポーツと心の健康 201
　　　19　福祉社会におけるスポーツの役割 203
　　　20　スポーツメンタルトレーニング指導士の資格制度 204

　　さくいん 206

第1部

序　論

1 スポーツ心理学とはどんな学問か

最初に，スポーツ心理学とはどんな学問かについて理解しておこう。そのために，スポーツ心理学の歴史，定義，研究内容，そして日本や世界のスポーツ心理学の現状や課題について紹介する。

キーワード
- 国際スポーツ心理学会
- 北米スポーツ心理学会
- 応用スポーツ心理学会
- 日本スポーツ心理学会

第6回国際スポーツ心理学会
（1985, 於 デンマークのコペンハーゲン）

第9回国際スポーツ心理学会，
ポスター発表風景
（1997, 於 イスラエル）

1 スポーツ心理学の歴史

スポーツ心理学の研究が国際的な学会としてスタートしたのは，1965年，イタリアのローマで第1回の国際スポーツ心理学会（International Society of Sport Psychology：ISSP）が開催されたのが始まりである。わずか40年前のことである。その後，4年に1回開催され，ワシントン（1968年），マドリード（1973年），プラハ（1977年），オタワ（1981年），デンマーク（1985年），ポルトガル（1989年），シンガポール（1993年），イスラエル（1997年），ギリシャ（2001年）と世界の各地で開催されている。そして，第11回大会（2005年）がシドニーで開催される。発足当初から，この学会への日本人研究者の参加は多く，近年では30名前後が出席し，国際交流の場となっている。この学会は，スポーツ心理学の研究論文誌として，International Journal of Sport Psychologyという機関誌を発刊している。2003年よりInternational Journal of Sport and Exercise Psychologyと改称し，年4巻，発刊している。スポーツ心理学研究の代表的な国際的研究論文誌である。

米国では1926年にスポーツ心理学の父といわれているイリノイ大学のグリフィスC.が『Psychology of Coaching』を，そして1928年に『Psychology and Athletics』という著書を出版したのが研究の始まりと言われている。そして北米スポーツ心理学会（North American Society for Psychology of Sport and Physical Activity：NASPSPA）は1967年にスタートし，機関誌としてJournal of Sport Psychologyを発刊している。この機関誌も1988年にJournal of Sport and Exercise Psychologyに名称を変更し，現在に至っている。その後，米国では1985年に応用スポーツ心理学会（Association for the Advancement of Applied Sport Psychology，AAASP）が創設され，Journal of Applied Sport PsychologyやThe Sport Psychologistといった実践的な研究論文誌が発刊され，スポーツ心理学の応用的研究が報告されている。

わが国では1923（大正12）年に大河内　泰の『運動心理』および江上秀雄の『体育運動心理』が，翌年の1924（大正13）年に佐々木　等は同様の『運動心理』を出版している。さらに1930（昭和5）年には松井三雄は『体育心理学』，1932（昭和7）年には松井三雄・中村弘道は『スポーツ心理学』を出版している。学会は1973（昭和48）年に日本スポーツ心理学会（Japanese

Society of Sport Psychology：JSSP）が設立され，翌年の1974年に第1回大会が開催されている。2003（平成15）年に30周年記念大会が開催されたばかりで，わが国のスポーツ心理学研究の歴史は非常に浅い。しかし，それ以前のスポーツ心理学の研究は，1950（昭和25）年に設立された日本体育学会の体育心理学専門分科会（1960年，昭和35年発足）の中で行われてきた。また，1964年の東京オリンピックの時に日本体育協会の中にスポーツ科学研究委員会が設けられ，その中の心理部門でスポーツ選手への実践的な心理指導も行われている。

こうしてみてくると，米国や日本では1920年代にスポーツ心理学に関する著書が発刊され，研究が進められていたことがわかる。しかし，学会として組織的な研究活動が開始されたのは，それから40年後の1960年代であり，スポーツ心理学の研究は他の研究分野と比較すると，まだまだ歴史が浅い（**表1-1**参照）。

現在，多くの国や地域でそれぞれにスポーツ心理学会が開催されている。たとえば，国際メンタルトレーニング学会（TSMTE），ヨーロッパスポーツ心理学会（FEPSAC），アジア南太平洋スポーツ心理学会（ASPASP），アフリカスポーツ心理学会（AFASP）などであり，重要なスポーツ科学の研究分野として位置づけられている。また，国際心理学会（ICP），アメリカ心理学会（APA），日本心理学会などの心理学会の中でもスポーツ心理学に関する発表部門が設けられている。このようにスポーツ心理学は応用心理学の一部としても認められている。単にスポーツ心理学の分野に留まらず，今後も他の多くの関連分野と連携した研究活動を深めていくことも必要である。

キーワード
- 日本体育学会
- 体育心理学専門分科会
- 運動心理学

表1-1　各種学会の設立年

1950年	日本体育学会
1960年	日本体育学会体育心理学専門分科会
1965年	国際スポーツ心理学会（ISSP）
1967年	北米スポーツ心理学会（NASPSPA）
1973年	日本スポーツ心理学会（JSSP）
1985年	応用スポーツ心理学会（AAASP）
1989年	国際メンタルトレーニング学会（TSMTE）
2000年	スポーツメンタルトレーニング指導士資格制度

日本体育学会体育心理専門分科会
ポスター発表（1996，於 千葉大学）

2 スポーツ心理学の定義

わが国のスポーツ心理学は，日本体育学会の体育心理学専門分科会の中で発展してきた経緯がある。また，その中心が心理学を専門に研究してきた研究者であったことなどから，心理学の応用分野としての「運動心理学」や教育心理学の一分野としての「体育心理学」という名称が使われてきた。

「運動心理学」について加賀（1988）は「スポーツや体育の価値観や目標志向性とは離れた運動そのものに関わる心理学である。スポーツ心理学や体育心理学が応用心理学的性格を強く持つのに対して，運動心理学には基礎心理学的性格が比較的強くあるといえよう」と述べている。また，調枝（2001）は「運動心理学は身体活動の階層に属する多様な運動行動を心理学的に研究する基礎科学である」と述べている。これは，応用心理学の一分野として「運動心理学」がスタートしたものの，発足当初は心理学の専門家が関係したことから，運動の基礎的研究（知覚，学習，発達など）が進められたことを意味している。すなわち，もともと心理学の専門家が運動に関する研究を始めたことから基礎的研究が多くなり，運動学習（Motor learning）に関する内容を中心としながらも，「運動心理学」という名称が使われたものと考えられる。しかも，その後「運動心理学」の名のもとに身体運動（Physical exercise）や競技スポーツ（Sport psychology）などの内容を含めた名称として使用された経緯もある。

一方，「体育心理学」は日本体育学会の心理学部門を「体育心理学」と呼び，

キーワード
● 体育心理学
● スポーツ心理学

その中でスポーツ心理学の研究は進められてきたことから,「体育心理学」と「スポーツ心理学」は,現在でも,それぞれの名のもとに混同されて研究や発表が行われている。松井(1952)は「心理学は,一般に,人間の行動,特に精神的活動をその環境との関係において研究する科学であると認められている。教育現象を,心理学的な立場から研究するものとして教育心理学があるように,体育現象をこのような立場で研究する時,それを体育心理学と呼ぶことができる」と述べている。また,末利(1960)も「体育という社会現象を心理学の方法によって解明する教育心理学の一分科である」と述べている。さらに加賀(1988)は「教育心理学の一分野である。教育には理念・価値観に基づいた活動の方向づけがあり,評価が随伴する。体育心理学の研究対象と問題には教育という枠組みがある」と教育的視点を強調している。すなわち,「体育心理学」は学校教育の中で「保健体育」という教科の中で取り扱われる現象を教育的視点から捉え,心理学的に研究する分野と言える。

「スポーツ心理学」について,松井(1959)は「身体的最高能率を発揮するに必要な条件を心理学的に研究するのが,スポーツ心理学である」と述べ,応用的研究内容が強調されている。また,松田(1967)は「スポーツ心理学は,身体的最高能率を発揮する条件だけでなく,スポーツのもつこのような特質についても追求しなければならない。いいかえると,スポーツを人間が持つ文化としてとらえ,それの心理学的特質を明らかにするとともに,そのスポーツ活動の人間の行動に対する影響などを研究しなければならない」と述べ,応用的研究だけでなく,スポーツの心理的特性やその効用性なども重要な研究分野であることを指摘している。さらに,加賀(1988)は「スポーツ心理学はスポーツに関わる事象や問題を心理学の立場から研究する学問である」と述べ,上田(2000)は「スポーツに関する心理学的な問題を研究し,スポーツの実践や指導に科学的な基礎を与えることを目的とした心理学の一領域」と述べ,心理学の一領域という考えを提示している。

これらの定義は,時代的背景も関係し,「運動」「体育」「スポーツ」をどのように定義するかで,それぞれの定義は異なったり,重複したりしている。このことについて杉原(2000)は「私たちは社会的にさまざまな文脈のなかで運動行動を行う。それは体育であったりスポーツであったり心身の健康増進であったりする。いいかえれば,体育やスポーツの共通の基盤は運動行動である。この共通の基盤である運動行動のそのもののメカニズムを心理学的に解明しようというのが「運動心理学」であり,スポーツとして行われる運動行動を研究するのが「スポーツ心理学」であり,もっぱら健康のために行う運動行動を研究対象とするのが「健康運動心理学」ということになる」と述べている。前者の「運動心理学」はMotor learningを中心とし,後者の「健康運動心理学」はPhysical exerciseを中心としたものと考えられる。

近年,盛んに諸外国で使われている「Sport and Exercise Psychology」の「Exercise Psychology」は杉原がいう「健康運動心理学」の意味であり,これを「運動心理学」と訳すると,前述したような,従来わが国で使用されてきた「運動心理学」という意味とは異なり,さらに定義をめぐり混乱することになる。そこで,健康のための運動・スポーツに関する心理学の研究は,混乱を避けるために「健康スポーツの心理学」「健康のスポーツ心理学」「健康心理学」,

さらには「運動心理学（Exercise psychology）」などと呼ばざるを得ないのが現状である。

現在，わが国で行われているスポーツ心理学は「スポーツに関わる諸現象を心理学的に分析する分野」と定義するには異論はないだろう。しかし，スポーツの範疇をどこにするのかで定義は異なってくる。すなわち，レクリエーションスポーツ，生涯スポーツ，競技スポーツ，障害者スポーツ，高齢者スポーツ，ジュニアスポーツ，学校で行われる課外や正課のスポーツ活動，健康スポーツなど多様な目的のスポーツや幼児から高齢者まで，障害者から健常者まで，初心者からプロの選手までの広範囲な年齢や対象によって，スポーツの内容は異なってくる。その意味で，「運動心理学」や「体育心理学」と内容の重複がでてくる。

そこで，スポーツ心理学の定義は「多様な目的や広範囲な年齢を対象にした運動・スポーツ行動の基礎的・応用的研究を通して，その諸現象や効用性を心理学的に分析し，運動・スポーツの実践や指導法に科学的知識を与えるスポーツ科学および応用心理学の一分野である」としておきたい。スポーツ科学の一分野としての発展を期待したいが，関連分野の応用心理学の分野としても連携しながら発展することの必要性もある。

用語の統一という視点から考えると，「運動心理学」は運動学習を中心とした内容を「運動学習心理学」，健康を視点とする内容を「健康運動心理学」の2つに分け，保健体育の教科に関わる内容を「体育心理学」，競技スポーツを中心とする内容を「スポーツ心理学」とするのが妥当ではないだろうか（**表1-2参照**）。

キーワード
- 運動学習心理学
- 健康運動心理学
- スポーツ心理学の研究内容

表1-2 スポーツ心理学などの定義の試案

1. 運動心理学；
   1) 運動学習心理学；運動学習を中心とした内容
   2) 健康運動心理学；健康の維持・増進を中心とした内容
2. 体育心理学；保健体育の教科を中心とした内容
3. スポーツ心理学；競技スポーツを中心とした内容

3 スポーツ心理学の研究内容

スポーツ心理学の研究内容は体育心理学の研究内容と非常に類似している。日本体育学会が認めている体育心理学専門分科会の研究発表コード表で，その領域を知ることができる。その内容は，以下のとおりである。

1) 原理　　　2) 生理心理　　　3) 認知と反応
4) 学習と指導　5) パーソナリティ　6) 社会心理
7) 発育・発達　8) 測定・評価　　9) 臨床・障害　10) 競技心理

また，**表1-3**は日本スポーツ心理学会の中心となるシンポジウムの過去30年のテーマからみた内容である。発足当時から第15回までは「競技スポーツと心理学の接点」が中心テーマとされている。その後，子ども，女性，中高年者，障害者のスポーツや健康問題が取り上げられている。この学会は，競技力向上の心理学を中心テーマにしながらも，運動学習や健康問題にまで多様な内容をテーマにしてきたことがわかる。

次に，主要なスポーツ心理学会の研究内容を大別すると以下のとおりである。

❶ **日本スポーツ心理学会**：運動学習系，競技力向上（メンタルトレーニング）系，健康スポーツの心理系，社会心理系。

❷ **国際スポーツ心理学会（ISSP）**：第10回のギリシャ大会の発表抄録をみると，29の分野に分類している。

❸ **北米スポーツ心理学会（NASPSPA）**：スポーツ心理学，運動学習，運動

>キーワード
●スポーツメンタルトレーニング指導士

日本スポーツ心理学会第19回大会，司会は長田一臣氏（1992，於 高知市）

コントロール．
❹応用スポーツ心理学会（AAASP）：健康心理学，パフォーマンスの向上と介入，社会心理学．

4 日本スポーツ心理学研究の現状と課題

　日本スポーツ心理学会の会員は2004年8月28日現在，589名である．近年は大学院の増設に伴い若手研究者が増加している．年一回，日本スポーツ心理学会を開催し，2004年度は大阪市で第31回大会が開催された．機関誌として「スポーツ心理学研究」を年に1－2回発刊し，2004年3月に第30巻第2号が発刊されている．また，特別委員会として，「スポーツメンタルトレーニング指導士資格認定委員会」が2000年から発足した（日本スポーツ心理学会編，2002）．2004年度までに37名のスポーツメンタルトレーニング指導士と50名の指導士補を認定し，応用的なスポーツ心理学研究者を育成し，学会の活性化に尽力している．さらに全国の各地区でも関連する研究会や研修会が開催され

表1－3　日本スポーツ心理学会のシンポジウムテーマからみたスポーツ心理学の内容

大会回数(年)	シンポジウムテーマ	オーガナイザー
1（1974）	スポーツ心理学，何のために何ができるか	松田岩男
2（1975）	競技スポーツと心理学の接点	藤田　厚
3（1976）	競技スポーツと心理学の接点（その2）	加賀秀夫
4（1977）	競技スポーツと心理学の接点（その3）―選手の心理的コンディショニングとコーチの機能―	末利　博
5（1978）	大衆スポーツと心理学	杉原　隆ほか
6（1979）	スポーツにおける心理学的考察（国際会議）	末利　博・藤田　厚
7（1980）	スポーツにおける知覚の問題	鷹野健次
8（1981）	スポーツ技能学習の諸問題	近藤充夫
9（1982）	競技スポーツと心理学の接点（その4）―女子選手の心理的コンディショニングと監督・コーチの機能―	藤善尚憲
10（1983）	競技スポーツと心理学の接点（その5）―スポーツ選手の「やる気」診断と指導	加賀秀夫
11（1984）	競技スポーツと心理学の接点（その6）―連勝・連敗のメカニズムをさぐる―	調枝孝治
12（1985）	競技スポーツと心理学の接点（その7）	長田一臣
13（1986）	スポーツ・ファンの心理	柏原健三・藤善尚憲
14（1987）	競技場面におけるメンタル・マネージメントの問題	上田雅夫
15（1988）	スポーツ心理学の将来―今後の課題と方向―	徳永幹雄
16（1989）	スポーツ・タレントの発掘とその養成	加賀秀夫
17（1990）	こどものスポーツ	杉原　隆
18（1991）	ピーク・パフォーマンス前後の心理的調整	調枝孝治
19（1992）	女性とスポーツ	長田一臣
20（1993）	スポーツ心理学の役割と課題	近藤充夫
21（1994）	スポーツと眼	吉田　茂
22（1995）	高齢者社会における中高年のスポーツ参加とその継続に関する諸問題	加賀秀夫
23（1996）	冬季種目における心理学的問題と科学的トレーニング	吉本俊明
24（1997）	スポーツ選手の心理的スキルトレーニングの可能性と課題	徳永幹雄
25（1998）	スポーツ選手の健康問題を心理学的支援の立場で語る	竹中晃二
26（1999）	スポーツ心理学が障害者スポーツに寄与しうる可能性	吉川政夫
27（2000）	スポーツ心理学研究の発想法	調枝孝治
28（2001）	競技力とジェンダー	近藤明彦
29（2002）	運動・スポーツを通しての子どもの生きる力を育てる	杉原　隆
30（2003）	競技者をサポートする各種専門職の現場で起こっていること	中込四郎
31（2004）	スポーツの中の相互作用現象から何を読みとるか	調枝考治
32（2005）	スポーツ・運動心理学研究のパラダイム・シフト：新しい効用探しと適用の場を求めて	竹中晃二
33（2006）	ここまできた我が国のメンタルトレーニング	星野公夫

ている．わが国におけるスポーツ心理学研究の課題について私見を述べると，以下のとおりである．

❶日本スポーツ心理学会としての課題

大会の企画・研究誌の発行・情報の提供などを含めた学会の活性化，増加する若手研究者の育成，国際学会への参加や国際誌への論文投稿などの国際交流の促進などがあげられる．

❷競技スポーツに関する研究

競技者の心理的スキルや技術の向上，チームの運営法などに対する応用心理学的研究の推進，そして個人を対象とした研究だけでなく，その成果をチームスポーツにどのように生かしていくのか，集団としてのパフォーマンスの向上に関する研究が必要である．

❸健康増進とスポーツ心理学に関する研究

幼児から高齢者まで，初心者からプロの競技者まで，健常者から障害者まで多様な年齢や対象に対する健康問題，特に運動の開始・継続や心の健康に関連したスポーツ心理学的研究が必要である．

❹心理的介入の訓練とスーパービジョンに関する研究

競技者や健康運動実施者に対する介入指導の増加に伴い，そのための訓練や介入に関わるスーパービジョンの経験が必要である．そのための指針づくりや研究が急務であろう．

❺福祉社会に貢献するスポーツ心理学に関する研究

人びとが豊かで幸福な人生を送るためにスポーツ心理学の果たせる役割について，福祉という視点からの新たな挑戦が求められる．

(徳永 幹雄)

キーワード
- スーパービジョン

文 献

1) 上田雅夫 (2000)：「スポーツ心理学の定義」．上田雅夫編：スポーツ心理学ハンドブック，実務教育出版．
2) 加賀秀夫 (1988)：「スポーツ心理学とは」．日本体育協会編：C級コーチ教本，共通科目前期用．
3) 松井三雄 (1959)：スポーツ心理学，同文書院．
4) 松田岩男 (1967)：現代スポーツ心理学，日本体育社．
5) 末利 博 (1960)：体育心理学 (上巻)，逍遥書院．
6) 杉原 隆 (2000)：「まえがき」．杉原 隆・船越正康・工藤孝幾・中込四郎編：スポーツ心理学の世界，福村出版．
7) 徳永幹雄 (2004)：「スポーツ心理学の研究とは」．日本スポーツ心理学会編，最新スポーツ学―その軌跡と展望―，大修館書店．
8) 調枝孝治 (2001)：「序章・運動心理学の展開」．調枝孝治先生退官記念論文集刊行会編，運動心理学の展開，遊戯社．

問 題

1. 諸外国のスポーツ心理学の歴史や現状について述べなさい．
2. わが国のスポーツ心理学の歴史や現状を述べなさい．
3. 運動心理学，体育心理学，スポーツ心理学という名称の使われ方の違いを説明しなさい．

Column

コラム　心理的スキルの診断法の開発とトレーニング法の考案

1. 精神力の内容を探る

　近年の研究から，スポーツ選手が競技場面で必要な心理的能力を「心理的競技能力」と呼び，12の内容（2章，表2－3参照）に分類されることが明らかにされている。これはスポーツ選手一般として抽出された内容であるから，今後，競技種目ごとに精神力の内容を解明する必要がある。

2. 診断法を開発しよう

　スポーツ選手一般用の診断法としては，心理的競技能力診断検査（DIPCA .3）が開発された（2章，図2－2参照）。この診断法により様々なスポーツ選手の心理的特性が明らかにできるようになった。同時に，競技前（DIPS-B.1）や競技中（DIPS-D.2）の心理状態を測る診断法も開発され，競技前の心理的コンディショニングや競技中の心理状態をチェックできるようになった（2章参照）。このようにスポーツ選手用の多様な診断法が次々に開発されつつあり（徳永，2004），今後は，競技種目ごとの診断法が開発されれば，さらに心理面の指導が発展するであろう。

3. 心理的スキルのトレーニング法を考案する

　わが国ではスポーツ選手の心理的要素を精神力とか心理的競技能力と言っているが，欧米では心理的スキル(Psychological skill，心理的技術)と呼んでいる。テニスのサービスのような身体的技術と同様に心理的競技能力（たとえば，集中力）も心理的技術と捉えると，学習やトレーニングによって習得できる能力と考えることができ，これまでのハードな技術・体力の練習や東洋的な座禅・修行などによる「悟りを開く」といった考えよりも合理的であり，説得力がある。つまり，スポーツ選手に求められる心理的スキルの具体的内容を明確にしていけば，その具体的内容のトレーニング方法を考案していけば良いことになる。今後，競技種目ごとに，あるいはジュニア選手などに必要な具体的な心理的スキルを明らかにして，トレーニング法が考案されるべきであろう。

（徳永 幹雄）

文献
1) 徳永幹雄編（2002）：健康と競技のスポーツ心理，不昧堂出版．
2) 徳永幹雄（2004）：体育・スポーツの心理尺度，不昧堂出版．

第 2 部
競技スポーツの心理学

2 競技者に必要な心理的スキルとは

競技成績を向上させるためには，技術，体力と共に精神力のスポーツ医・科学的な知識を学び，トレーニングしなければならない（表2－1，図2－1参照）。特に，精神力は競技場面での実力発揮と密接に関係している。精神力とは何か，その測定法，トレーニング法の概略を紹介する。

キーワード
- 心理的競技能力
- 心理的スキル

表2－1
競技成績や実力発揮は何によって決定されるか

- 競技成績＝技術×体力×精神力
- 実力発揮＝精神力

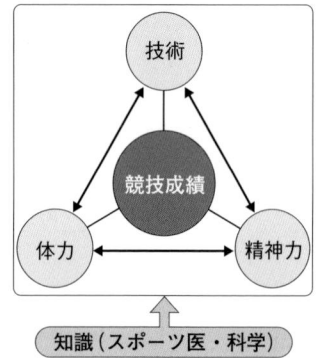

図2－1　競技成績と知識の関係

1 心理的スキルとは

1）「精神力」から「心理的競技能力」へ，そして，心理的スキル

　スポーツ選手が競技で実力を発揮したり，優勝したりする時，わが国では，「精神力」とか「根性」と言った言葉がよく使われてきた。しかし，その時の「精神力」とか「根性」といった場合の内容は，ある時は集中力を意味したり，またある時は忍耐力であったり，闘争心であったりした。つまり，「精神力」という言葉は抽象的で，競技における心理的内容をすべて含んだ意味に使われ，指導者にとっては便利な言葉で，選手にとっては理解し難い言葉である。そして，競技で勝ったり，負けたりした時，「精神力」の差とか，「精神力が足りない」という言葉で片付けられてきた。

　このような理由で，「精神力」を鍛えるといった場合，「精神力」の何を鍛えればよいかが解らず，ただ，猛練習をするのみであった。

　しかし，近年，欧米でのメンタルトレーニングが普及したこともあり，わが国でも，この分野への関心が急速に高まっている。しかし，わが国には「精神力」という言葉があるので，この「精神力」とは何かを明らかにしない限り，スポーツ選手の心理的特性の診断も，トレーニングも進まない。この心理面の内容が，はっきりしていないことに，心理面の診断やトレーニング法の開発を妨げている原因がある。

　そこで，スポーツ選手が競技場面で共通して必要な心理的能力，さらには，個々のスポーツ種目に必要な心理的能力を明確にすることが，まず，第1段階であると考えた。すなわち，「精神力」といわれた時代から「心理的競技能力」という考え方に変える必要があった。

　そして，近年，米国では，こうした能力を心理的スキル（Psychological skill）と表現している。つまり，集中力や忍耐力といった心理的競技能力は一種の心理的スキル（技術）と考えている。技術であるから，練習（学習）すれば上達するし，優れたスポーツ選手はこれまでの多くの競技や練習をとおして心理的技術を身につけていると考えるのである。

　そこで，「精神力」を「心理的競技能力」として具体的内容を明確にし，さ

らに「心理的能力」を「心理的スキル」として，トレーニングできる能力である，と考えていきたい（**表2-2**参照）。

2）心理的競技能力の因子の抽出

さて，最初の問題にもどって，スポーツ選手に必要な「精神力」とは，具体的にどのような内容なのか，その内容を明確にしなければならない。

そこで筆者は日本や外国の研究者が報告している内容から，スポーツ選手の「精神力」を表わしていると思われる言葉をすべて集めた。さらに，大学の一般学生，運動部学生，体育学部の学生に，スポーツ選手に必要な「精神力」という言葉からイメージされる具体的内容について，自由に書いて貰った。その中から，「精神力」の内容と思われる言葉を拾い集め，筆者の考える内容も含めた。

こうして集まった「精神力」の内容は，大よそ，忍耐力，集中力，判断力，冷静さ，闘争心，協調性，意欲，挑戦，勝利意欲に大別され，68個の言葉になった。この言葉を何か客観的な方法でいくつかの内容に分類する必要があった。

そこで，「精神力」の内容と思われる68個の言葉に対して質問紙を作成し，スポーツ選手に，自分はその内容を持っているかどうかについて，すべて答えて貰った。その対象に選ばれたのは，第1次研究（昭和61年度）は国民体育大会に参加した選手236名であった。そして，第2次研究（平成元年度）は大学の学生達526名であった。これらの調査結果を探索的因子分析法という統計法を用いて，いくつかの因子に分類した。

その結果，「精神力」の内容を大きく分類すると，**表2-3**のような競技意欲，精神の安定・集中，自信，作戦能力，協調性の5つの因子に分けることができた。さらに，小さく分類すると，忍耐力，闘争心，自己実現意欲，勝利意欲，自己コントロール能力，リラクセーション能力，集中力，自信，決断力，予測力，判断力，協調性の12の内容になった。

この内容を従来の「精神力」という抽象的言葉と区別する意味で，「心理的競技能力」という言葉を用いた。つまり，スポーツ選手が競技場面で必要な心理的能力という意味である。

2 心理的スキルを測定する評価尺度

スポーツ選手が心理面で強くなるためには，まず自分を知ることが第1段階である。

競技場面で必要な自分の心理的能力がどうなのかを理解して，良いところは延ばし，悪いところはトレーニングする必要がある。そういう意味で，心理的スキルを測定する評価尺度による診断がメンタルトレーニングのスタートになる。もちろん，選手自身やコーチ・指導者などによる分析が必要なことは言うまでもない。

1）心理的な特性をみる検査

❶心理的競技能力診断検査

筆者の考える「精神力」の内容が明確になったので，個々のスポーツ選手の心理的競技能力を診断する方法を考えた。質問に対する回答の仕方は，たとえ

キーワード
- 心理的競技能力の因子
- 評価尺度
- 特性をみる検査
- 心理的競技能力診断検査

表2-2
スポーツ選手に必要な精神力とは何か

- 精神力
  ↓
- 心理的競技能力
  （試合場面で必要な心理的能力）
  ↓
- 心理的スキル　　　　　　技術
  （欧米，Psychological Skill）　↑

技術だからトレーニングすることによって身につく

表2-3
スポーツ選手の心理的競技能力

1. 競技意欲……①忍耐力，②闘争心，③自己実現意欲，④勝利意欲
2. 精神の安定・集中……⑤自己コントロール能力，⑥リラックス能力，⑦集中力
3. 自信………⑧自信，⑨決断力
4. 作戦能力……⑩予測力，⑪判断力
5. 協調性……⑫協調性

キーワード
● 競技前の心理状態をみる検査

表2-4 あなたの心理的スキルは？
（5段階評価で記入する）

1. 忍耐力	□
2. 闘争心	□
3. 自己実現意欲	□
4. 勝利意欲	□
5. 自己コントロール	□
6. リラックス能力	□
7. 集中力	□
8. 自信	□
9. 決断力	□
10. 予測力	□
11. 判断力	□
12. 協調性	□
合計点	□

評価法：
1. まったくない　2. あまりない
3. どちらともいえない　4. かなりある
5. 非常にある

表2-5 心理的スキルの判定法

	A	B	C	D	E
男子	53以上	52-47	46-42	41-36	35以下
女子	51以上	50-45	44-39	38-33	32以下

競技レベルが高い選手や経験年数の長い選手ほど自信・決断力や予測力・判断力が高い。

ば、「競技になると闘争心がわいてくる」という質問に対して、「いつもそうである」というように、その選手が多くの競技の中での体験にもとづいて、一般的傾向としてどうなのかを質問している。その意味で、この検査はスポーツ選手が持っている「特性」としての心理的競技能力を調べる診断検査ということができる。中学生から成人まで使用でき、その場で容易に診断できる検査用紙として作成した。その名前は「心理的競技能力診断検査（DIPCA.3，中学生～成人用）」である。DIPCA.3（ディプカ・スリー）はDiagnostic Inventory of Psychological Competitive Ability for Athletes の略で、改良を重ねて現在はDIPCA.3となっている。結果の尺度別プロフィールは図2-2のように描くことができる。

競技レベルが高い選手や経験年数が長い選手ほど高得点を示し、特に自信、決断力、そして予測力、判断力が高いことなどが明らかにされている。簡易版を表2-4に示し、判定基準は表2-5に示した。

その他に、特性としての心理的傾向をみる評価尺度には、以下のような検査法がある。

❷ **特性不安テスト（TAI）**；スピルバーガー（Spielberger,C.D.）らによって作成され、一般的に不安になりやすいか否かを診断できる。質問数20項目。

❸ **体協競技動機テスト（TSMI）**；スポーツ選手の目標への挑戦、技術向上意欲、困難の克服、勝利志向性、失敗不安、緊張性不安、冷静な判断、精神的強靱さ、などの17項目を診断できる。質問数146項目。

❹ **競技特性不安（SCAT）**；マートン（Martens,R.）らによって作成され、競技場面で不安になりやすいか否かを診断できる。質問数15項目。

❺ **スポーツ特性-状態不安検査（TAIS.2 & SAIS.2）**；スポーツ特性不安検査は動作の乱れ、結果に対する不安傾向、身体面の緊張傾向、競技回避傾向、自信喪失傾向の5因子。質問数は25項目。状態不安検査は情緒不安、勝敗の認知不安、身体的緊張、過緊張・恐れの4因子。質問数は20項目。

❻ **矢田部・ギルフォード性格検査（Y-G性格検査）**；一般的な性格特性として、抑うつ性、回帰性傾向、劣等感、神経質、客観性、協調性、攻撃性、一般的活動性、のんきさ、思考的外向、支配性、社会的外向の12の特性を診断できる。質問数は中学生～一般成人用が120項目、小学生用は96項目。

❼ **その他**；UK法（内田クレペリン精神検査），TEG（東大式エゴグラム），MMPI（ミネソタ多面人格目録），CPI（カルフォルニア人格目録），MPI（モーズレイ性格検査），ロールシャッハ・テスト，バウム・テスト（樹木描画法），TAT（集団絵画統覚法），P-Fスタディ（絵画欲求不満テスト），タイプA行動診断検査（JAS），などがある。

2）競技前の心理状態をみる検査

❶ 試合前の心理状態診断検査

スポーツ選手は、次の競技に向けて心理的な準備をしておく必要がある。そのためのチェック方法として、競技前1か月位から1日前くらいの期間に実施できる方法が必要である。そのために、競技前の心理状態を診断する方法を作成した。この検査は競技前の心理状態を診断するので、「特性」検査に対して「状態」検査ということになる。質問項目は心理的競技能力診断検査の12尺度

に関連する20問である。統計的分析の結果から，忍耐度，闘争心，自己実現意欲，勝利意欲，リラックス度，集中度，自信，作戦思考度，協調度の9尺度が得られた。

この検査も中学生から成人まで使用できるように作成し，「試合前の心理状態診断検査（DIPS-B.1）」とした。DIPS-B.1（ディプス・ビー・ワン）はDiagnostic Inventory of Psychological State Before Competitionの略である。つまり，競技前の心理的準備としては，前述の9項目のような内容を高めることが必要ということである。ただ，検査実施期日が競技のどのくらい前の期日かによって得点も異なる。結果は，図2-3のようなプロフィールで示される。

その他に，競技前の心理状態を測定する評価尺度として，以下のような検査法がある。

❷ **競技状態不安（CSAI-2）**；マートン（Martens, R.）らによって作成され，現在の不安状態を診断できる。質問数20項目。

❸ **気分プロフィール尺度（POMS）**；過去1週間の気分の状態を，緊張，抑うつ，怒り，活動性，疲労，情緒混乱の6尺度から診断できる。質問数65項目。

❹ **心理的コンディショニング診断テスト（PCI）**；競技前の心理状態を，一般的活気，技術効力感，闘志，期待認知，情緒的安定感，競技失敗不安，疲労感の7尺度から診断できる。質問数59項目。

❺ **状態不安調査（SAI）**；スピルバーガー（Spielberger, C.D.）らによって作成され，現在の不安状態を診断できる。質問数20項目。

3）競技中の心理状態をみる検査

❶ 試合中の心理状態診断検査

次に，もう1つ大事なことは，実際の競技場面で心理的競技能力は，どうだったかを調べる必要がある。「実力発揮度」とか「競技成績」「勝敗」には，競技中の心理状態が非常に影響するからである。その競技をするのにふさわしい

> **キーワード**
> ● 競技中の心理状態をみる検査

競技前の心理状態を競技後にチェック

図2-2 心理的競技能力の尺度別プロフィール

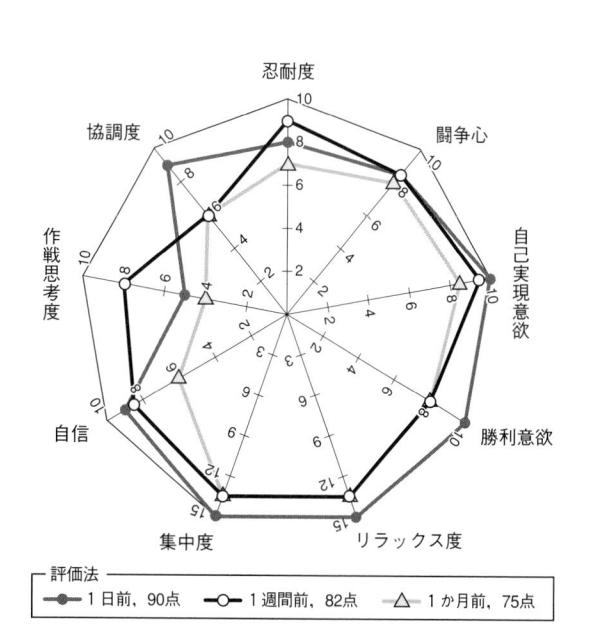

図2-3 競技前の心理的コンディショニングの評価法

評価法
- ● 1日前，90点
- ○ 1週間前，82点
- △ 1か月前，75点

キーワード
- 理想の心理状態
- 評価尺度のシステム化

表2-6 競技中の心理状態チェック項目（競技終了直後に5段階評価）

1. 試合では忍耐力を発揮できた‥☐
2. 試合では闘争心（闘志，ファイト，積極性）があった………☐
3. 自分の目標を達成する気持ちで試合ができた………………☐
4. 「絶対勝つ」という意欲をもって試合ができた………………☐
5. 自分を失うことなく，いつものプレイができた………………☐
6. 緊張しすぎることなく，適度にリラックスして試合ができた‥☐
7. 集中力を発揮できた…………☐
8. 自信をもって試合ができた…☐
9. 試合での作戦や状況判断はうまくいった………………☐
10. 試合では仲間と声をかけたり，励ましあったり，協力して試合ができた………………☐

合計点 ☐

評価法：
1. まったくそうではなかった
2. あまりそうではなかった
3. どちらともいえない
4. かなりそうであった
5. そのとおりであった

表2-7 競技中の心理状態判定表

A	B	C	D	E
47以上	46-43	42-37	36-33	32以下

合計点が50点に近づくことが，実力発揮度を高めることにつながる。

心理状態がつくれたかどうかが重要であり，そのことをチェックしておく必要がある。

この検査は競技直後に実施する必要があるので，簡単なものが良い。そこで，「特性」として調べた12尺度の内容を，さらに10項目の簡単なものにした（表2-6参照）。採点結果は50点満点になる。この検査も競技中の心理状態を診断するので，「特性」検査に対して「状態」検査である。その名前は，「試合中の心理状態診断検査（DIPS-D.2）」である。DIPS-D.2（ディプス・ディ・ツー）は Diagnostic Inventory of Psychological State During in Competition の略である。

その他に，検査法ではないが理想の心理状態として，以下のようなことが述べられている。

❷「レーア（Loehr,J.E.）」の12の理想の心理状態（筋肉がリラックスする，プレッシャーがない，やる気がある，うまくいくような気がする，心が落ち着いている，プレイが楽しい，無理がない，無心にプレイしている，敏感に動ける，自信がある，集中力がある，自分をコントロールできる）。

❸「ガーフィールド（Garfield,C.H.）」の8つのピーク・パフォーマンス・フィーリング（精神的にリラックスしている，身体的にリラックスしている，自信と楽観性，今ここへ集中，精神力，高度な意識性，コクーンの状態など）。

❹「マイクス（Mikes,J.）」のバスケットボール選手に求める要素（集中，冷静さ，自信）。

❺「ワインバーグ（Weinberg,R.S.）」のテニス選手の8つの理想の心理状態（自信，集中力，身体的リラックスなど）。

❻「グラハム（Graham,D.）」のゴルフ選手がゾーンに入るのに必要な11項目（沈着冷静，肉体的リラクセーション，恐れのない心など）。

3 心理的スキルとパフォーマンスの関係

3つの評価尺度と「目標達成・実力発揮」「勝敗」「評価」，そして「心理面の指導」などを挿入すると図2-4のように評価尺度のシステム化ができる。この図で大切なことは，次の3点である。

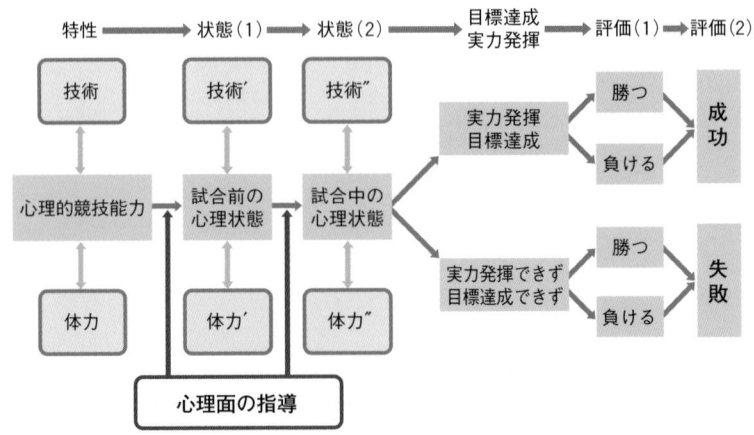

図2-4 心理的スキルの特性，状態と実力発揮および評価の関係

第1は「「実力発揮・目標達成」には「試合中の心理状態」が顕著に関係している」ということである。そして，実力発揮・目標達成ができれば，競技に勝っても負けても「成功」と評価し，逆に，実力発揮・目標達成ができなければ，たとえ，競技に勝っても「失敗」と評価する。そして，競技では「成功」を重ねることが重要であることを示している。

　第2は，「「試合中の心理状態」には「試合前の心理状態」や「心理的競技能力」が関係し，「試合前の心理状態」には「心理的競技能力」が関係している」ということである。このことは，心理的競技能力が高い人は，競技前の心理状態がうまく高められ，競技前の心理状態がうまく高められれば，競技中の心理状態がよくなる。競技中の心理状態が良くなれば，目標達成や実力発揮度が高くなるということを意味している。

　第3は，3つの診断検査の相互分析から，「「特性」と「状態」には顕著な関係がみられ，「特性」としての心理的競技能力を高めていくことが，「実力発揮」や「成功」に繋がる」ということである。そして，心理的競技能力の診断や競技前の心理状態を診断した後に，心理面の指導を行うことによって，競技中の心理状態を望ましい状態にできることを意味している。

　以上のようにして，心理的スキルを診断するためには，「特性」と「状態（試合前，試合中）」の3つの検査法が必要である。この3つの検査法を有効に活用することが，目標達成・実力発揮度を高め，心理面の強化につながる。

キーワード
● 心理的スキルのトレーニング

表2－8
自分に欠けている心理的スキルは何か

● 調子が良かった試合
● 調子が悪かった試合
→ 違いを明確にし，トレーニングする

これが，「欠けている」心理的スキルである。（12のスキルのどれかである）

4　心理的スキルのトレーニング

　競技成績を高めるためには，技術を練習し，体力をトレーニングすると共に，心理的スキルをトレーニングする必要がある。実力発揮度を高めるためには，前述した評価尺度や過去の競技で調子が良かった時と調子が悪かった時の違いを分析し，自分に欠けている心理的スキルを明確にして，その克服法を考え，トレーニングしていけば良い。これが通称，メンタルトレーニングである。その欠けている心理的スキルは，恐らく**表2－3**の12のスキルのいずれかに該当するであろう（**表2－8**参照）。しかし，その内容は，スポーツ種目や個人によって異なる。たとえば，荒井・木内ほか（2004）は大学野球選手が考える心理的スキルのトレーニング法として，**表2－9**のような方略があることを報

表2－9　大学野球選手が考える心理的スキルのトレーニング法

1. 忍耐力；	「練習以外での追い込み」「練習時における困難克服」「練習量」「目標設定」「報酬設定」
2. 闘争心；	「ライバルの設定」「勝利への執着」「試合形式での練習」「サイキング・アップ」
3. 自己実現意欲；	「練習量」「目標設定」「セルフトーク」「イメージの活用」
4. 勝利意欲；	「勝利への執着」「報酬と罰の設定」「勝利体験」「野球以外のゲーム」「目標設定」
5. 自己コントロール能力；	「リラクセーション」「気持ちの切り替え・メリハリ」「セルフトーク」「反復による慣れ」「ルーティン化」「自己の客観視」
6. リラックス能力；	「リラクセーション」「自己の客観視」「心の準備・心構え」「ルーティン化」「睡眠」
7. 集中力；	「一点集中」「練習時からの集中」「リラクセーション」「日常生活の管理」「イメージの活用」「反復による注意の必要量低減」「気分の高揚」
8. 自信；	「練習量」「成果・結果の再認識」「ポジティブ・シンキング」「試合経験」「イメージの活用」「想定された困難の克服」
9. 決断力；	「反復によるパターン化」「走塁」「日常生活」「積極性・攻撃性」「自分への信頼」
10. 予測力；	「予測の練習」「相手選手の観察」「情報収集」「走塁」「反復によるパターン化」
11. 判断力；	「判断の実践」「走塁」「思い切りの良さ」「経験の量」「反復によるパターン化」「バント処理練習」「集中の向上」「自分の判断」
12. 協調性；	「コミュニケーション」「合宿」「意見の主張」「仲間意識」「試合中のコミュニケーション」

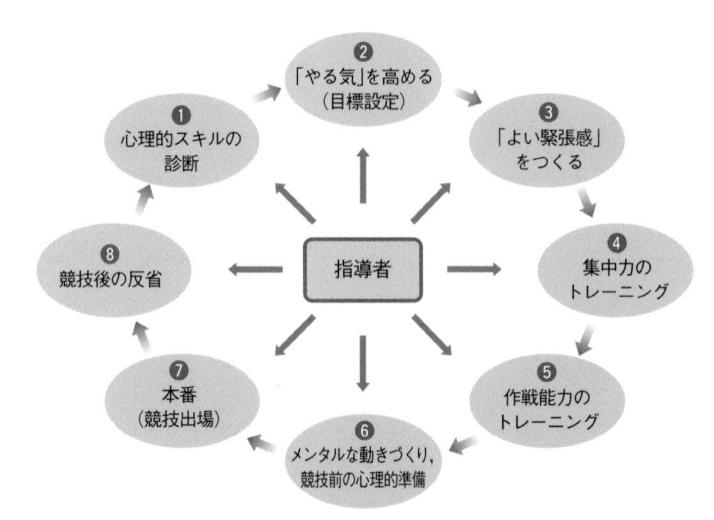

キーワード
- 心理的スキル
- トレーニングの進め方

告している。今後，それぞれのスポーツ種目で，その方法論を研究する必要がある。

一般的には多くの研究者が様々な方法論を紹介している。筆者は「よい緊張感をつくる」「集中力を高める」「作戦能力を高める」トレーニングが心理的スキルトレーニングの三本柱だと考え，図2－5のような順番でトレーニングすることを奨めたい。

これを繰り返し，実施していけば，実力発揮度が高くなり，本番に強くなると考えられる。その概要は，以下のとおりである。

❶ **心理的スキルの診断**…自分の心理面の長所と短所を分析し，自分に欠けている心理的スキルを明確にする。
❷ **「やる気」を高める**…競技意欲を高める。その方法として目標を設定する。
❸ **「よい緊張感」をつくるトレーニング**…体と心のリラックスおよびサイキング・アップの仕方を覚え，本番で「よい緊張感」がつくれるようにする。
❹ **集中力のトレーニング**…注意を集中する方法，集中を乱されない方法，そして，集中力を持続する方法を覚える。
❺ **作戦能力のトレーニング**…イメージトレーニングを用いて，競技の作戦能力をトレーニングする。
❻ **メンタルな動きづくり・競技前の心理的準備**…心理的スキルを動きとして競技の中で発揮できるようにする。競技前の心理的コンディショニング法を覚える。
❼ **本番（競技出場）**…競技前の気持ちづくりや本番での注意を考えておく。
❽ **競技後の反省**…競技中の心理状態，目標の達成度，実力発揮度を評価する。

以上の内容をどこからでもよいので繰り返し行い，実力発揮度を高め，その確率を安定するようにする。

（徳永 幹雄）

図2－5 心理的スキルトレーニングの進め方

文 献

1) 荒井弘和・木内敦詞ほか（2004）：大学野球選手を対象とした心理的競技能力を増強する方略の探索的検討．日本スポーツ心理学会第31回大会研究発表抄録集，27-28頁，及びスポーツ心理学研究（2005），第32巻第1号，39-49頁．
2) ガーフィールド，C.A.，荒井貞光ほか訳（1988）：ピーク・パフォーマンス．ベースボールマガジン社．
3) グラハム，D.，白石 豊訳（1992）：ゴルフのメンタルトレーニング．大修館書店．
4) 猪俣公宏・石倉忠夫・辻中圭二（1996）：競技における心理的コンディショニング診断テストの標準化．平成6,7年度文部省科学研究費（一般研究B）研究成果報告書．
5) 吉川政夫（2002）：「トレーニング可能な心理的スキル」「心理検査」．日本スポーツ心理学会編：スポーツメンタルトレーニング教本，大修館書店．
6) マイクス，J.，石村宇佐一ほか訳（1991）：バスケットボールのメンタルトレーニング．大修館書店．
7) 徳永幹雄（1997）：競技前の心理状態診断検査（DIPS-B.1）．トーヨーフィジカル発行（福岡市，TEL：092-522-2922）．
8) 徳永幹雄（1999）：競技中の心理状態診断検査（DIPS-D.2）．トーヨーフィジカル発行．
9) 徳永幹雄・橋本公雄（2000）：心理的競技能力診断検査（DIPCA.3）．トーヨーフィジカル発行
10) 徳永幹雄（2003）：改訂版・ベストプレイへのメンタルトレーニング，大修館書店．
11) 徳永幹雄（2004）：体育・スポーツの心理尺度，不昧堂出版．
12) レーア，J.E.，小林信也訳（1987）：メンタルタフネス，TBSブリタニカ．
13) ワインバーグ，R.S.，海野 孝ほか訳（1992）：テニスのメンタルトレーニング，大修館書店．
14) 横山和仁・荒記俊一（1994）：日本版POMS手引．金子書房．
15) 徳永幹雄・橋本公雄（2005）：スポーツ特性-状態不安検査（TAIS.2&SAIS.2）．トーヨーフィジカル発行．

問 題

1．「精神力とは何ですか」と問われたら，どう答えるか述べなさい．
2．スポーツ選手に必要な心理的スキルの具体的内容について述べなさい．
3．心理的スキルを診断する評価尺度を3つ以上あげ，説明しなさい．
4．あなたに欠けている心理的スキルとそのトレーニング法を述べなさい．

3 「やる気」はどのようにして高めればよいか

競技をするためには，「やる気」が必要である。「やる気」とは何か，「やる気」の高め方，そして，「やる気」を高める代表的な方法としての目標設定について紹介する。

キーワード
- やる気
- やる気を高める方法

表3－1
何のためにスポーツをしているのか？
マスローA.H.の欲求階層説

低次　1. 生理的欲求
　　　　　（観戦・応援，レクリエーション）
　　　2. 安全の欲求
　　　　　（運動欲求の充足）
　　　3. 愛情・集団の欲求
　　　　　（人間関係の向上）
　　　4. 尊敬・承認の欲求
　　　　　（競争・スリル感の体験）
高次　5. 自己実現の欲求
　　　　　（可能性への挑戦）

（　）内はスポーツの楽しさの階層を示す

子どもにとってスポーツとは？
将来の夢は？

1 「やる気」とは

「やる気」のある人とは，誰からも強制されなくても，自分から進んで，積極的・意欲的に，何かに取り組んでいる人のことを言うであろう。心理学的用語としては「動機づけ」「達成動機」という言葉が使われている。動機づけ（Motivation）は「行動を一定の目標に向けて発動させ推進し，持続させる過程」であり，達成動機（Achievement motive）は「あるすぐれた基準をたてて，その基準を完遂しようとする動機をいう」と述べられている。すなわち，「やる気」を高めるということは，動機づけをする，達成動機づけをする，などとほぼ同義語として考えて良い。

スポーツにおける「やる気」は，高い目標を持つことが必要であり，強制されなくても，辛い練習や困難な障害に打ち克ち，自主的でファイトがあり，積極的で，目標を実現させるために意欲に満ちていることが大切である。そこで，「やる気」とは，「高い目標をかかげ，苦しいことや辛いことに打ち克ち，自分から進んで，目標を成し遂げようとする意欲」と定義しておきたい。

2 「やる気」を高める方法

1）何のためのスポーツか

「やる気」を高めるには，まず，何のためにスポーツをしているかを確認しておくことが必要である。あなたは，「何のためにスポーツをしていますか」と質問すると，「楽しいから，好きだから，優勝したいから」といった抽象的な内容が返ってくる。

運動・スポーツではどんなことをするのが，楽しいのかを分析した。結果は「観戦・応援」「レクリエーション」「運動欲求（体を動かし，満足感を得る）の充足」「人間関係の向上」「競争・スリル感の体験」「可能性への挑戦」などに分類できた。そして，「観戦・応援」を低次の楽しさとし，「可能性への挑戦」を高次の楽しさとすると，高次の楽しさを追求する人ほど，技術・体力・心理面のレベルが高く，練習量やスポーツの実施程度が多いことが明らかにされた（徳永，1980）。

一方，米国の心理学者マスロー（Maslow, A.H.）は人間には5つの欲求の階層があると述べ，「生理的欲求」「安全の欲求」「愛情・集団所属の欲求」「尊敬・承認の欲求」「自己実現の欲求」まで，低次の欲求から高次の欲求があることを「欲求階層説」として説明している。スポーツ選手が「優勝したい，金メダルを取りたい」と言うのは，そのことによって他の人から尊敬されたり，認められたいという欲求であるから，「尊敬・承認の欲求」ということになる。しかし，人間にはもっと高次の「自己実現の欲求」がある。競技力向上を目指す人は，勝つことや優勝することは確かに大切である。しかし，それ以上に大切なことは，「自分の可能性や限界に挑戦する」とすることである。これは，人として最高の欲求である「自己実現の欲求」を追求することである。たとえば，スポーツの最終目的を「優勝する」ことにおくと，優勝すればスポーツを止めることに繋がるだろう。可能性への挑戦とすると，自分の能力の限界までスポーツを継続することになるであろう。さらには，優勝は確かに大切であるが，これはあくまで他人との比較である。人の生き方としての自己実現の欲求は，自分の中での成長を確認しながらの人生である。今後，スポーツの世界でも自己実現的なスポーツの仕方が重視されるようになるであろう。スポーツの楽しさを欲求階層に併せると，表3-1のようになる。

> **キーワード**
> ● 忍耐力
> ● 闘争心
> ● 自己実現意欲

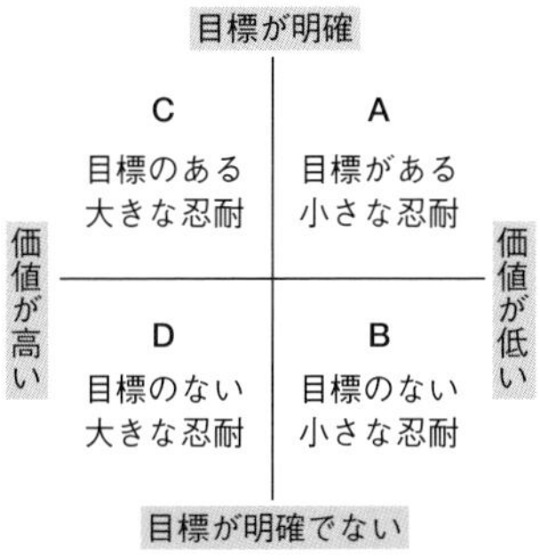

図3-1
価値ある目標と忍耐力の関係

（目標が明確／目標が明確でない／価値が高い／価値が低い）
C：目標のある大きな忍耐
A：目標がある小さな忍耐
D：目標のない大きな忍耐
B：目標のない小さな忍耐

2）「やる気」と心理的スキル

スポーツ選手の「やる気」は，心理的スキルの中の競技意欲に分類される「忍耐力」「闘争心」「自己実現意欲」「勝利意欲」に関係している。

（1）忍耐力

競技や練習では身体的苦しさに耐える力が必要である。特に競り合っている時，調子の悪い時，負けている時，痛みがある時などの忍耐力の差は実力発揮や勝敗を左右する重要な能力となる。また，一方ではスポーツ集団での人間関係のトラブルに対する忍耐力も必要である。

なぜ，「耐えなければならないのか」を理解し，納得しておかなければならない。そのためには，価値ある目標が必要である。耐えることを要求する前に，何のために耐えるのかを理解させておかなければならない。図3-1にみられるように，価値ある目標が明確に設定されている（Cパターン）ことが，大きな忍耐力を発揮することになる。

（2）闘争心

競技は身体的な格闘技だけでなく，心の格闘技でもある。ネット，ライン，コースなどを挟んでお互いの闘志，ファイト，積極性といった闘争心が必要である。相手が強すぎる時や，大試合や重要な試合では，弱気にならず，積極的で攻撃的な気持ちを持つことが大切である。

（3）自己実現意欲

競技では単に勝ち負けという結果に対する目標だけでなく，技術面，体力面，心理面からプレイに対する目標をたてて参加することが大切である。試合に負けても，目標が達成できれば「成功」と評価する（58頁，図8-1参照）。勝敗は他人との比較であるが，プレイに対する目標は自分の中での成長を確認するものであり，目標達成への意欲，実力発揮への意欲，可能性への挑戦といった自己実現意欲を持つことが大切である。

表3-2 「やる気」を高める方法

1. 年間・各試合における結果およびプレイ（技術・体力・心理）の目標を設定する。
2. 目標達成の練習方法を自分で作成する。
3. 自分の個性を生かし，褒めたり，注意をしたりする。
4. 現在の技術・体力・心理のレベルを知る。
5. トップ選手，優れた選手などの見本になる人を見る。
6. ライバルや意欲の高い仲間をつくる。
7. 適度に試合に出場する。
8. 「勝つこと」「優勝する」ことを体験する。
9. 試合結果は「成功」「失敗」で評価する。
10. 試合ごとに反省し，目標や練習法を修正する。

キーワード
- 勝利意欲
- 目標設定
- 数字的目標のたて方

表3-3 ロックの目標設定の効果

1. 明確で高いレベルの目標は，容易な目標や不明確な目標，あるいは無目標の場合に比べて，より高い業績をもたらす。しかも，個人がその目標を受け入れていることが大切である。
2. 目標は適切なフィードバック（還元）と組み合わせた時に，モチベーション（動機づけ）改善の効果をさらに強める。しかも，進歩の遅い者，達成欲求の高い者，集団凝集性の高い群にフィードバックが与えられた時，業績の改善が認められる。
3. 業績についてのフィードバックを含む明確な集団目標の設定は，集団状況下での動機づけの低下を防ぐために有効である。

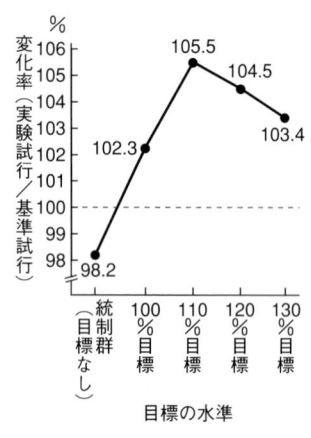

図3-2
立ち幅跳びの成績に及ぼす目標の効果
（杉原・海野，1976）

（4）勝利意欲

競技では「勝つ！」と思わないと勝てない。また，「勝つ」ことを目標に，苦しい練習を乗り越えることにもなる。しかし，「勝ちたい！」と思いすぎると，プレッシャーになって実力発揮ができない。従って，練習や試合の直前までは，優勝や勝つことを目標に練習するが，競技になったら，「これまで練習してきたことをすれば良い。自分のプレイをするのだ！」と考えるのが良い。しかし，勝負どころや接戦になったら，「絶対に勝つのだ！」という強い意欲が必要になる。勝利意欲もまた「やる気」を構成する要因である。

一般的な「やる気」を高める方法は，いろいろ報告されているが，特にスポーツでは表3-2のような10項目を指摘しておきたい。

3　目標設定の方法

目標設定は選手の「やる気」を育てる重要な方法である。選手が自己決定した目標に，指導者の適切なアドバイスを加え，目標をつくり，その目標に向かって努力していくことが大切である。われわれは，このことにあまり時間を使ってこなかった。目標設定にもっと時間をかけるべきである。目標設定の効果や原則，方法について述べてみたい。

1）目標設定の効果と原則

（1）ロック（Locke, E. A）の「目標設定理論」

心理学者のロックは目標設定の研究から，目標設定の効果を表3-3の3点にまとめている。明確で高いレベルの目標，適切なフィードバックと組み合わされた目標，そしてフィードバックを含む集団目標は動機づけや業績を高める。

（2）目標設定の効果と原則

米国のスポーツ心理学者のマートンは目標設定の効果について，グールドは目標設定の原則について，次のように述べている。

❶マートン（Martens, R.）の目標設定の効果

目標は願望を明確にし，倦怠を回避させ，内発的動機づけとなり，満足感や自信を増す。さらに練習の質を向上させ，パフォーマンスを向上させると指摘している（表3-4参照）。

❷グールド（D, Gould）の目標設定

ピーク・パフォーマンス（最高のプレイ，動き，技術など）のための目標設定の注意事項として，表3-5のような11項目をあげている。

（3）数字的目標のたて方

❶ベスト記録10％増

杉原ら（1976）は小学校の生徒に立ち幅跳びを指導し，その時，自分のベスト記録の何％くらいを目標にしたら，最も良い記録が出るかを実験している。その結果は，図3-2のようにベスト記録に10％増くらいが最も良い結果であったことを明らかにしている。このことから考えると，タイムや距離を目標とする競技では，10％増の値を目標にするのが適切である。

❷インターバル目標設定

これは過去の平均的な成績と最高成績を用いて，今後，目標とされる成績の範囲（インターバル）を算出しておき，それを目安に目標の到達を確認する方法である。水泳競技や陸上競技のようなタイムや距離を目標とするスポーツに有効である。たとえば，表3－6のようにして算出する。

　選手の今後の成績は図3－3における目標の範囲（インターバル）内に入れば，目標を達成されたと考える。今後，競技に出場する度に，新しい目標の範囲を算出していく。

2）シーズン始めやトレーニング始めの目標の作成

　表3－7のような記入用紙を準備した。シーズン始めの目標を記入するのに便利である。

（1）長期・中期・短期的目標
❶ **長期的目標**：スポーツ選手として最終的にどういう選手になりたいかを設定する。
❷ **中期的目標**：何歳位にはどれくらいの選手になっているかという目標を設定する。

キーワード
- 長期的目標
- 中期的目標

表3－4 目標設定の効果（R.マートンによる）
1. 目標はパフォーマンスを進歩させる。
2. 目標は練習の質を向上させる。
3. 目標はこうなりたいという願望を明確にする。
4. 目標はよりやりがいのあるトレーニングを行うことで倦怠を回避させる。
5. 目標は達成に向けて内発的な動機づけを増す。
6. 目標はプライド，満足感，そして自信を増す。

猪俣監訳（1991）：メンタル・トレーニング，大修館書店

表3－5 グールドの目標設定のガイドライン
1. 記録的・行動的表現による特別な目標。
2. 困難ではあるが，現実的な目標。
3. 長期的目標だけでなく，短期的目標。
4. 結果の目標ではなく，パフォーマンスの目標。
5. 練習や競技のための目標。
6. 消極的目標ではなく，積極的目標。
7. 目標達成の日付を明確にする。
8. 目標達成の方法を明確にする。
9. 明確にされた目標を掲示する。
10. 目標達成の評価法をつくる。
11. 目標達成のためのサポートを準備する。

表3－7　年間目標の設定表

氏名	スポーツ種目（　　　） 学校・会社名（　　　）	男子 女子	年齢（　　）歳 学年：中・高・大（　）年

1.スポーツに対する目標

長期的目標	スポーツ選手としての最終目標（例，オリンピック選手を目指す，スポーツの指導者になりたい，など）
中期的目標	最終学年（中学3年・高校3年・大学4年）までの目標（例，インターハイに出場する，国体選手になる，など）
短期的目標	本年度の目標記録を書いてください（記録がある人のみ） 種目（　　）記録（　　） 種目（　　）記録（　　） 種目（　　）記録（　　）	本年度の最終目標（○○大会優勝，ベスト4など） チームの目標 あなたの目標

2.本年度のプレイ（技術，体力，心理）に対する目標とその達成方法

	技術面の目標	体力面の目標	心理面の目標
技術面，体力面，心理面ではどんなことを目標にしますか。	（例）泳ぎのピッチを速くする	（例）握力を60kgにする	（例）積極的なレースをする
それぞれの目標を達成するにはどんな練習をしますか。			

3.目標を達成すると，あなたにはどんな効果，良いこと，嬉しいことがありますか。

4.目標を達成しようとする時，それを邪魔したり，障害になることはどんなことですか。それに対してはどのようにしますか。

目標達成の妨害	
妨害に対する対策	

5.目標を達成するための自己宣言（スローガン，決意，誓いの言葉など）を書いてください。

キーワード
- 短期的目標
- 結果に対する目標
- プレイの内容についての目標

表3－6 インターバル目標値の求め方

1. 過去5競技の成績の平均を求める。水泳競技の100m自由型を例にする。過去5競技の成績は60秒，58秒，59秒，58秒50，60秒40で，平均値は59秒18である。
2. 過去5競技の最高成績を求める。58秒である。
3. 平均値と最高成績の差を求める。59秒18－58秒＝1秒18となる。
4. 今後の目標の上限を求める。58秒－1秒18＝56秒82となる。

平均値	最高成績	目標の上限
59秒18	58秒	56秒82

←―――目標の範囲―――→

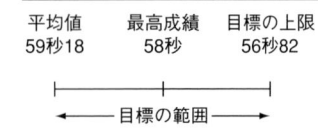

図3－3 インターバル目標設定

❸ **短期的目標**：この1年間の目標を設定する。

（2）結果に対する目標

　競技の結果について，優勝とかベスト8になるとか，1回戦に勝つなどの目標をたてる。自分や相手のことを考えて達成可能な結果に対する目標をたてる。とても達成不可能なことではなく，努力すれば達成できるぐらいの目標が良い。

（3）プレイの内容についての目標

　競技についてのプレイの内容についての目標をたてる。プレイの内容について技術面，体力面，心理面の目標をたてる。競技面については競技でどういうプレイ，動き，ペース，フォーメーション，技術を使うかということである。たとえば，テニスの選手であれば，今度の競技では，「フォアのクロスを打つ」とか，「バックのクロスのパッシングを打つ」などの具体的なプレイの内容についての目標をたてる。

　次に，体力面での目標も必要である。「最初はパワーを発揮する」「最後にバテないようにペース配分を考える」「持久力で負けないようにする」「フットワークをよくする」などの体力の使い方についての目標をたてる

　さらに，心理面での目標をたてる。「積極的に攻撃的プレイをする」「イージィ・ミスをしないように集中して行う」「逆転負けをしない」「闘志を燃やす」など，競技における気持づくりの目標をたてる。

（4）目標を達成するための方法を考える

　目標ができたら，結果に対する目標とプレイに対する目標を達成するためには，どんな練習をしたらよいかを考える。いつ頃から，どんな練習をすればよいか，技術面，体力面，心理面の練習方法を考える。

　自分の目標達成のためには，チームが行う練習の他に，自分用の秘密の練習を行うことが大切である。自分は他の人がしていない練習もしているという自信にもつながる。皆んなと同じ練習だけで，皆んなより良い成績が残せるわけはない。自分の目標を達成するために，自分用の秘密の練習法をたてる必要がある。

（5）目標達成の効果と阻害要因

　目標が達成された時の効果，利益，そして得をすることを確認しておく。達成できたらどんな良いことが起こるかを頭に描いて練習に励む。たとえば，「自分が一番嬉しく，自信になる」ことは当然であるが，喜んでくれる家族，友達，指導者などのことや自分の人生にとって，この目標が達成されたらこんな良いことが起こるだろう，ということを頭に描いて練習する。それとは逆に，目標達成を邪魔するのは何かを確認しておく。「甘い誘い」や「目標を妨害するものは何か」を，あらかじめ確認しておき，それに負けないようにしておく。

（6）自己宣言

　自分の目標を達成するために，自己宣言（誓いの言葉）をする。受験生が机の前に「○○大学合格」などと書いているように，「○○大会ベスト4」「努力」「練習で泣いて試合で笑う」「絶対やるぞ！」「フォアのクロスを打つ」など，あなた独特の自己宣言をして，紙に書いて貼っておく。チームの目標や個人の目標についての自己宣言を練習場や部屋・自宅に貼っておくと，目標達成への意欲が高まる。

　当然のように，個人の目標と同じようにチームとしての長期，中期，短期的

目標を設定し，チームとしての具体的な短期的目標を設定する必要がある。シーズン始めやトレーニング始めにチームとして，本年度はどのような目標で行うかを設定する。その内容は競技成績として〇〇大会〇位，チームプレイとして〇〇〇フォーメーションの完成，練習上の注意として〇〇を守る，など個人目標の例にそって設定する。

3）競技ごとの目標の設定

競技に出るたびに結果に対する目標と，プレイに対する目標が明確にされ，確認されていることが大切である。しかも，チームの目標と個人の目標が明確にされ，確認されていることが必要である。表3－8のような目標設定表を作成しておくと良い。基本的にはシーズン始めに書く目標設定の仕方と同様である。

次の競技についてプレイに対する具体的目標を設定する。プレイは技術面，体力面，心理面に分け，それぞれについて行動的，記録的表現による具体的目標を設定する。

次に，目標達成の方法として技術面，体力面，心理面の目標に対して，それを達成するためにはどのような方法を用いて練習したり，トレーニングするかを設定する。さらに，具体的な目標達成の期日や目標を達成するための自己宣言をしたり，自己宣言を部室，自宅などに書いて貼っておく。

目標を熱心に書く学生たち

表3－8　試合のための目標設定表

氏名	スポーツ種目（　） 学校・会社名（　）	年齢（　）歳 学年 中・高・大（　）年	男子・女子	記入日　平成　年　月　日

1.今度の試合の結果に対する目標を書いてください。（例，優勝，ベスト4，1回戦突破など）

2.今度の試合のプレイに対する目標とその達成方法を書いてください。

	技術面の目標	体力面の目標	心理面の目標
技術面，体力面，心理面ではどんなことを目標にしますか。	（例）クロスのフォアハンドストロークを打つ（テニス）	（例）後半にバテないようにする。	（例）集中力を持続する。
それぞれの目標を達成するにはどんな練習をしますか。	（例）フォアハンドの練習を集中的にする。	（例）週に3回，4km走る。	（例）いつも自分に"集中"と言いきかせる。

3.目標を達成すると，あなたにはどんな効果，良いこと，嬉しいことがありますか。

4.目標を達成しようとする時，それを邪魔したり，障害になることはどんなことですか。それに対してはどのようにしますか。

目標達成を妨害すること	
妨害に対する対策	

5.目標を達成するための自己宣言（スローガン，決意，誓いの言葉など）を書いてください。

表3-9 目標の設定

1. 長期・中期・短期（年間・試合）の目標
2. 結果とプレイ（技術・体力・心理）の目標
3. 目標達成の方法の作成と目標達成の功罪を確認
4. 目標達成を妨害するものへの対策
5. 自己宣言

4）競技後やシーズン終了後の目標修正

　目標に対して競技後やシーズン終了後に客観的な資料（測定，検査，スコアブック，VTRなど）を用いた反省により，目標が修正されたり，新たな目標が設定されることになる。目標の設定とそれに対するフィードバックの客観的指導こそ，自発的・自主的，そして創造的に競技に取り組む「やる気」のある選手を育てる重要な視点と言える。

　以上，目標設定の方法を簡単にまとめると，**表3-9**のようになる。

（徳永 幹雄）

文 献

1) 磯貝浩久（2004）：「スポーツにおける目標設定」．日本スポーツ心理学会編，最新・スポーツ心理学，大修館書店．
2) 伊藤豊彦（2000）：「スポーツにおける目標設定」．杉原　隆・船越正博・工藤高畩・中込四郎編：スポーツ心理学の世界，福村出版．
3) マートン，R.，猪俣公宏監訳（1991）：メンタルトレーニング，大修館書店．
4) 岡澤祥訓（2002）：「目標設定法」．日本スポーツ心理学会編：スポーツメンタルトレーニング教本，大修館書店．
5) 下中直人（1981）：心理学事典，初版14刷，平凡社．
6) 杉原　隆（2003）：運動指導の心理学，大修館書店．
7) 徳永幹雄（2003）：改訂版・ベストプレイへのメンタルトレーニング，大修館書店．

問 題

1．「やる気」という言葉を説明しなさい。
2．「やる気」を高める方法を5つ以上あげ，解説しなさい。
3．目標を設定する上での注意事項について述べなさい。
4．目標設定の効果を3つ以上，述べなさい。
5．シーズン始めに行われる年間の目標設定の具体的方法を説明しなさい。

4 競技に必要な「よい緊張感」はどのようにしてつくるか

競技場面では，まず「よい緊張感」をつくることが必要である。緊張しすぎた時はリラックス（Relaxation），緊張が低すぎた時はサイキング・アップ（Psyching up；感情の高揚，またはアクティベーション，Activation；活性化）が必要である。

1 「よい緊張感」とは

スポーツ選手の心理的スキルの中で最も基本になるのが，リラクセーション能力である。試合になると誰でも緊張するが，その緊張の度合いが問題である。手足がガチガチになって，今まで練習してきたことが，試合でまったく発揮できないようでは困る。それとは逆に試合になっても全然緊張しないのも優れたパフォーマンスは発揮できない。

つまり，緊張しすぎても緊張が低すぎても，日頃の練習成果や実力発揮はできない。図4－1は横軸が心理状態（緊張度）の程度で，縦軸は実力発揮度を示している。緊張度と実力発揮度の関係はU字の逆を示しているので，逆U字曲線の関係にあると言われている。すなわち，緊張度は高すぎても低すぎても実力発揮度は低く，本人にとって適度な緊張度の時が最も優れた実力発揮度が得られることを示している。従って，緊張しすぎたらリラックス，緊張が低すぎたらサイキング・アップのスキルを使って「よい緊張感」をつくることが必要となる。自分はどのくらい緊張した時に，最も良い結果が出るかは，スポーツ種目や個人によっても違うため，自分の過去の体験から「最も良い結果」や「成功」と思われる時の緊張度を確認し，それに近づけるようにするのが良い。

リラックス法を説明する前に，なぜ緊張するのかについて理解しておくことが必要である。答えは図4－2に簡単に示した。ストレッサーとしての「試合」を本人がどのように考えるか（認知的評価）によって緊張の度合いが異なる。「勝ちたい」とか「失敗したら恥ずかしい」「負けられない」などと考えると緊

キーワード
- リラクセーション
- サイキング・アップ
- 逆U字曲線
- 認知的評価

レース前に「よい緊張感」をつくるのも技術のうち

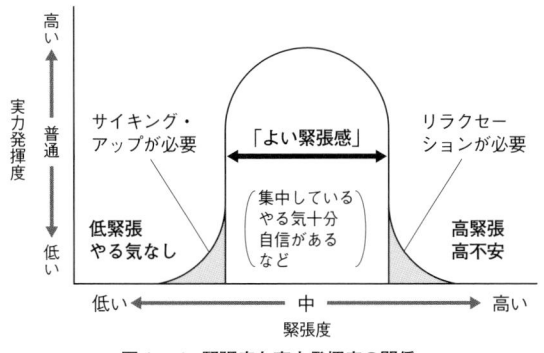

図4－1　緊張度と実力発揮度の関係

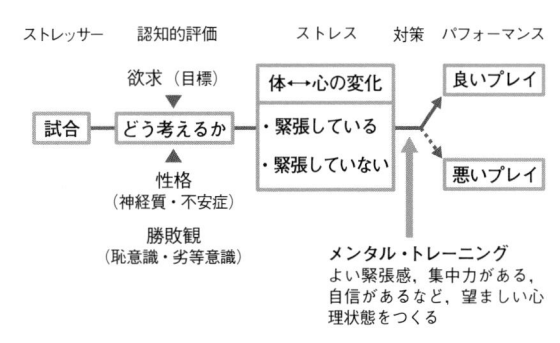

図4－2　緊張度とメンタルトレーニングの関係

> **キーワード**
> - 認知の仕方
> - 体のリラックス
> - 深呼吸法
> - 漸進的リラクセーション法

表4－1
「よい緊張感」をつくる―リラックスとは

1. 緊張で体はどう変化する……心臓，呼吸，筋肉，皮膚温，脳の温度は？→リラックスは反対をすればよい。緊張の継続→心身症へ。
2. 「体」と「心」のリラックスが必要。
3. 「頭寒足熱」にする。
4. 手の温度は35℃（非常にリラックス），32℃以上（リラックス）にする。
5. 試合場でリラックスした動き。

表4－2 深呼吸

1. 黙想して，普通にゆっくり深呼吸を3回する。
2. 閉眼で4－4－8拍子で，腹式呼吸を3回する。
3. 開眼で4－4－8拍子で，腹式呼吸を3回する。

張する。この認知の仕方が緊張の度合いを変えることになる。緊張というのは大脳皮質の認知の仕方にもとづき，人間の感情をつかさどる間脳の視床下部が興奮して，交感神経を刺激し，アドレナリンなどのホルモン分泌を伴い，心臓がドキドキしたり，筋肉が硬くなったり，様々な生体の諸機能に影響を与えている状態である。緊張は，試合に対する認知の仕方によって心の状態が変化し，それに伴って生体が変化している状態である。つまり，ストレス（状態）とか"あがり"とか，"プレッシャー"というのは言葉こそ違え，この体と心の変化のことである。この認知の仕方に関係するものとして，本人の欲求（目標）がある。「試合に勝つ」ことによって，他の人から認められたい，承認されたい，尊敬されたいといった欲求は，前述されたマスローの欲求階層の「承認や尊敬の欲求」にあたる。こうした承認・尊敬されたいという欲求が強すぎると，緊張度は高くなる。

「勝ちたい」という欲求が「自分のベストを発揮する」「可能性に挑戦する」という欲求に変わる時，緊張度は抑制される。

他に，認知の仕方に関係するものとして本人が持っている性格がある。物事を神経質に考えたり，何かと不安になりやすい人，失敗を恐れる人，あがりやすい人は，認知の仕方が変ってくる。認知の仕方には，この他に勝敗感などとも関係し，個人差が生まれてくる。

以上のことから，「よい緊張感」をつくるためのリラックス法としては，すでに緊張している体の状態を変える「体のリラックス」と，緊張しないように認知の仕方を変える「心のリラックス」が必要となる（**表4－1**参照）。

2 体のリラックス

体のリラックス法を簡単に言えば，緊張した時に生ずる生体の反応の逆のことをすれば良い。たとえば，呼吸が速くなれば呼吸をゆっくりすれば良いし，心拍数が増えたら少なくすれば良い。そのための方法として深呼吸，緊張とリラックスの繰り返し，手足を温かくする，額を涼しくする方法などがある。

1）呼吸をゆっくりする

緊張すると呼吸が速くなりパフォーマンスが乱れるので，呼吸をゆっくりするのが深呼吸である。息を長く吐きながら全身の力を抜く方法である。多くの人は緊張すると大きく深呼吸をする。息を吸い込む時に4秒間，次に息を4秒間くらい止める。そして，8秒間でゆっくり長く吐き出す。つまり「4－4－8」拍子である。さらに息を吸い込む時に腹をふくらませ，全身に少し力を入れる。そして，息を出す時は腹をひっこませながら，全身の力を抜く。これは腹式呼吸の方法になる（**表4－2**参照）。

2）筋肉の緊張とリラックスを繰り返す

緊張すると筋肉が硬くなるので，柔らくするために行うのがこの方法である。これはアメリカのジェイコブソン（Jacobson, E.）という人が考案した「漸進的リラクセーション法」と言われる方法である。筋弛緩法とも言われている。顔，肩，腕，腹，脚，そして全身に，力を入れたり，抜いたりして，それぞれ

の部分のリラックス感を覚える。**表4-3**は漸進的リラクセーションの部位と順序を示したものである。たとえば，肩のリラクセーションは次のようになる。

❶ ギュッと肩をすぼめ，そのまま緊張を保ち続ける（約10秒）。力を抜く。肩を落として力が抜けた感じを覚える。頸と肩の力が抜けている（約20秒）。
❷ もう一度肩をすぼめ，ぐるぐる動かす。肩を上下，前後に動かし肩と背中の上のほうに緊張を感じとる（約10秒）。
❸ 肩の力を半分ぐらい抜く（約10秒）。
❹ 今度は，肩をもう一度落として，全部の力を抜く。肩から背中の筋肉まで完全に力を抜く（約20秒）。

特にスポーツ選手は，緊張すると肩や顔に力が入りやすいので，肩や顔のリラックスを覚えておくと良い。1日に1～2回，全部で5～10分くらい行えば良い（**表4-4**参照）。

3）手や足を温かくする

緊張すると手足の皮膚温が低下するので，温かくするのがこの方法である。筋肉がリラックスしている体の見分け方として，手や足の温かさで見ることができる。普通，体温は摂氏36度前後であるが，手の温度（人さし指の先端の皮膚温）はリラックスしている時は摂氏32度以上で，非常にリラックスすると摂氏35度以上と言われている。試合前には自分の手の温かさを確認するのも良い。

（1）自律訓練法の温感練習

1932年，ドイツの精神医学者シュルツ（Schultz, J.H.）は『自律訓練法』という本を出版した。その本の冒頭に「自律訓練法というのは，催眠をかけられた時と同じ状態になるように合理的に組みたてられている生理学的訓練法である」と述べている。この自律訓練法は，静かな場所でゆったりした姿勢を保ち，受動的な心構え（ガンバッテやるぞという能動的な心構えではなく，心をむなしくして，次にくるものを無心に待つ状態）をして，心の中で一定の公式を唱えていく。そうすると受動的な注意集中が得られ，心身の再体制化（精神的切り換え）が起こるというものである。

姿勢は**図4-3**のように，閉眼であおむけ・腰かけ・よりかかりのいずれかを用いる。練習の1回の時間は初期は30～60秒で良いが，一般的には1～2分とする。1回の練習ごとに調整運動（両腕を3回屈伸する）をして，1～2回深呼吸をして眼をあけて，2回目に進む。

自律訓練法は次のような背景公式と第1～第6公式まである。

背景公式（安静練習）……「気持ちが（とても）落ち着いている」
第1公式（重感練習）……「両腕両足が重たい」
第2公式（温感練習）……「両腕両足が温かい」
第3公式（心臓練習）……「心臓が静かに規則正しく打っている」
第4公式（呼吸練習）……「らくに呼吸している（あるいは，呼吸がらくだ）」
第5公式（腹部温感練習）……「大腸神経（あるいはお腹）が温かい」
第6公式（額涼感練習）……「額が（こころよく）涼しい」

ここでは第2公式の温感練習をして，手足を温かくすることを練習してみる

キーワード
● 温感練習
● 自律訓練法

表4-3
漸進的リラクセーションの部位と順序

1. こぶしと腕（右こぶし→左こぶし→両こぶし→両前腕→両腕→両腕二頭筋）
2. 顔面（額→眼→あご→舌→唇）
3. 頸（後→右→左→前）
4. 肩（上下→前後）
5. 胸部（肺）
6. 腹部（腹筋）
7. 背部（上→下）
8. 臀部・大腿部（屈→伸）
9. 足および全身（下→上）

内山（1981）：心の健康，日本生産性本部

表4-4
緊張とリラックス
……漸進的リラクセーション法

1. 開眼で両腕に5秒ほど力を入れ，力を抜き5秒ほど休む。
2. 両肩に力を入れて，抜く。
3. 閉眼して顔に力を入れて，抜く。
4. 開眼で両足に力を入れて，抜く。
5. 全身に力を入れて，抜く。

表4-5
温感練習（両手・両足を温かくする）
……自律訓練法

1. 黙想して「右手が温かい」と3回つぶやき，温かくする。
2. 「左手が温かい」と3回つぶやく。
3. 「両手が温かい」と3回つぶやく。
4. 「両足が温かい」と3回つぶやく。
5. 「両手・両足が温かい」と3回つぶやく。

キーワード
- バイオフィードバック法
- 皮膚温バイオフィードバック法

表4－6　体のリラックス法

1. ストレッチ，手足を振る，ランニング，ジャンプ，軽い練習など。
2. 音楽を聴く。
3. 入浴（特に，露天風呂は良い）。
4. 嗜好品（軽いお酒，コーヒー，お茶など）。
5. 映画，ショッピング，観劇，旅行など。
6. 自分の趣味。

皮膚温バイオフィードバックによるリラクセーションのトレーニング

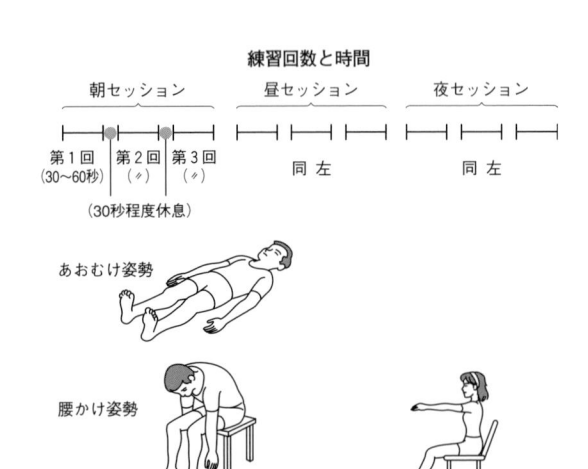

図4－3　自律訓練法の姿勢，練習回数と時間および調整運動
内山（1981）：心の健康，日本生産性本部

と良い（**表4－5**参照）。

（2）皮膚温のバイオフィードバック法

緊張すると生体のいろいろな部分が変化する。その変化の状態を音や色などで，客観的に本人に知らせることによってリラックス法をトレーニングするのが，この方法である。バイオ（bio）は生体，フィードバック（feedback）は還元（帰還）という意味である。バイオフィードバック法（Bio-feedback）は，生体の情報（脳波，筋電，皮膚温，心拍，血圧，呼吸，皮膚電気反応など）を音信号や光信号に変え，それを本人に知らせることによって緊張や弛緩状態を認知させ，その音や光を手がかりにして，心身のコントロールをトレーニングする新しい方法である。

漸進的リラクセーションの筋肉の弛緩状態は筋電バイオフィードバックで，自律訓練法の重感・温感練習は皮膚温バイオフィードバックで，そして座禅の禅定三昧（心を正しくし，一か所に集中し妄念をはなれること）の境地に出ると言われているアルファ波は脳波バイオフィードバックを用いて練習することが可能である。

これまで主観的にしか評価できなかったリラクセーション状態を客観的に音や光，そして数量的に知ることができることが最大の利点である。皮膚温バイオフィードバックは皮膚の温度を音に変え，リラックスして手の温度が高くなると音が消えて，緊張して手の温度が低くなると音が高くなるように作られている。従って，音を消す要領を覚えれば，手の温度を高くする方法につながる。最終的には，バイオフィードバック機器を使わなくても，リラックスできる方法を身につけることになる。もし，バイオフィードバック機器がなければ，体温計を指先に巻きつけても手の温度を知ることができる。

（3）柔軟体操，ストレッチング，ランニングなど

試合前や練習前に行う柔軟体操，ストレッチング，手足を振る，ジャンプ，ランニング，軽い練習などは筋肉を伸ばしたり，縮めたりしながら，血液の循環を良くしているのである。特に体の先端の毛細血管まで十分に血液が流れるようになると，体全体が温かくなる。特にストレッチングは筋肉を引っ張って血液の流れを一時的にストップさせ，パッと力を抜くと，ドッと血液が流れ，筋肉が温かい感じになる（**表4－6**参照）。

4）額を涼しくする

体は温かいほうが良いが，頭は反対に涼しいほうが良い。緊張すると頭がボーッとなるし，炎天下の試合では頭を氷で冷やさないといけないほど熱くなる。この時，脳の温度が上がりボーッとなると冷静な判断ができなくなる。良く言われる「あがり」は交感神経の興奮により脳の温度が上がり，頭が「カッ，カッ」と温かくなっている状態である。

従って，スポーツ選手は試合前，受験生は勉強をする時，そして，大事なパフォーマンス（演奏会，面接試験，入学・入社試験など）をする時は，頭（額）を涼しい状態に

しておくことが大切である。その方法は沢山あるので，いくつか紹介する。

（1）自律訓練法の額涼感練習

自律訓練法の第6公式である「額が涼しい」を繰り返しつぶやきながら，涼しい感じを出す練習をする。リラックスした姿勢で目を閉じて，「気持ちが落ちついている…額が涼しい…気持ちが落ちついている…額が涼しい…」を2～3分繰り返しつぶやき，額が涼しい状態になるように，練習をする。

（2）顔や額の筋肉の緊張とリラックス

漸進的リラクセーション法で練習した顔や額の筋肉を緊張させたり，リラックスさせたりしてリラックス感を出せば，額は涼しい状態になっている。顔や額の力を抜き，ボーッとした状態をつくる練習をする。

（3）脳波のバイオフィードバック

脳波のアルファ波（α波）を出すトレーニング機器が開発されている。額にベルトをして前額にα波が出ると音や色で，本人に知らせてくれるように作られている。α波が出るとリラックスしていると言われ，その時の頭の状態は涼しい状態になっている。

（4）軽いランニングなどの運動

軽いランニングや練習などの運動は筋肉のリラックスと同時に頭も涼しくしているはずである。ゲーム前の不安や緊張は軽い運動をすることによって忘れられ，脳の興奮を抑えるためでもある。また，健康のために行われているランニングなどの運動・スポーツも体を動かすことによって，運動中は興奮しているが，運動後には脳の興奮がおさえられ，スッキリとして，リラックスしていることになる。

（5）顔を洗ったり，頭から水をかぶる。

興奮したら，顔を冷たい水で洗ったり，炎天下の試合では頭から水をかぶったり，氷で冷やしたりしているのは，外部から物理的なもので顔や頭を冷やし，脳の温度を下げている。つまり，頭を涼しくしているのである。

キーワード
- 額涼感練習
- 脳波バイオフィードバック法
- 心のリラックス

表4－7
心のリラックス―不安になったら―

1. 自分の目標をどうして達成するかを考える。
2. 自分のプレイをどのように発揮するかを考える。
3. 試合に対する認知（考え）を変える。
   - 「負けること，失敗することは恥ではない」
   - 「思い切りすることが大切だ」
   - 「自分のプレイをすること」
   など，何度もつぶやく。

3　心のリラックス

前述した体のリラックスはすでに緊張した筋肉をリラックスする方法である。ここでは，筋肉が緊張しないように心（意識）の持ち方，心をリラックスするにはどうしたら良いかについて考える（**表4－7**参照）。

1）目標達成に集中する

試合では自分の目標をどのようにして達成するかを考える。試合が近づくと誰でも緊張し，不安な気持ちになる。そこで，その程度を和らげることが大切である。練習の時は「優勝するぞ！」とか「ベスト4になるぞ！」など，勝つことを目標にするのも良い。しかし，試合前になると，そうした勝ち負けの目標ではなく，自分やチームのプレイに対する目標に集中することが大切である。たとえば，「サービスの確率を上げる」「自分のペースを守る」「思い切りプレイする」「最後まであきらめない」など，技術，体力，心理面でそれぞれの目標をつくる。そして，その目標を達成する方法を考え，そのことに注意を向ける。つまり，勝ち負けばかり考えていると緊張するので，目標達成の方法に意

> **キーワード**
> ● サイキング・アップ

表4-8
「よい緊張感」をつくる
—サイキング・アップ—

1. 理想の選手，成功した時の姿をイメージ。
2. テンポの速い音楽を聴く。
3. 呼吸数・心拍数を上げる……速いテンポの呼吸，その場かけ足，ジャンプなど。
4. 「やる気」を高める……いくぞ！気合だ！ファイト！勝つぞ！
5. 精神集中。
6. 体を叩く。

識を集中し，「こうするのだ！」「こうすれば良いのだ」と安心した気持ちで試合を待てば良い。

2）実力発揮・ベストプレイに集中する

試合では勝ち負けも大事だが，自分の実力を発揮することは，もっと大切であると考える。試合前になって勝ち負けを心配して，いろいろ考えるよりも，自分の実力を発揮すれば，結果はどうであれ，それで良いのだと考える。「自分のベストプレイをすれば良い」「自分の力を出し切れば良い」「出し切るぞ！」と考え，勝敗意識から生まれる不安感を忘れるようにする。当然のことながら，いくら頑張っても勝てない相手はいる。実力が違えば，どうしようもないことである。それよりも自分の実力を発揮し，ベストプレイをすることこそ重要と考える。

3）思いきりよく，楽しくプレイする

今までの練習で身につけてきた自分のプレイを「思いきりやろう！」と思うことである。そのためには，どのような方法をすれば良いかを考える必要がある。勝ち負けという結果について，いろいろ心配するよりも，思いきりのよい，積極的・攻撃的なプレイをするにはどうしたら良いかを考える。プレイ中の決断力，作戦の変更，そして，大事な時に思いきりよく，積極的・攻撃的なプレイをするように自分に言いきかせる。また，試合前に不安やプレッシャーを感じるよりも，とにかく「楽しくやろう」「試合を楽しもう」「楽しくやれば良いのだ」と自分に言い聞かせることが心をリラックスするのに良い方法である。

4 サイキング・アップ

緊張度が低い時，「よい緊張感」になるために，感情を高ぶらせるのがサイキング・アップ（Psyching up）である。逆に，相手の元気を失くさせたり，腐らせたりすることをサイキング・アウト（Psyching out）と呼んでいる。サイキング・アップの方法として，以下のようなことがある（**表4-8**参照）。

(1) 理想の選手，成功した時のイメージ

自分が理想とする選手や過去の成功体験を思い出したり，イメージを描いたりすることにより，感情を高ぶらせる。

(2) テンポの速い音楽を聴く

自分の好きなアップ・テンポな音楽を聴くことにより，積極的・闘争的な気持ちをつくる。

(3) 呼吸数や心拍数を上げる

速いテンポの呼吸，足踏み，その場かけ足，ジャンプなどを行い，呼吸数や心拍数を上げることにより，集中力を増す。テニスでは1分間の心拍数120－150拍くらいが最も集中していると言われている。

(4) 「やる気」を高める

キュウ・ワード（Cue word，ヒントになる言葉）を使って，「いくぞ」「ファイト」「気合だ」などのセルフトーク（自己会話）をして感情を高める。

(5) 精神集中

目を閉じて心を落ち着けたり，注意を一か所に集めたりして，精神を集中する。
（6）体を叩く
手足や顔などの体の一部を叩いたりして，刺激することで感情を高めていく。

以上のように緊張を高める方法は，「やる気」や集中力を高めることおよびその他の心理的スキルとも関係している。

キーワード
- 頭寒足熱
- 競技場でよい緊張感

5 本番で「頭寒足熱」

1）「頭寒足熱」とは

　日本の古い諺に「ずかんそくねつ」という言葉がある。これは，われわれ人間の快適な体の状態を表現している諺で，手足が温かく，頭が涼しい状態を意味している。運動する時も勉強する時も，「頭寒足熱」の状態をつくって始めると良い結果が出ると言われている。

　リラックス法によるリラックスした心身の状態は，この「頭寒足熱」という諺ですべて表現されている。つまり，リラックスの原理は「頭寒足熱」ということができる。「頭寒足熱」は，スポーツの時ばかりでなく，健康な体の状態でもある。日常的には風呂に入る（露天風呂は特に良い），音楽を聴く・歌う，嗜好品（少量のアルコール，タバコ，コーヒー，お茶など）を飲む，好きなことをする（趣味的活動）などは，ゆったりとした気分でリラックスするので，「頭寒足熱」の状態になっている（**表4－6**参照）。

　今まで述べてきた体のリラックス法を要約すると，

目を閉じる ➡ 深呼吸をする ➡ 体の力を抜く ➡ 手足を温かくする ➡ 額を涼しくする

という練習を繰り返せば良い。

2）競技場で，「よい緊張感」をつくる

　競技場では，たえず状況が変化している。そうした中で，心身の「よい緊張感」をつくることが必要である。そのためには，プレイの直前，プレイとプレイの間，休憩時間，ベンチにいる時など，体と心をリラックスしたり，サイキング・アップをしたりしなければならない。その意味で，試合中の「プレイをしていない時の過ごし方」が大切になる。たとえば，「足を小きざみに動かす」「肩を上げ下げして，肩の力を抜く」「手をブラブラして手の力を抜く」「プレイの前に深呼吸をする」「肩をグルグルまわして肩の力を抜く」「ストレッチングをする」「軽くジャンプする」など，体をリラックスしたり，緊張させたりすることを行わなければならない。

　一方，心のリラックス・緊張も重要である。「落ち着け」「自分のプレイをするのだ」「リラックス」「思いきってやるのだ」「気合だ」など，自分に言いきかせるのが良い。プレイの前，プレイとプレイの間，プレイ中など，いつも自分に言いきかせること（自己会話）が大切である。最終的には競技場で自分に最適な「よい緊張感」でプレイができるようにならなければならない。「よい緊張感」をつくるのは，その人の能力であり，技術である。

（徳永 幹雄）

大観衆の中でも「よい緊張感」の持続が必要

文献

1) 日本スポーツ心理学会編（2002）：スポーツメンタルトレーニング教本，大修館書店．
2) 佐々木雄二（1982）：自律訓練法の実際―心身の健康のために―，創元社．
3) 徳永幹雄（2003）：改訂版・ベストプレイへのメンタルトレーニング，大修館書店．
4) 内山喜久雄（1979）：心の健康―自己コントロールの科学―，日本生産性本部．

問題

1. 競技前になると，なぜ緊張するか述べなさい．
2. 体と心のリラックス法について述べなさい．
3. サイキング・アップ法について述べなさい．
4. 頭寒足熱の意味について述べなさい．
5. 自己の「よい緊張感」をつくるための方法について述べなさい．

5 集中力はどのようにして高めるか

競技では集中力がなければ良いパフォーマンスができない。集中力はスポーツ選手にとって重要な心理的スキルの1つである。重要でありながら，その内容がよくわかっていない。プレイに集中し，集中力が切れないようにするために，集中力とは何か，集中力の練習法について考える。

1 集中力とは

集中力という言葉の意味について考えてみる。この言葉は心理学辞典を引いても出てこない。日常生活で使っているわりには学問的な用語ではない。心理学では注意（Attention）という言葉が専門用語として使われている。

キーワード
- 集中力とは
- 注意の概念

1）情報処理からの考え

情報処理からの視点である。認知心理学でいう注意の概念である。図5-1にみられるように，ある刺激を視覚，聴覚，筋感覚，触覚，そして嗅覚などのいろいろな感覚を通して知覚する。そして，その状況を判断して，プレイ（行動）する。その何かを感じて知覚する途中の過程で注意という概念が入ってくる。たとえば，今，あなたは本を読んでいる。その途中に隣で何か大きな音がしたとする。しかし，その音に自分の注意が向かなれば，自分の知覚にはならず，その音がしたことにも気づかない。すなわち，刺激があって，それを感覚として受け取り，そのことに自分の注意が向き，知覚が形成されて，初めて状況が判断され，行動（プレイ）が行われる。逆にいうと，あなたが音に気づかなかったとすると，本を読むことに注意が非常に集中していたことになる。従って，注意とは，人が感覚によって見つけた刺激の意識を一定方向に導き，持続させる認知過程ということができる。

注意は次の3つの条件によって異なる。1つは「注意の選択」である。沢山の刺激が入ってきても，その人が持っている関心や心構えによって知覚されるものと知覚されないものに分かれる。つまり，好きなことには注意が向くが，嫌いなことには注意が向かず，記憶するのも難しい。また，注意の選択に際して意識的過程と無意識的過程の場合がある。

次に，「注意の能力」である。注意を受け入れる能力には個人差がある。いろいろな情報を同時に受け入れられる人とそうでない人がいる。そして第3は，「注意の警戒」である。注意の幅や方向は感情や疲労によって異なる。ある刺激に対して準備態勢を整えておけば，その刺激に関して沢山の注意を受け入れることができるようになる。注意力を高めるには，このような3つの条件を高めるこ

レース前の集中力を高める
スキルが必要

刺激 → 感覚 → 知覚 → 状況判断 → プレイ
（視覚・聴覚
筋感覚・
触覚・臭覚）
↓
注意

注意は人が感覚によって見つけた刺激の
意識を一定方向に導き，持続させる認知
過程である。

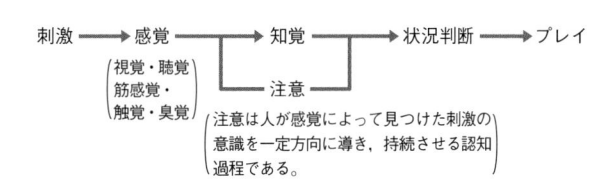

図5-1 注意の認知過程

キーワード
- 能動的集中－受動的集中
- 内的集中－外的集中
- 狭い集中－広い集中

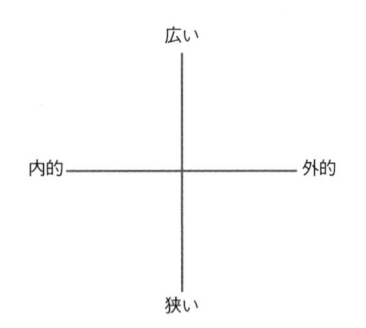

スポーツにおける注意の次元を理解するためのナイデファーの二次元モデル

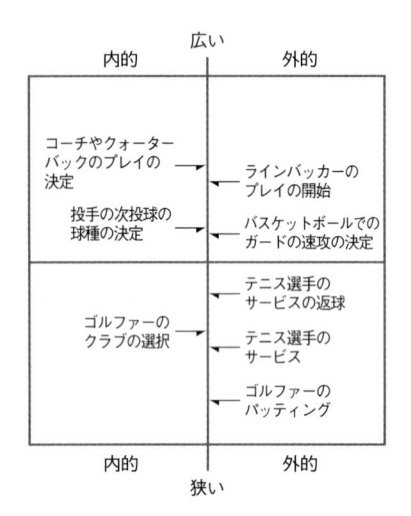

連続する内的・外的な注意集中を理解するために書きなおしたナイデファーのモデル

図5－2 注意のスタイル（R.ナイデファーによる）
猪俣監訳(1991)：メンタル・トレーニング，大修館書店

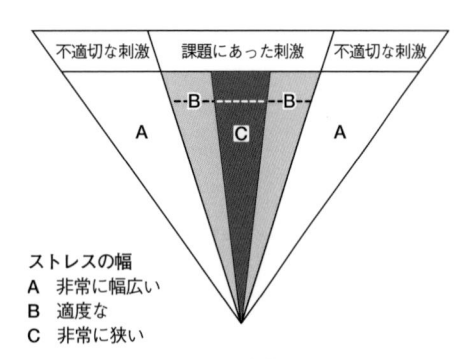

ストレスの幅
A 非常に幅広い
B 適度な
C 非常に狭い

図5－3 ストレスの影響による注意の幅
猪俣監訳(1991)：前掲書

とが必要になる。

2）社会心理学からの考え

個人と集団の関係，個人と環境の関係といった社会心理学的な事柄との関係からの視点である。

(1) 注意を乱される

社会的な刺激によって注意が乱されるという概念である。課題に無関係なことに注意を向けることで，注意が乱される。たとえば，競技場の大観衆や競技に対する不安，悩みなどが，その人の注意を乱すことになる。

(2) 無意識的に機能すること

注意が無意識に機能することである。注意には意識的な注意（能動的集中）と無意識的な注意（受動的集中）がある。スポーツの場合は意識的に注意するよりも，無意識的に注意したほうがいい。意識的にボールの打ち方を頭に入れ，プレイすれば動作がぎこちなくなる。しかも，実際の競技場面では考える時間がないので，無意識的にプレイができるようになっておくことが大切になる。

(3) 注意にはスタイルがある

注意のスタイルがある。この中の1つに方向と幅がある。注意の方向には自分の身体や感情に関して注意を払う内的な方向（内的集中）と，風や太陽などの環境に注意を払う外的な方向（外的集中）がある。注意の幅というのは，たとえば，サービスをサービスコートのどこでもよいと考えるのではなく，相手のバックハンドに入れると考えれば，注意の幅が狭いということになる（狭い集中）。また，自分の注意がコート上だけでなくスタンドや観客に向けば，注意の幅は広いということになる（広い集中）。野球やサッカーのように広いグラウンドでは狭い注意と広い注意が必要であり，それを適切に切り換えることが必要となる。ここで切り換えのタイミングが大切になる。図5－2は米国のスポーツ心理学者であるナイデファー（Nideffer, R.M.）のモデルについて，注意の方向と幅を示したものである。

さらに，注意とストレスや苦痛との関係を知ることも必要である。図5－3をみると解る。競技場で発生するいろいろなストレスによって注意の幅が変わってくる。注意の幅は妨害されることがある。そこで，不適切な刺激は除外して，スポーツの課題に合った刺激だけに注意を向けることが必要だということである。この考えは，注意はいろいろな外的，内的条件によって妨害されるので，適切な注意の方向と幅を選択して無意識的に注意が向けられるようになることが重要ということを意味している。

3）生理心理学からの考え

人間が注意している時，生理心理学的には，体はどういう状態になっているかという視点である。集中してゲームをしている時の脳波がα（アルファ）波になっていることを報告した研究は最近多く

なっている（表5−2）。ただ，脳波の測り方が難しいので，結論できるところまでは行っていない。また，テニスのように動的なスポーツでは，心拍数が1分間に130拍くらいに上がっている時に，最も集中していると言われている。無我夢中で動き始めると集中（注意）できることは，体験的にも解っていることである。ただ，弓道のような静的スポーツでは心拍数の増加だけでは証明できない。その他，筋電図，体温，呼吸などの生理的指標を用いて注意の状態を分析しようとするのがこの分野である。注意の生理的指標が明確になれば，それを用いて注意力（集中力）のトレーニングができることになる。　最近，流行しているバイオフィードバック・トレーニング（Bio-feedback）はこうした考えから生まれたものである。脳波や皮膚温などのバイオフィードバック機器を用いて集中力のトレーニングが行われている。

キーワード
- バイオフィードバック・トレーニング
- 集中力の定義
- 意識の構図

表5−2　脳波と心身の状態の関係（志賀，1987）

20　β（ベータ）	外的意識	●視覚・味覚 ●聴覚・時間 ●嗅覚・空間 ●触覚	心配事，複雑な計算仕事に立ち向かっている時—外界と対応して緊張している状態
14　α（アルファ）	内的意識	●思考・ヒラメキ ●集中・カン ●瞑想	何かに没頭している時，瞑想に入っている時—心身ともに調和のとれた状態
8　θ（シータ）		●まどろみ ●浅い睡眠	眠りの意識のあいだを行きつもどりつしている状態
4　δ（デルタ）		無意識・深い睡眠	完全に眠ってしまった状態

4）総合的理論

以上のように，注意についての様々な視点をみてきた。人間ではこれらの理論が同時に発生している。それらを総合したものが図5−4である。注意に影響する条件として内的（個人）あるいは外的な（環境）条件がある。その第1として自分の特性がある。これは本人が持っているパーソナリティ（性格）である。第2は活動への欲求や目標である。そして第3は，環境の要因になる。ある刺激に対してこれらの3条件によって感覚が働いて覚醒（知覚）状態ができる。この刺激に対する覚醒状態は意識的であったり，無意識的であったりして，ある状況を判断しようとする。刺激をその状況判断に導こうとしている過程を注意の段階と言っている。そして，注意を観察できる反応として，顔の状態，目の状態，自己報告，生体学的反応，動き，行動，考えたことを聞く，などがある。

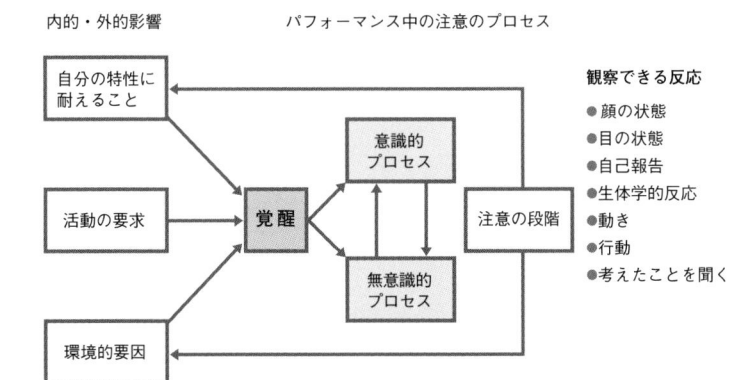

図5−4　内的・外的要因と注意のプロセスの相互作用

一点への精神集中

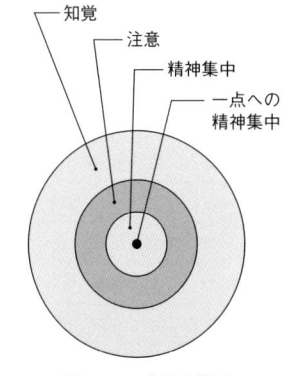

図5−5　意識の構図（W.T.ガルウェイによる）
後藤訳（1983）：インナーゲーム，日刊スポーツ出版社

5）集中力の定義

これまで注意の概念についてみてきたが，ここで，集中力に話を戻したい。図5−5のガルウェイ（Gallwey, W. T.）の意識の構図をみると，注意と集中力の関係がよく理解できる。われわれの意識は刺激に対して感覚器によって知覚する（Awareness）。それがある方向に向いて注意の状態ができる

> **キーワード**
> - 注意を一点に集める
> - 注意の固定
> - 対象物への注意の固定

表5－1 集中力を高める（1）

1. 自分の注意をある対象物や課題（一点）に集め、それを持続する能力。
2. 注意様式を高める。
   - 能動的集中⇔受動的集中
   - 外的集中⇔内的集中
   - 広い集中⇔狭い集中

   の切り換え能力を高める。

（Attention）。注意がある課題や対象物に限定されて向けられるのが「精神集中」である（Concentration）。さらに、その向けられた課題や対象物の一点に注意が集中されるのが「一点への精神集中」ということになる（One-pointed concentration）。すなわち、集中力とは「狭い意味での注意、特定の刺激に対する注意の固定、そして選択された刺激に注意し続けること」と言うことができる。そこで、集中力は「自分の注意をある課題や対象物（一点）に集め、それを持続する能力」と定義したい（表5－1参照）。そうすると、集中力のトレーニングは3つに分けることができる。第1は、課題に注意を集める練習である。第2は、外的・内的要因に注意を乱されない練習である。そして第3は、注意を持続する練習である。

2 集中力を高める練習

集中力を高めると言うことは、注意を一点に集める能力（注意力）を高めることである。

1）注意の固定

黙想をする。目を閉じてリラックスした姿勢で椅子に座り、2～3分間、黙想をする。心を落ち着け、ゆったりした気持ちで、意識（注意）が一か所に集中できるようにする。最初は意識があちこちに飛んだり、色々なことが頭に浮かんだりする。それはそれで黙想を続ける。自分の吐く息に注意を集中したり、何か1つのことに注意を固定できるようにする。基礎的練習として暗算、グリット・エクササイズ（Grid exercise；格子、図5－6参照）やシュブリル（Chevreul, M.E.）の振子実験（図5－7参照）、セルフトーク（Self-talk）などがある。

2）対象物への注意の固定

対象物に注意を集めるトレーニングである。ボールとか標的など小さな対象物を準備して、その物に注意を向ける練習をする。最初は目を開けて、ある物

42	32	38	34	99	19	84	44	03	77
97	37	92	18	90	53	04	72	51	65
40	95	33	86	45	81	67	13	59	58
78	69	57	68	87	05	79	15	28	36
26	09	62	89	91	47	52	61	64	29
00	60	75	02	22	08	74	17	16	12
25	76	48	71	70	83	06	49	41	07
31	10	98	96	11	63	56	66	50	24
20	01	54	46	82	14	39	23	73	94
43	88	85	30	21	27	80	93	35	55

図5－6 集中の診断やトレーニングとしてのグリッド・エクササイズ
（指導者がある数字を言う。その数字を探し○印で囲む。次の数を順々に探し、1分間に何個探せるかをトレーニングする。）

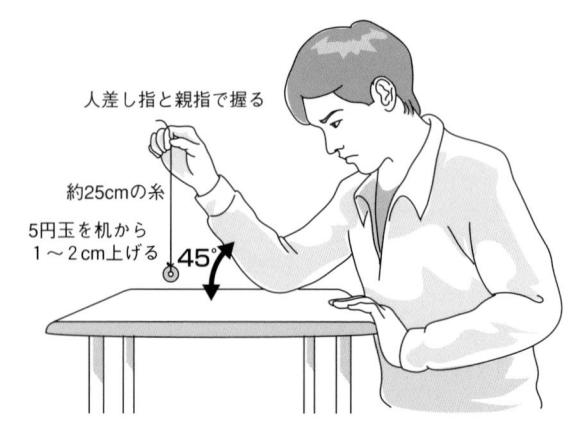

図5－7 シュブリルの振子暗示
（「左右に動く」「前後に動く」「右回り」などとつぶやくと、そのように5円玉が動く。）

に30秒間から1分間くらいの間，注意を向ける。ボールを見た時に他の意識が入ってきたり，まわりの騒音が気になったりしないように練習する。1回の練習で3回くらいボールを見る練習を繰り返し行う。

3）視線の固定

視線を固定させる。一点集中のトレーニングと言ってもいい。競技場で視線がキョロキョロと動く選手は良くない。観客席や他の場所に視線が向くと，その刺激から良くない感情が生まれ，集中力が乱されてしまうからである。遠方の何かの対象物に視線を向け，その物に注意を集める。目のひとみが動いたり，「まばたき」をしないようにしたりして，一点に注意を集める。1分ぐらいから始め，3分ぐらいまで延ばす。

4）バイオフィードバック機器によるトレーニング

バイオフィードバック・トレーニングである。これはリラックスのトレーニングで述べたように，脳波や皮膚温，呼吸，心拍数などを音や色に変え，それを手がかりにして集中力をトレーニングしていく。脳波については表5−2のように，α波の時に集中していると言われているので，脳波のバイオフィードバック機器を使って，α波を出すトレーニングをする。全身をリラックスして何かに集中した時に，α波の出現を示す反応（音，光，時間）が出るので，トレーニングがしやすい特徴がある。逆に機器が高価なことに難点がある。いずれのバイオフィードバック機器もその音や自分の感覚に注意を集中するので，リラックスのトレーニングと同時に集中力のトレーニングにもなる。

> **キーワード**
> - 視線の固定
> - バイオフィードバック機器
> - 集中力を妨害されない練習
> - 注意を乱す原因

脳波バイオフィードバックによる集中力のトレーニング

内的・外的要因に集中力を妨害されないように！（芝コートの全英オープン大会，於 ウインブルドン）

3 集中力を妨害されない練習

集中力を妨害されないと言うことは，注意を一点に集め，競技場での様々なストレスから，注意を乱されないことである。

1）注意を乱す要因

注意を乱す要因は内的要因，外的要因，そして外的かつ内的要因の3つに分けることができる。

(1) 自分の心が注意を乱すー内的要因ー

内的要因は，自分の感情に関するものである。心配，不安，悩み，ストレス，プレッシャー，あがりなどの言葉に代表される自分についての消極的な感情である。ミスショットという失敗後の感情やミスジャッジへの不満も含まれる。こういった自分の心（内的要因）についてのマイナス感情が注意を乱す。

(2) 周りの環境が注意を乱すー外的要因ー

外的要因は，風やコートの表面，太陽の光線，ボール，ラケット，バット，グラウンド，上空を飛んでいる飛行機や鳥，顔のまわりを飛びまわる蚊やハエ，あるいは暑さ，寒さの天候，観衆などの環境的要因である。こうした外的要因が注意を乱す。

(3) 環境に対する自分の心が注意を乱すー外的・内的要因ー

外的・内的要因というのは，外的要因ではあるけれど，それがその人の注意

キーワード
- きっかけになる言葉
- プレイのルーティン化
- 最悪のシナリオでの練習

を乱す内的要因になる。たとえば，対戦相手のスポーツマンらしくない言動や行動，観客のやじや嘲笑，自分のミスショットへの拍手などの外的要因に対して，自分が怒るとする。そうすると，怒るという感情（内的要因）が生じることによって，注意が乱される。

2）注意を乱されない実践的練習

（1）「きっかけ」になる言葉

不安や緊張などの刺激に注意を乱されないために，「きっかけになる言葉（Cue word）」をつぶやく練習である。自分で，「リラックス」「自分のプレイ」「集中」「ボールを見る」とか「心を落ち着けて」「相手の目を見て」などの短い言葉を，何回も繰り返しつぶやき，注意を高める。これはセルフトーク（自己会話）である。また，失敗を成功にかえる積極的思考を持つことも大切である。失敗して下を向いて「どうしよう」とか「ダメだ！」などのマイナス感情ではなく，「惜しい」「今度こそ」「思いきって」「いくぞ！」などのプラス感情のきっかけになる言葉をつぶやく。

（2）プレイのルーティン化

注意を高める行動パターンをつくるのも良い。これは，動きをかえて不安な気持ちをなくそうというものである。自分のプレイをルーティン化（Routine；決められた動き，またはパターン化（Pattern；型）あるいはセレモニー化（Ceremony；儀式）と言われている）しておく。たとえば，テニスのレシーブの場合は，図5－8のように「素振りをして → 足を動かして → 手や肩をリラックスさせて → どこへ打つとイメージして → 集中して → サァ！行くぞ！」というような順序でパターン化して，レシーブ体勢をつくると良い。また，プレイを再開する時は，自分のパターンによって注意した状態ができていないと，良いプレイはできない。足を動かしたり，肩を回したり，素振りをしたりしているのはそのためである。次のプレイへの準備状態をつくっておくことが大切である。

（3）最悪のシナリオでの練習

環境的条件である外的刺激に注意を乱されないための練習を考えてみる。まず，最悪のシナリオでの練習である。風の強い時，雨の時，とても暑い時など

図5－8　セレモニー（儀式）化して集中力を高める
（月刊誌「スマッシュ」第22巻第4号，1995。
徳永，集中力とメンタルトレーニングより）

最悪の条件で練習しておくことである。あるいは，騒音の中で練習しておくのも良い。競技場の物凄い声援を録音しておいて，それを練習の時に流して，声援に慣れる練習をする。また，雨に濡れたボールでの練習も考えられる。注意を乱されそうな最悪の条件を設定して，どんな条件の時でも注意が乱されないように練習しておく。

（4）プレッシャーをかけての練習

相手の攪乱戦法に対してポーカーフェイス（無表情）を装う練習もある。また，テニス競技のサービスを打つ瞬間に，相手が自分の注意を乱すような動きをするとか，ストロークのラリーでも，ネットに前衛を立たせてプレッシャーをかけて練習をすると，「狭い集中」を高めることができる。また，「広い集中」を乱されない練習も必要である。サッカーやラグビーなどでは，相手の動きをしっかり把握しておかなければならない。そこで，相手の動きに対応できるためにフォーメーションの練習をしたり，プレッシャーをかけて，よりゲームに近い場面を設定して，注意を乱されない練習をしておく。

> **キーワード**
> ●集中力の持続
> ●注意の切り換え
> ●苦痛の閾値
> ●集中した動きづくり

待っている時（プレイしていない時）に集中力を高める

4 集中力を持続する練習

集中力を持続すると言うことは，注意を一点に集め，それを持続することである。

1）注意の切り換え

注意の切り換え能力を養う「能動的集中―受動的集中」「内的―外的」「狭い―広い」をうまく切り換える能力である。

競技の流れを把握する力や負け始めたり，リードされ始めたりした時の切り換え能力を養う。

2）苦痛の閾値（限界）を高める

疲労や苦しい時に，注意を苦しいことに向けるのではなく，楽しいことに向ける練習である。苦しいランニングや技術・体力のトレーニングなどの時に，表彰台に立っている自分をイメージしたり，楽しいことを思い出したり，歌を口ずさんだりして，苦しいということから注意をそらし，楽しいことに注意を向ける能力である。苦しさから注意をそらすことにより，苦痛の閾値（限界）を高めることになる。

3）目標の確認や 体力・技術を向上させる

注意を持続するためにも，集中力が切れようとする時にもう一度，目標を確認して頑張る。また，同時に体力と技術のレベルを高めることも必要である。ハードな体力トレーニングや技術練習では，集中力の持続が必要である。持久力がなく，疲れてくると集中力は続かなくなる。また，あまりに技術差があれば，集中力の持続を発揮する場もなくなる。

4）集中した動きづくり

競技中に集中している状態は，誰が見ても集中していると思われる「集中し

表5－3 集中した動きの例

- 大事なところで好ショットが打てる。
- やさしい場面で失敗するようなことはない（イージーミスをしない）。
- 最後までボールを追っている。
- 重要なポイントやゲームは確実に取る。
- ボールや標的などの対象物や課題だけを見ようとしている。
- 苦痛，疲労，不快なことを気にしていない。
- 相手の動きを読んでいる。
- 感情的になっていない。
- 最後まであきらめていない。
など

表5－4 集中力が切れる時の例

- 体力的についていけなくなる時。
- 勝敗がはっきりし始めた時。
- 技術差が歴然としている時。
- 暑さ，寒さ，風，雨，太陽，騒音など。
- 不運や失敗の連続。
- 審判や観衆に対して不満な時。
など

表5－5 集中力を高める（2）

トレーニング方法
1．注意力を高める…黙想，一点集中，視線の固定，暗算，数字探し，自己会話，ルーティン化など。
2．注意を乱されない…風，暑さ，雨，コート条件，観衆など（外的），自分の心（内的），最悪のシナリオでの練習など。
3．注意を持続する…注意の切り換え，苦痛の閾値を上げる，集中した動きづくり，目標の確認や体力・技術の向上など。

た動きづくり」が必要である。たとえば，表5－3のような動きがある。集中した動きができるためには，集中のための準備が必要である。競技中は，実際にプレイしていない時間が多い。待っている時，プレイをしていない時に注意を集中しながら，待っていなければならない。たとえば，野球の外野手のように，いつ飛んでくるかわからない捕球のために，常に注意を集中できる準備体勢が必要である。

こうした動きの総称を「集中している」とか，「集中力」と言っている。これはそう簡単に身につくものではない。このような動きは気持ちの表われでもある。従って，競技全体の中で集中した動きができるように，日頃の練習の中で集中した動きづくりのトレーニングをしなければならない。

逆に，「集中力が切れた」とよく言う。それは集中した動きができなくなった状態のことを言う。たとえば，表5－4のような時に集中力が切れたり，妨害されたりする。集中力が切れようとする時の対応策を考え，最後まで集中力が持続できるようにしておかなければならない。

以上の集中力のトレーニング法を要約すると，表5－5のようになる。

（徳永　幹雄）

文　献

1) 石井源信（2002）：「注意集中法」「集中力のアップ」．日本スポーツ心理学会編，スポーツメンタルトレーニング教本，大修館書店．
2) ガルウェイ，T.，後藤新弥訳（1983）：インナーゲーム，日刊スポーツ出版社．
3) マートン，R.，猪俣公宏監訳（1991）：メンタルトレーニング，大修館書店．
4) 志賀一雅（1987）：集中力を高めるアルファ脳波術，ごま書房．
5) 徳永幹雄（2003）：改訂版・ベストプレイへのメンタルトレーニング，大修館書店．

問　題

1．集中力という言葉を説明しなさい。
2．集中力を高める練習法を3つ以上，述べなさい。
3．集中力を妨害されない練習法を3つ以上，述べなさい。
4．集中力を持続するには，どんな方法があるか考えなさい。

6 自信を高めるには どんなことをすればよいか

競技者にとっても人としても，大切な心理的スキルに自信がある。自信過剰は困るが自信がないことは，競技者としては致命傷である。自信とは何か，自信に影響する要因，自信の高め方について考える。

1 自信とは

スポーツ選手は自信という言葉を使うことが多い。たとえば，「スタミナには自信がある」「バックハンドには自信がある」「集中力を発揮する自信がある」そして「今度の競技は勝つ自信がある」など，競技成績に関係する自分の能力（技術，体力，心理）に対して自信という言葉を使っている。自信はスポーツ選手にとって最も重要な心理的スキルである。

一般に自信とは「自分の能力や価値を確信していること」（新村, 1998）とか「ある行動をうまく遂行できるという信念」（Weinberg,R.S.,1992），「自分は有能であるという実感」（Nathaniel, B. 1992）と言われている。

近年，バンデュラ（Bandura,A.）は社会的認知理論の中で自信を図6−1のように効力期待感と結果期待感に分けている（バンデュラ; 1985, 竹中・上地; 2002, 竹中; 2002）。効力期待感は一定の結果を生み出すのに必要な行動をうまく行うことができるという確信である。つまり，ある行動をどのくらいうまくできるかという予測である。そして，結果期待感は一定の行動は一定の結果に導くであろうという個人の見積りである。つまり，自分のとる行動によってある結果を生じるという予測である。この効力期待感を自己効力感と呼び，行動の予測や変容の重要な要因であることを指摘している。しかも，スポーツの場合でもこの自己効力感がパフォーマンスに関係することが多く報告されている。

欧米ではこの自己効力感（self-efficacy）とスポーツコンフィデンス（sport confidence）の2つの理論に基づいた研究が検討されている（岡, 2000）。スポーツ場面における自己効力感はある個人が特別なスキルを遂行する際に，そ

キーワード
- 自信とは
- 自己効力感

自信とは何か？思いきりよく，ジャンピング・スマッシュはその一端？

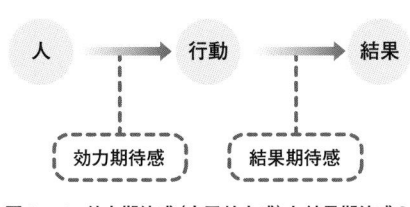

図6−1 効力期待感（自己効力感）と結果期待感の相異をあらわす図式（園田順一ほか訳）

図6−2 試合に対する自信の構成要因

キーワード
- 自信に影響する要因
- 自信を高める方法

表6-1 自信を高める（1）

1. 自信とは「試合の目標に対して自分の能力（技術・体力・心理）を十分に発揮できるという確信度」。
2. 自信に影響する要因；
    1) 試合前の練習量・生活習慣・心身の状態。
    2) 能力（技術・体力・心理）への確信度。
    3) 結果・目標達成への確信度。

のスキルをどれだけうまく遂行できるかという個人の確信や能力の認知である。そして，スポーツコンフィデンスはある個人がスポーツを行う際の自分の行動やパフォーマンスに対する一般的な期待として用いている。自己効力感は自信の狭義の意味であり，スポーツコンフィデンスは広義の自信の意味がある（岡, 2000）。

日本のスポーツ選手が「自信がある」と言っている時の自信には両方の意味に使用しているように思われる。1つは結果に対する自信である。スポーツ選手は競技で，自分は「勝つ」「成功する」「目標を達成できる」「実力を発揮できる」自信があるといった包括的な使い方をしている。一方で，いろいろな状況を設定して，自分の能力（技術，体力，心理）に関して「発揮できる自信が何％くらいある」と言っている時は自己効力感としての自信である。

わが国では，自信という言葉は広義の意味で使われている。そこに，自己効力感という言葉を新たに使用することは，一般的に言葉の意味もわかり難いし，混乱しやすい。自己効力感は，ある行動に対して自分がどのくらいできると考えるかということであり，自分の行動に対する可能性を表したものと考えられるので，「ある状況におけるいろいろなプレイに対する確信の強さ」という意味くらいに使用していきたい。すなわち，スポーツ選手に必要な自信とは「自分の能力（技術，体力，心理）を十分に発揮できるという確信度」と「自分の目標を競技で達成できるという確信度」を含めたものと言うことができよう。

2 自信に影響する要因

スポーツ選手の自信に影響する要因を図6-2のように整理した。競技前の練習量，生活習慣，心身の状態などの自信に影響する要因によって，自己の能力（技術，体力，心理）に対する自信が形成される。その自己の能力に対する自信によって，結果や目標に対する自信（勝敗，目標達成，実力発揮に対する自信）が形成される。そして，結果や目標に対する自信によって，競技に対する総合的な自信が形成される。

このことは，スポーツ選手の自信は自分の能力（技術，体力，心理）がいろいろな状況の中で発揮できるか否かについての，総合的な確信度から形成されていることを意味している。このように，総合的な自信の強さの背景には多くの状況や行動（プレイ）に対する自信があって，競技に対する包括的な自信が決定されているものと考えられる（表6-1参照）。

3 自信を高める方法

1）自信に影響する要因を高める

（1）競技前の練習量

練習不足は不安を招き，自信の低下につながる。「十分な練習」に対する考えは人によって異なる。現在の環境の中で，自分にできる可能な範囲の練習を十分に行ったと思えるような練習量を確保すべきである。

（2）競技前の生活習慣

睡眠，食事，休養，嗜好品（特に飲酒や喫煙）に対して十分に配慮して，競技のために規則正しい生活を送ることが自信につながる。スポーツ選手としての生活習慣（ライフスキル）を身につけることが重要である。心理的スキルのトレーニングの前段階として，選手としての生活習慣ができていないようでは話にならない。スポーツ選手としての生活習慣を身につけることの指導は，メンタルトレーニングの第一歩である。

（3）競技前の心身の状態

競技前の身体的コンディショニング（疲労や怪我がなく，体調を万全にする）および心理的コンディショニング（やる気を高め，競技に集中していく）が十分にできているか否かが自信に影響する。

> **キーワード**
> - スポーツ選手のライフ・スキル
> - 能力に対する自信
> - 結果や目標に対する自信

自信はスポーツ選手にとって最も重要なスキル

2）能力に対する自信を高める

（1）技術に対する自信

自分にはどの技術は十分にできて，どの技術はうまくできないかを認識しておくことが大切である。練習では，できる確率の低い技術を中心に練習して，できる確率を高めていく。逆に自分にできる技術をさらに高めていくことも重要である。競技では，自分にできる確率の高い技術で作戦を遂行する，などから技術に対する自信を高める。

（2）体力に対する自信

自分の行っているスポーツに必要な体力の要素は何か。筋力や全身持久力か，自分にとって必要な体力は何かを明確にし，それを高めるためのトレーニングに努力し，自分にできる体力トレーニングは十分に行ったという意識を持つ，などから体力に対する自信を高める。

（3）心理面に対する自信

自分が行っているスポーツに必要な心理的スキルを明確にし，トレーニングする。また，自分がうまくできる時の心理状態はどういう状態か，あるいは，逆に自分がうまくできない時，失敗する時の心理状態はどういう時かを明確にし，うまくできる時の心理状態をいかにしてつくるかを創意・工夫して，うまくできる確率を高めていく，などから心理面に対する自信を高める。

3）結果や目標に対する自信を高める

（1）勝敗に対する自信

結果に対する目標は相手との関係であるので，あまり関心を持たないほうが得策である。競技前の練習では「○○大会優勝」といった目標を決めて練習に努力するが，競技日が近づいてくると勝敗への期待ばかりではなく，目標達成，実力発揮に集中し，結果はついてくるものと考えたほうがよい。しかし，競技直前や実際に競技が進行し，伯仲してくると「絶対に勝つ」「最後は勝つ」「何のために練習してきたのか」「負けたら意味がない」などのセルフトークを発しながら，競うことも必要である。勝つことに対して自信がありすぎると自信過剰になるし，自信がなさすぎると自信不足となる。とは言っても，「負ける気がしなかった」といった勝つことに対する自信も必要である。

> **キーワード**
> ●一般的な自信の高め方

表6-2 自信を高める（2）

1. 競技に勝つ。
2. 目標を設定する（成功）。
3. 作戦を十分にリハーサル。
4. 競技への認知を変える。
5. 技術の達成度を上げる。
　（難易度による技術段階）。
6. ストレス解消し，自己暗示を行う。
7. 他者からの励ましや指示を貰う。
8. 他者の体験やプレイを見本にする。
9. 結果を努力や能力に帰属する。
10. 自信があるように振舞う。

(2) 目標達成・実力発揮に対する自信

競技が近づいてくると目標達成や実力発揮に対する自信が求められる。それは，自信に影響する要因や自己の能力に対する自信が高まった結果，生じるものである。適切な目標を設定し，そのための作戦をたて，それによってリハーサルするなど十分な準備が整った結果，生まれる自信である。「自分のプレイができて，勝った」と言えるように，自分のプレイをすることへの自信を高めるべきであろう。

4）一般的な自信の高め方

(1) 競技に勝つ

スポーツ選手にとって競技に勝つことは何よりも自信になる。年間計画の中に目標とする競技会を設定し，その目標の競技のために練習試合を組み，勝利を得るために個人やチームを修正していく。そして，「勝つ」ことが自信につながる。自信を得るためには，頑張れば勝つくらいの少し上位の対戦相手を探すことが大切である。ただ，単に勝つだけでなく，勝ち方が問題になる。圧倒的に勝つ，接戦で勝つ，逆転して勝つなど努力した結果としての勝利であれば自信は増大する。

(2) 競技で目標を達成する

スポーツの競技は「勝つ」ことばかりでなく，「負ける」ことのほうが多い。そこで，競技に負けても自信になるような競技をすることが必要である。そのためには，競技に出る時は必ず目標を設定する。目標は技術，体力，心理について設定し，目標が競技で達成できれば「成功」と評価する。図8－1（58頁参照）にみられるように競技の結果は，勝敗と目標達成から評価し，負けても，目標が達成できれば「成功」と評価し，目標が達成されなければ「失敗」と評価する。成功の体験を重ねることで自信を高める。

(3) 競技の作戦を十分にリハーサルしておく

目標を達成するための作戦をつくり，それをイメージでリハーサルしたり，イメージしたりすることを自宅で実際に動きとしてリハーサルする。さらに作戦を実際に練習場で練習する。競技での目標を達成するために作戦をつくり，十分に練習して自信を高める。

(4) 競技に対する認知を変える

競技は勝つことが大切である。しかし，もっと大切なことは，「自分のプレイをすること」「ベストを尽すこと」「実力を出し切ること」「思いきりプレイをすること」であると考える。また，「負けることは恥ではない」などと，競技に対する考え方を変える。そして，勝敗に対する緊張・不安を減少し，自信を高める。

(5) 技術の達成度を向上させる

自己の技術，体力，心理面について困難なレベルを順次設定し，その達成度を評価し，その達成度を高める。たとえば，野球のピッチャーとする。1段階を「練習でストライクが投げられる」という最も簡単なレベルを設定する。そして，最も難しいレベルを10段階として，「試合の時にツーアウト・満塁で，ツーストライク・スリーボールの時，ストライクが投げられる」とする。その中間に2－9までの段階を設定する。そして，それぞれの段階の課題の達成度

（パーセント）を上げていくと言うことである。自分の課題の達成度を少しずつ，高めていくことによって自分の能力に対する自信を高める。これらを達成するためには，1人での練習をとおして強い意志と自信を養うことも必要である。たとえば，誰もいないグラウンドや体育館で練習したり，夜道を黙々とランニングしたり，自宅で素振りをしたり，イメージトレーニングをするなどの隠れた努力が必要である。

（6）ストレス解消や自己暗示を行う

ストレス解消のためにいろいろな気分転換を行ったり，否定的・消極的考えを肯定的・積極的考え（自分はやれる，自分なら勝てる，自分は強いなど）をするなどの自己暗示を利用して自信を高める。

（7）他者からの励ましや指示を受ける

競技や練習では信頼する指導者，家族，先輩，仲間からの励ましや指示によって自信を高める。特に，指導者（コーチ）からの競技前の「お前ならできる」「誰にも負けない練習をしてきた。力を出し切れ!!」といったアドバイスは選手に自信を与える。

（8）他者の体験やプレイを見本にする

うまくプレイしている人の技術，体力，心理的な面を見ることによって，自分にもできるのではないか，あの人ができるので自分もできるといった考えになり，自信を高めることができる。競技前にVTRを見て，自信をつけることもよく行われている。

（9）結果を能力や努力に帰属する

練習での上達度や競技などの結果を，自分には能力があることや努力した結果と帰属させる。「よくやった。優勝した人とあまり能力は変わらない。もっと努力しよう」などと，考えたり，アドバイスしたりすることによって自信を高める。

（10）自信があるように振舞う

自分の感情を顔に出さず，何が起きても表情を変えず，平然と振舞う。そして，闘志を内に秘め，自信があるように行動することによって自信を高める。

以上のように，自信は選手の生活習慣，練習量，コンディショニングから自己の能力（技術，体力，心理），そして，結果や目標に対する自信まで，様々な要因が関連して，競技に対する自信が形成されている。「自分に自信を持って，プレイすることができた」と言えるまでには，それなりの努力が必要である（表6－2参照）。

（11）その他

ワインバーグ（Weinberg, R.S.）は『テニスのメンタルトレーニング』という本の中で，自信をつける方策として，表6－3のようなことをあげている。

（徳永 幹雄）

表6－3 テニス選手の自信の高め方
1. 成功経験をもつ。
2. イメージ法による成功経験をもつ。
3. 自信があるように振舞う。
4. 積極的な考えをする。
5. 体調を整える。
6. 攻撃的計画をもつ。
7. 競技前の行動に一定の手順を確定する。
8. 相手がうまくプレイしていても自信を維持する。

競技や生活の合間に，心のやすらぎを求め，
自信を高める

文献

1) バンデュラ，A., 園田順一他訳（1985）：自己効力感―行動変容の統一理論に対して―．教育医学研究，第28巻，47-72頁．
2) ナサニエル・ブランデン，手塚郁恵訳（1992）：自信を育てる心理学，春秋社．
3) 岡 浩一朗ほか（2000）：「自信向上のための認知的アプローチ」．上田雅夫監修：スポーツ心理学ハンドブック，実務教育出版．
4) 新村 出編（1998）：自信．広辞苑，岩波書店，第5版．
5) 竹中晃二・上地広昭（2002）：身体運動・運動関連研究におけるセルフエフィカシー測定尺度．体育学研究，第47第3号，209-229頁．
6) 竹中晃二（2002）：継続は力なり―身体活動・運動アドヒレンスに果たすセルフエフィカシーの役割．体育学研究，第47第3号，263-269頁．
7) 徳永幹雄（2003）：改訂版・ベストプレイへのメンタルトレーニング，大修館書店．
8) 徳永幹雄（2002）：「自信を高めるためのトレーニング」．日本スポーツ心理学会編，スポーツメンタルトレーニング教本，大修館書店．
9) ワインバーグ，R.S., 海野 孝ほか訳（1992）：テニスのメンタルトレーニング，大修館書店．

問題

1．自信という言葉を説明しなさい．
2．自信に間接的に影響するものとしては，どんなことがあるか述べなさい．
2．自信を高める方法を5つ以上，あげなさい．

7 競技の作戦はどのようにしてトレーニングすればよいか

競技場面では判断力や予測力が必要である。これらの能力は作戦能力を構成する重要な心理的スキルである。作戦能力を高めるために，イメージが用いられる。イメージとは何か，イメージトレーニングの仕方，イメージを用いた作戦能力の高め方について紹介する。

1 イメージとは

イメージ（Image）は心像（しんぞう）と言われ，頭の中にある像を視覚的に見ることができるだけでなく，その時の音（聴覚），動きの感じ（筋運動感覚），肌ざわり（触覚），気持ち（感情），味（味覚）なども同時に感じることができる。しかも，こうしたイメージを鮮明に浮かべると，実際に行動した時と同じように生体が反応し，刺激が大脳から筋肉に伝えられることがわかっている。こうした原理を利用して，うまくできない技術がうまくできたイメージを描いたり，数日後の競技で今は経験できないことをあたかも当日のことのように，イメージを描いたりして，リハーサル（予行練習）をする。また，イメージを鮮明に描くことによって，生体にそのことを慣れさせ，技術の練習効果を上げたり，自分の実力を発揮できるようにする。これがスポーツにおけるイメージトレーニングである（**表7−1**参照）。

イメージは技術練習や作戦能力ばかりでなく，**表7−2**のように目標の確認，不安の解消，人間関係の向上，集中力の向上，競技後の反省など多くのことに用いられている。また，スポーツだけでなく，音楽，絵画，書道，面接，スピーチ，試験，セールスなどのパフォーマンスの向上にも利用されている。

2 イメージの基礎練習

人間には右脳と左脳がある。イメージや運動，音楽，絵画などの創造的活動は右脳が優位に働くと言われている。そして，左脳は計算などの知的活動の時に優位に働く。右脳が優位に働くためには，左脳の働きを少なくするために，リラックスした状態で集中できる能力が必要になる。従って，リラックスや集中力のトレーニングはイメージトレーニングをする前にしておくことが必要である。イメージトレーニングを始めるにあたり，基礎的な練習をしておくと良い。また，イメージの描き方は**表7−3**のとおりである。練習の前後，または自宅でイメージトレーニングができるようにしておくと良い。

1）好きな色や好きな風景のイメージ

イメージの基礎練習として，やさしいイメージを浮かべる練習をする。その

キーワード
- イメージとは
- イメージの基礎練習
- 色や風景のイメージ

表7−1 作戦能力を高める
―イメージトレーニング

1. 心像。頭の中に鮮明なイメージを描くと，実際にしているのと同じように生体が反応。
2. 視覚，聴覚，筋感覚，嗅覚，感情を伴って，カラーで描く。
3. スポーツだけでなく，音楽，試験，セールスなどのパフォーマンスに応用。
4. 基礎練習（好きな色・風景，スポーツ用具・器具，みている・している，成功体験）。
5. 応用練習（目標，技術練習，作戦など）。
6. ビデオを用いたイメージトレーニング。

表7−2 イメージの利用法

1. 通常の技術練習。
2. 新しい技術練習。
3. 欠点をなおす練習。
4. 試合前の作戦。
5. 試合中の作戦・変更。
6. 試合後の反省。
7. 試合でファイトを出すこと。
8. 目標設定と意欲の向上。
9. 試合前の不安や緊張の解消。
10. 試合中の不満・怒りの抑制。
11. 人間関係の向上。
12. 集中力の向上。
13. 苦境に耐えること。

キーワード
- 用具や競技場のイメージ
- 「見ている」イメージ
- 「している」イメージ
- ベストプレイのイメージ

表7-3
イメージトレーニングの方法

1. 静かな部屋。
2. 閉眼で椅子に座る，または仰向けに寝る。
3. 1～2分イメージ→1～2分休む→1～2分イメージ→1～2分休む→1～2分イメージ。
4. イメージの時間を3～5分まで延ばす。30分以内。

方法として自分の好きな色や好きな風景を描く練習をする。たとえば，みかんのオレンジ色，澄みきった青空，地平線に沈む真っ赤な太陽の赤色，あるいは子どもの頃に遊んだ風景，自分が体験した最も雄大な風景などである。これにカラー（色）をつけるとイメージが鮮明に描けるようになる（図7-1参照）。

2) スポーツの用具や競技場のイメージ

自分が行うスポーツに関係する用具として，ボール，ユニフォーム，シューズ，帽子，そして競技場のトラック，フィールド，コース，スタンドなどの静的な風景を描く練習をする（図7-2参照）。

3)「見ている」イメージ

自分がプレイしているのを，もう一人の自分が見ているイメージを描く。これを外的イメージと言う。たとえば，陸上競技や水泳などで，自分が走っていたり，泳いでいたりする姿を，もう一人の自分がスタンドから見ているような場面である。

4)「している」イメージ

今度は，自分が実際にしている姿を描く。外的イメージに対し，内的イメージと言う。その時の呼吸のリズム，筋肉の動き，音，リズム感などを感じながら，実際にプレイしているように描く（図7-3参照）。

5) ベストプレイのイメージ

過去の体験の中から最も素晴らしいプレイや動きをした場面をイメージに描く。最も調子が良かった時，優勝した時，あるいは逆転勝ちした時などの競技を思い出す。そして，その時の，周囲の状況，観衆などの場面を描く。次にその時，どういうプレイをしたか，その時の動き，フォーム，攻撃パターン，フォーメーション，気持ちなどを詳しくイメージに描く。

淡いピンクが好きなのですが，きれいにそのままの色が浮かんできました。また風景も鮮やかに浮かんできて，小鳥のさえずり，小川のせせらぎ，さわやかな風，花のいい香りまで感じとれました。

図7-1 好きな風景とイメージ後の感想

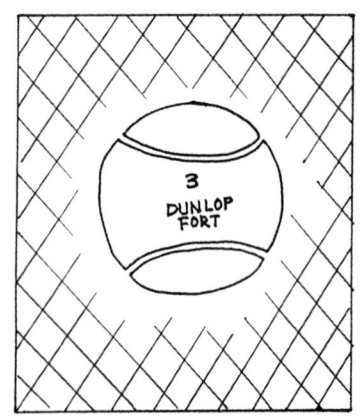

図7-2 スポーツ用具のイメージカード

僕はよく学校の近くのバッティングセンターに行きます。そこで，打ち始める前に，バッティングフォームと打った後の球の軌道をイメージしました。フォームは，時々家で鏡を見ながらやっているので，それを思い出しました。その後実際に数回イメージ通りの素振りを行い，最後に肩の力が抜け，リラックスできているか確かめてから始めました。すると，いつもよりバットの出がよく，すっと振り切れました。力を抜いているのに打球がいつもより速く，ほとんどがセンター方向に飛んでいきました。パフォーマンスを行う前，きちんとした形を思い浮かべることは，大切なことだと思いました。

図7-3 ピーク・パフォーマンスの絵とイメージ練習後の感想

3 作戦能力のトレーニング

キーワード
- 技術・体力・心理面の作戦
- 作戦イメージ

競技のための作戦をイメージする。イメージを描く前に，イメージの内容を確認するために，その内容をメモに書く。特に大事なところは，赤線を入れておくと，より鮮明にイメージに浮かべることができる。次のような順序で行うと良い。

レース直前のイメージづくりが必要

1）技術・体力・心理面の作戦

（1）技術について……あなたがしているスポーツについて，今度の競技の技術的作戦をメモに書く。どういう技，フォーム，パターン，ペース，動きをするかについてメモに書く。たとえば…
- フォアハンドのクロスのボールを思いきって打つ。
- サービスは相手のバックハンドに必ず入れる。時々，フォアハンドにも打つ。
- 相手のネットプレイに対しては，フォアハンドはクロスのパッシングを打ち，バックハンドはロビングを上げる。

（2）体力について……体力的作戦をメモに書く。たとえば…
- 競技前に十分ウォーミングアップをして，体を温めておく。
- スタミナ負けしないように，前半は先頭集団について走り（泳ぎ），後半○○mで，ラストスパートをかける。
- 競技中の飲み物，食べ物を準備し，体調を整える。

（3）心理について……心理的作戦についてもメモに書く。たとえば…
- 攻撃的なプレイをする。守りのプレイにならないようにする。積極性，闘争心で負けないようにする。
- 集中したプレイをする。イージィ・ミスをしないように，集中してプレイする。

（4）その他……特に今度の競技で注意することをメモに書く。
- 失敗すること，負けることを気にせず，自分のプレイ，自分のパターンで競技ができるようにする。

2）作戦イメージ

さて，メモに書いた作戦をイメージでリハーサル（予行演習）する。机の前に座り，メモを読む。次に目を閉じて，メモの内容をイメージに描く。1〜2分の間，イメージを描く。その後，目を開けて，しばらく（1〜2分間）休む。今度は次の内容のメモを確認し，また目を閉じ，イメージを描く。このようにして，次々とメモに書いた内容を確認した後，イメージと休憩を繰り返し行う。全体の時間は20〜30分以内で良い。あまり長くなると疲れるし，集中できなくなる。

特にチームの作戦も必要である。指導者はチームの作戦をサイン，動き，数字，言葉を示し，チームの皆んなが，それに合わせてセットプレイ，パターンプレイ，フォーメーションをイメージする練習をする。チームの全員が1つのサインでチームの動きをイメージできるように練習することも大切である。この種の練習はコート上やグラウンド上で経験的に行われているが，イメージトレーニングは，チームとしての作戦を確認する意味で有効である。

キーワード
- 逆転の作戦
- イメージカード
- IPR練習

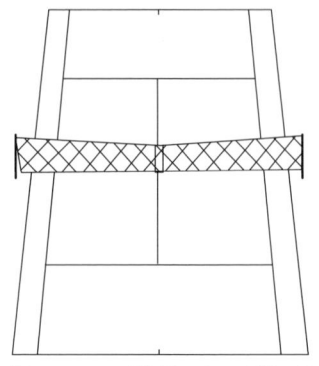

図7-4 IPR練習用のイメージカード
（ヨコ40cm×タテ50cmくらい）

表7-4 IPR練習の仕方
1. 図7-4のようなイメージカードをカラーでつくる。
2. コートを見ながら、素振りをしたり、基礎技術のリハーサルをする。
3. コートを見ながら作戦をリハーサルする。
4. 逆転の作戦や気持ちのリハーサルをする。
5. 週に2〜3回、30分くらいする。競技前には必ず行う。

3）逆転の作戦

競技では勝つことばかりでない。もし、負け始めた場合やリードされた時の逆転の作戦もメモに書く。それも、その1、その2、その3くらいまで考えておく。自分が持っている技術をすべて発揮して負けるのでは仕方がない。たとえば……

その1．攻撃面で自分のミスが多くなったから、相手のミスを誘うため、一時守りの体制をとってみる。

その2．やはりダメだったら、攻撃のパターンをかえて、また攻める。

その3．何をしてもダメだから、とにかく自分から失敗しないように粘ってみる。その間、チャンスをうかがう。

4）鮮明なイメージをカラーで描く

イメージがはっきりと（鮮明に）浮かべば浮かぶほど、実際に行っている時と同じように生体（筋肉、心拍数、感情など）が反応する。頭の中にはっきりした作戦イメージが描け、確認できれば、もう心配は不要である。自分の作戦を繰り返しイメージに描き、鮮明なイメージになるように練習する。自分の競技の仕方をはっきりすることに注意を向け、勝ち負けはその結果としてあると考える。そうすれば不安や緊張が和らぐはずである。

チームの場合は、指導者のサインや言葉は間違って伝えられることがよくある。サインや言葉によるイメージを、繰り返し練習することによって、そうした弊害をなくすことができる。チームとしての作戦をより鮮明に描ける選手を育てることが、チームワークの向上の一因となる。

4 イメージカードを用いたトレーニング

1）IPR練習とは

室内にコートやグラウンドをカラーで描いたイメージカード（ヨコ40cm、タテ50cmくらいの広さ、**図7-4**）を壁にかけ、それを見ながらイメージしたり、素振りをしたり、動き・プレイ・作戦をリハーサルする。IPRはImage Play in Roomの略で、イメージカードを見ながら実戦さながらの動きや気持ちづくりの練習をIPR練習と名づけた。**表7-4**のようにすると良い。

2）イメージによる心理的スキルのトレーニング

ベストプレイを発揮するためには、2章で紹介した12項目の心理的スキルをトレーニングする必要がある。ここでは、自分に欠けている心理的スキルとそのトレーニング法を考えて、イメージを用いてトレーニングする。たとえば、勝利意欲と作戦能力は、次のようになる。

（1）勝利意欲

競技では、「勝つ！」と思わないと勝てない。しかし、「勝ちたい！」と思いすぎるとプレッシャーになってベストプレイが発揮できない。従って、練習や競技の直前までは優勝や勝つことを目標に練習するが、競技になったら、「こ

れまで練習してきたことをやればいいんだ」と言い聞かせるのが良い。しかし，勝負どころや，負け始めたら，「絶対に勝つんだ！」という強い意欲を燃やさなければならない。

- 今度は「絶対勝つ！」，そのためには「練習してきたことをすべて出しつくすのだ」と言い聞かせる。
- 今度は勝負どころや負け始めたことを想定して，「絶対勝つのだ！」ということを頭の中でつぶやく。

キーワード
- 作戦能力のトレーニング
- タイム・トライアル

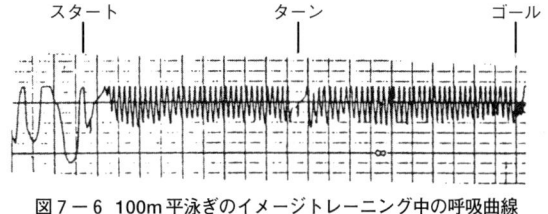

（2）作戦能力のトレーニング

競技に向けていろいろな作戦をたてる。作戦能力は予測力や判断力から成り立っている。競技で起こりそうな場面をすべて予測して，それに対してどのような対策が必要かを判断して，あらゆる作戦をたてる。それをイメージで練習しておく。技術的作戦，心理的作戦，体力的作戦をメモにまとめて，それをイメージに描く。

陸上競技や水泳競技では理想とするペースや目標タイムを設定して，イメージの中でタイム・トライアル（実際に頭の中で走ったり，泳いだりしてみる）をするのが良い。得意のパターン，フォーメーション，逆転の作戦などをイメージで練習しておくのである。図7－5は陸上競技100m選手のイメージ中の皮膚温の変化である。また，図7－6はイメージ中の水泳（平泳）選手の呼吸曲線の変化を示したものである。このような生理的な測定結果はイメージが鮮明に描かれると，体の反応が確実に起こり，イメージが鮮明に描かれたことの証明になる。表7－5は水泳選手の作戦能力のイメージトレーニングの例である。

このようなタイム・トライアルの練習は，予想タイムとイメージによるタイムが合うように何回も繰り返し行う。また，一定時間内にプレイするボクシング，体操，フィギュアスケートなども時計を持って，時間内の演技をイメージ

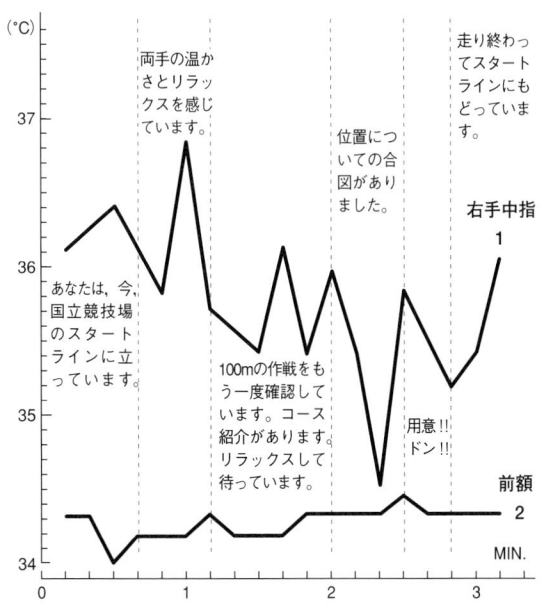

図7－5 陸上競技（100m走）選手のイメージトレーニング中の皮膚温の変化（右手中指指尖）

図7－6 100m平泳ぎのイメージトレーニング中の呼吸曲線

表7－5 水泳選手のイメージトレーニングの例

- あなたは今，○○プールにいます。プールをイメージに描いてください（30秒）。
- あなたは今，100m競泳のスタート台の前に立っています。非常に落ち着いて，これから始まるレースを確認しているところをイメージに描いてください（1～2分）。
- ホイッスルが鳴りました。スタート台に立ってください。用意!! ドン!! 最初の50mを予定のラップ・タイムで泳ぐ。ターンをしたら机を叩いて合図をする（予想のラップ・タイムとの時間のズレを計る）（1～2分）。
- 途中省略・最後の10mでラストスパートをかける。ゴールしたら机を叩いて目を開ける（予想タイムとの時間のズレを計る）（1分）。

表7-6
イメージトレーニングの方法 (3)

1. 試合会場をイメージ。
2. 結果（順位，記録）とプレイの目標（技術，体力，心理）をメモに書き，イメージ。
3. 技術的作戦をメモに書き，イメージ。
4. 作戦の切り換え・逆転の作戦をメモに書き，イメージ。
5. タイム・トライアルや時間内にパフォーマンスを行うイメージ。

でリハーサルすると良い。

イメージトレーニングの方法をまとめると，表7-6のようになる。

なお，作戦能力に関する認知トレーニングについては11章を参照のこと。

（徳永 幹雄）

イメージによるタイム・トライアルの練習で
ペース配分や泳ぎを確認する

文献

1) 徳永幹雄・橋本公雄・有川秀之 (1988)：陸上短距離選手のメンタル・トレーニングに関する事例研究，陸上競技紀要，第1巻，48-56頁．
2) 徳永幹雄 (2003)：改訂版ベストプレイへのメンタルトレーニング，大修館書店．
3) 土屋裕睦 (2002)：「イメージ技法」．日本スポーツ心理学会編：スポーツメンタルトレーニング教本，大修館書店．

問題

1．イメージトレーニングという言葉を説明しなさい。
2．イメージの基礎練習として，どんな練習すれば良いか述べなさい。
3．イメージを用いて作戦能力を高める方法を3つ以上，述べなさい。
4．イメージカードの利用の仕方について述べなさい。

8 競技前の心理的準備や競技後の評価はどのようにすればよいか

競技前や競技中では，気持ちづくりのために，どのような心理的スキルが使われているのだろうか。心理的コンディショニングとして，練習でのメンタルな動きづくりとその方法，競技直前の心理的準備，そして本番での注意や競技後の反省の仕方について考える。

1 競技前や競技中の気持ちづくり

キーワード
- 不安の対応策
- 身体的対応策
- 精神的対応策

スポーツ選手は競技前の不安，緊張，恐さ，あるいは競技中の興奮，怒り，驚きなどの感情に対して実際にはどのように対処しているだろうか。大学のスポーツ選手を対象にして不安の対応策の実施状況を調査した。回答結果を因子分析という統計的手法を用いて，表8－1のように分類した。重複した内容もあるが，身体的対応策としては「身体的リラクセーション」と「技術練習」があり，精神的対応策は「アクティベーション（活性化）」「自己暗示」「精神的リラクセーション」「技術のイメージづくり」「精神集中」「呼吸の調整」に分けることができた。その他の対応策として「興奮を鎮める」「他者依存」「積極的対話」「環境を変える」「縁起をかつぐ」があった。それぞれの実施傾向をみると，男女とも「アクティベーション」の項目が最も多く，次に「身体的リラクセーション」「精神集中」「競技のイメージづくり」「自己暗示」などの対応策が多く実施されていた。逆に，「呼吸の調整」「環境を変える」「積極的対話」「縁起かつぎ」「精神的リラクセーション」は実施率がやや少なかった。

表8－1　不安の対応策の分類

分類	対応策	内容
1. 身体的対応策	（1）身体的リラクセーション	準備運動，筋肉のリラクセーション，マッサージ，手・足・顔を叩く
	（2）技術練習	基礎技術や不安な技術を練習する
2. 精神的対応策	（3）アクティベーション	気合を入れたり・声を出して気をひきしめる，ベストをつくせばよい・ぶつかるだけと考える
	（4）自己暗示	絶対負けない・自分は強い・自分はやれると暗示にかける
	（5）精神的リラクセーション	負けてもともと・気楽に楽しくやればよいと考える，勝敗にこだわらない
	（6）技術のイメージづくり	得意なパターン・作戦・以前よかった場面・勝つためのイメージを描く
	（7）精神集中	目を閉じ心を落ち着け，精神を集中する
	（8）呼吸の調整	呼吸を整える，呼吸に集中する，大きく深呼吸する
3. その他の物理的・環境的対応策	（9）興奮を鎮める	水を飲む，本を読んだり音楽をきく，顔を洗う，トイレに行く
	（10）他者依存	監督・コーチにすべてをまかせる・気合をいれてもらう
	（11）積極的対話	積極的に友人と話をしたり，意識的に陽気にふるまう
	（12）環境を変える	一人になる，空や天井を見る
	（13）縁起をかつぐ	お守りを身につける，縁起をかつぐ

キーワード
- メンタルな動きづくり
- イメージの利用

表8−2 メンタルな動きとは

1. 技術の「フィジカル」な動きに対して、心理的スキルの動きを「メンタルな動き」と呼ぶ。
2. 競技中の動きの中に、忍耐力、リラックス、集中力、イメージなどの心理的スキルが動きとして表現されている。
3. メントレは、練習や競技の中での動き・プレイが変わり、さらに顔つき・目の色が変われば成功。

表8−3 動きと気持ちのリハーサル

- 競技場をカラーで絵に描いて（イメージカード）壁に貼る。それを見ながら、以下のことをする。
1. 素振りや基礎技術の動き
2. 作戦のリハーサル
3. 逆転の作戦のリハーサル
4. メンタルな動きのリハーサル
5. 動きの中に、闘志→リラックス→集中→イメージなどがあること。

2 メンタルな動きづくりとその方法

　競技中の動きの中に忍耐力，自信，リラックス，集中，イメージ（予測力）などの心理的スキルが動きとして表現できるようにトレーニングする。これまで練習してきた心理的スキルが動きやプレイの中で発揮できるようにしなければならない。選手の心の動きや状態は動き・動作・表情に表われる。指導者は誰がみても「集中している」ように思えたり，いかにも「リラックス」しているように見える動きができる選手に育てなければならない。

　2章で紹介したスポーツ選手に必要な心理的スキルは，忍耐力，闘争心，自己実現意欲，勝利意欲，集中力，リラックス能力，自己コントロール能力，自信，決断力，予測力，判断力，協調性の12の内容であった。選手は一連のプレイの中にこうした心の状態が動きとして発揮できることが最も重要である。優れたスポーツ選手は非常にきれいな動きや優れた表情をしているものである。そういう意味では，指導者は「映画監督」といえるし，選手は「俳優」といえる。映画俳優のように何回もリハーサルを繰り返しながら，練習の時から，そのスポーツ種目に望ましい優れた動きができるように，メンタルな動きづくりをする。自分のベストプレイを発揮したり，競技で勝つためには，必要な時に必要な心理的スキルが発揮できなければならない。解っているだけでは駄目で，動きとしてできなければならない。一連の動きの中に，「闘志 → リラックス → 集中 → イメージ（作戦）→ プレイ」といった心理的スキルが動きとして入っていることが大切である。一連の動きの中で，どれかの動きが欠けていると，優れたプレイは発揮できない（**表8−2，3**参照）。そして，メンタルトレーニングの効果として，心理的スキルと言われる能力の動きやプレイ，さらには，顔つき，目の色が変われば成功であろう。

　たとえば，心理的スキルを動きとして表現すると**表8−4**のようになる。

　心理的スキルの練習を実際の競技前の練習や競技の中の取り入れる必要がある。そのための方法として以下のようなことがある。

1）イメージの利用

　イメージはスキル（技術）であり，練習しないとイメージの鮮明度やコントロール能力は低下する。初心者は技術そのものができ上がっていないので全体的イメージ（○○選手のように走りなさい）を利用する。中級者，上級者は練習とイメージを交互に行い，詳しい内容をイメージする。

　また，練習中，素晴らしいプレイができた時などは，その感覚をしっかりイメージする。成功場面だけをイメージし，失敗イメージは描かないこと，練習ができない時（ケガ，雨などの悪天候，コートや用具がないなど）や練習に新鮮さを加えたい時などにイメージを利用することも大切である。

　さらに，練習や競技前の気持ちづくりのためにイメージを用いることを忘れないようにする。走りながら，あるいは泳ぎながら，優勝して喜んでいる姿をイメージに描いたり，IPR練習で実際の競技の時と同じ気持ちをつくったりすることなどを練習する。

2）VTR，録音テープ，作戦板の利用

　VTRで個人やチームの動きを録画する。そして，悪い動きを修正したり，良かった場面を確認したりする。それをしっかりイメージとして頭にとどめておく。心の状態が動きとして表われるので，悪い動きをしていた時，どのような気持ちであったかをチェックするのは非常に良い。また，VTRを用いて対戦相手や競技場を研究するのも忘れてはならない。

　次に，実際の競技場の観衆の音・声援や競技場のアナウンスなどを録音する。そして，それを流しながら練習する。実際の競技場の雰囲気に慣れるための練習である。さらに，黒板や作戦板を使って，フォーメーション，セットプレイ，ペース配分などを練習する。言葉だけで聞くより，絵や図に描いて説明すると理解力が増す。

キーワード
- VTRなどの利用
- 鏡の前などでのプレイ
- 用具やボールなしでの動きづくり

鏡や窓ガラスの前で心と体の動きづくりのトレーニング

3）鏡の前やイメージカードでのプレイ

　鏡の前やイメージカード（IPR練習）を見ながら，素振りをしたり，動きづくりをして，自分のプレイのフォームを修正したり，体のリラックス度，顔の表情などをチェックする。練習や部屋の一隅に大きな鏡を準備して，あたかも俳優のように優れた動きづくりをする。夜は窓のガラスが鏡の代わりになる。

4）用具なし，ボールなしでの動きづくり

　フォーメーション，パターン練習，動きのルーティン化を用具やボールを使

表8-4　心理的スキルのメンタルな動き

1.	忍耐力	負け始めても諦めていない。苦しい場面でも何とか返球しようとしている。自分からミスをしない。接戦になってもくずれない。最後の一球まで追いかけている。
2.	闘争心	"やるぞ"という気持ちが伝わってくる。失点したらすぐ取り返えそうとしている。積極的，攻撃的にプレイしている。手足を動かしている。顔が下を向いていない。相手をにらみつけている。
3.	自己実現意欲	新しい技術をやってみようとしている。負けてもともとと思いきりやろうとしている。あと何点と目標を達成しようとしている。
4.	勝利意欲	接戦になったら何が何でも頑張ろうとしている。勝つための戦術で戦っている。ミスをしないようにする。
5.	集中力	ここぞという時に良いプレイができる。イージィ・ミスがない。キョロキョロしていない。相手の動きを読んでいる。ボールだけを見ている。風，太陽，暑さ，寒さ，観衆，痛みなどを気にしていない。
6.	リラックス能力	手足がよく動いている。肩に力が入っていない。顔の表情が柔らかい。プレイに力が入りすぎずスムーズである。張り切りすぎていない。ミスが少ない。楽しそうにプレイしている。笑顔がみえる。
7.	自己コントロール能力	集中とリラックスをうまく使い分けている。気持ちをうまく切り換えている。冷静にプレイしている。
8.	自信	動きが堂々としている。失敗しても平気な顔をしている。いかにも強そう，上手そうにしている。思い切ってプレイしている。
9.	決断力	大事なところで思いきりのよいプレイをしている。失敗を恐れていない。作戦の切り換えをうまくしている。
10.	予測力	良い作戦でプレイしている。相手の動きを読んでプレイをしている。イメージを描いている。作戦が的中している。
11.	判断力	苦しい場面でも冷静な判断をしている。大事なところで的確な判断をしている。競技のために良い判断をしている。
12.	協調性	時々声をかけ合っている。時々，目や動きで合図を送っている。お互いカバーし合っている。お互の手を合わせたり，肩を軽く叩いたりスキンシップをしている。

キーワード
- 自己会話
- プレイをしていない時
- 「眠る」のも技術
- 頭寒足熱

表8-5　セルフトーク（自己会話）のチェック

消極的・不合理な考えをしていないか
1. 12の心理的スキルのため。
2. プレッシャーがかかった時。
3. 暑さ、寒さ、風、雨、判定などの条件の悪い時。
4. 試合開始時、負け始めた時、作戦変更、勝っている時、失敗した時など。

表8-6　もし、眠れなくなったら

1. 軽いストレッチ、体操、散歩など「体を温かく」する。
2. 無意味なことをつぶやく（数を数える、羊が一匹など）。
3. 「両手が温かい」をつぶやく。
4. 横になっているだけで良い。
5. 「眠る」のも技術。

眠れない時は……

わないで、動きだけの練習をする方法である。ボクシングの選手がしている「シャドー・ボクシング」のようなものである。バレーボール、バスケットボール、サッカー、テニスなど、どのスポーツでも同じである。最初は用具やボールを使わずに、動きだけで本番に近い練習をする。

5）自己会話のチェック

自己会話（self-talk）は練習や競技中に自分を励ましたり、注意したり、問いかけたりする自分自身との会話のことである。自己会話はプレイをする前に、自分の意識を確認するために行われるので、全ゆるプレイと関係する。前述したシュブリルの振子実験で明らかなように、自分が何かを考えたり、つぶやいたりすると、生体はそのように反応する。たとえば、サーブをする時、失敗するのではないかと思うと失敗してしまう。ここでは、失敗した時、悪いプレイをした時、負けた時などに、自分が何を考え、何をつぶやいたかをチェックすると言うことである。消極的、否定的、否合理的な考えをしていないかチェックする。あるいは、12の心理的スキルを発揮するための会話、さらにはプレッシャーがかかった時や暑さ・寒さ・風・太陽・雨・判定などの悪条件の時などの自己会話をチェックすると良い。そして、積極的・肯定的・合理的な自己会話に修正する（表8-5参照）。

6）プレイをしていない時の気持ちづくり

競技では、実際にプレイをしていない時、ボールにさわっていない時の時間が意外に多い。競技時間の中で実際にプレイをする時間はわずかな時間である。たとえば、野球では味方の攻撃の時はベンチにいるので、自分がバッターボックスに立つ以外は、プレイをしていないことになる。守備の時もボールが飛んでこない限り、プレイをしないことになる。たとえば、ゴルフではラウンド時間の約1％が実際にプレイしている時間と言われている。120分だと、その1％は1分20秒ということになる。この1分20秒にすべてを発揮できなければならない。そのためには、プレイをしていない時こそ、心の準備が大切になる。

7）「眠る」のも技術のうち

スポーツ選手にとって競技前夜の熟睡は非常に大切である。眠れないということは、何か緊張することを考え、脳が興奮し、脳の温度が上がり、手足が冷たい状態になっている時である。眠るためには、その逆をすれば良い。つまり、リラックスのところで説明した「頭寒足熱」をつくれば良い。そのためには、リラックスの方法である深呼吸やストレッチ、散歩など体を温かくする方法だと何でも良い。次に、緊張することを考えないで、無意味なことをつぶやいたり、「手足が温かい」をつぶやき、体を温かくしたりするのも良い。それでも、眠れない時は「横になっているだけで良い」と開き直る。「眠る」のも技術であると考え、眠くなる条件を日頃から整えておく。規則的な睡眠に優るものはない（表8-6参照）。

3 競技前の心理的準備と本番での注意

1）競技前の心理的準備

競技前に不安になったり，プレッシャーに負けないように積極的に心の準備をする必要がある。そのためには，表8-7のようなことについて準備すると良い。

以上のことを確認してイメージを描いて頭の中にしっかり覚えておく。今は経験できない今度の競技会のことを，頭の中で練習して慣れておこうということである。何回もイメージに描いて，「やるだけやった」という心の余裕をつくり，競技会を楽しみに待つようにする。

2）本番（競技出場）の注意

（1）競技直前・競技中

今まで準備してきたことを行えば良いのだが，競技直前や競技中で，特に注意することを簡単にまとめると，表8-8のようになる。

（2）競技終了後

競技終了の直後には，試合に勝っても負けても，お互いの健闘をたたえる。勝者としての条件，敗者の条件を心得ておく。

❶ 勝者の条件

勝者になってからの条件について考えてみる。まず，素直に喜びたいものである。むしろ，素直に喜べるような勝ち方をしたいものである。いくら勝っても，あと味が悪いような勝ち方では素直に喜ぶことはできない。実力伯仲の中を努力に努力を重ねての勝利であれば，その喜びは感動につながる。そして，敗者の心境を察する心構えも勝者の条件といえる。競技後のわずかな会話や握手が，今までの緊張感を和らげ，お互いの気持ちにさわやかな印象を与えるのに重要な役割を果たす。

❷ 敗者の条件

敗者の条件もまた必要である。競技に負けても気持ちはすっきりした競技がある。自分の実力を発揮して負けたのなら，"やるだけやった"という気持ちになる。競技に負けることは，恥ではない。負けた教訓を次の競技に生かせばよい。口もきかずに怒っているより，勝者をたたえるだけのゆとりを持ちたい。最も見苦しいのは，敗者の弁（いいわけ）である。表8-9のようなことがある。露骨な弁解は自分を益々みじめにするので，慎むが良い。

4 競技後の振り返り（反省）

さて，心理的に強くなるためには，練習や競技が終わって，気持ちの面で問題はなかったかを反省することが大切である。優れた選手は，「あの場面でこうした気持ちになって，こうしていたら，もっと良いゲームができたのではないか」と常に反省している。自分の場合はどうだったかをチェックして，反省文を書いておくようにする。そして，次の競技では悪かった点がうまくいくようにトレーニングすることが大切である（15章1参照）。

表8-7 競技前の心理的準備

1. 競技会場の条件の確認。
2. 対戦相手チームの確認。
3. 競技前日や当日の朝にすることの確認。
4. 競技会場での過ごし方（食べ物，飲み物，休憩など）の確認。
5. 目標の確認（結果，プレイの内容）。
6. 競技への積極的な気持ちづくり。
7. 作戦の確認（技術・体力・心理的作戦，逆転の作戦）。

（試合は負けたけど成功した！目標は達成したぞ！）

表8-8 競技前・競技中の注意事項

競技前

1. 競技会場には少なくとも1-2時間前に到着。
2. ウォームアップを十分にして，余裕をもって待つ。
3. 競技時間に合わせて「よい緊張感」をつくり，作戦を確認。
4. 練習では「優勝」「ベスト4」を目標に頑張ってきたが，競技前では「自分の実力を発揮するのだ」「自分のベストプレイをするのだ」と言い聞かせる。

競技中

1. 勝っていれば作戦はそのまま。
2. 負けゲームや失敗が続いたら作戦の切り換え。その決断を早く。
3. リードしても，積極的・攻撃的プレイ。守りのプレイにならない。
4. 接戦になったら，「絶対勝つぞ!!」「相手も苦しいんだ!!」と闘志を燃やす。
5. 最後はどれくらい勝ちたいかの違いで勝敗が決まる。

キーワード
- 「成功」「失敗」による評価

表8－9
敗者の弁解は自分をみじめにする

- 風が強すぎた。
- 食後すぐだった。
- 太陽が目にはいった。
- ボールが悪かった。
- 眼鏡がじゃまになった。
- 自分のミスだけで負けた。
- ラケットが悪かった。
- 相手の当たりそこないが多すぎた。
- 靴が新しすぎた，古すぎた。
- イレギュラーが多すぎた。
- 肘，肩，膝が痛かった。
- コートが硬すぎた，軟らかすぎた。
- 二日酔，睡眠不足だった。
- 経験年数がちがう。
- 今日は調子が悪すぎた。
- クラブ出身だ。
- 練習をしていなかった。
- 年がちがいすぎる。
- 勉強や仕事がいそがしかった。
- 自分に不利なコートだった。
- 風邪をひいていた。
- 練習時間がちがう。
- インチキだ。

1）競技中の心理状態のチェック

競技中の気持ちづくりに問題がなかったかどうかをチェックする。最初に紹介した競技中の心理状態をチェックする質問紙を利用すると良い。必要な時に，必要な気持ちづくりができたかどうかが，メンタル面のトレーニング効果としては重要である。

2）目標に対する反省

❶ 結果に対する目標の達成度を評価する。
❷ プレイの内容に対する目標の達成度を評価する。

3）実力発揮度の評価

時間を短縮するスポーツについては，ベスト記録÷当日の記録×100＝○％となる。たとえば，100m走のベスト記録が11秒の人が，ある競技において11秒4で走ったら11.0÷11.4×100で，実力発揮は96.5％となる。逆に距離を延ばすスポーツは当日の記録÷ベスト記録×100＝○％となる。時間や距離では計算できないスポーツの場合は，主観的に判断して実力発揮度が何％になるかを評価する。

4）「成功」「失敗」で評価する

スポーツの競技は「勝つ」ことばかりでなく，「負ける」ことのほうが多い。前述したように競技に出る時は必ず目標を設定する。目標は技術，体力，心理について設定し，目標が競技で達成できれば「成功」と評価する。図8－1にみられるように競技の結果は勝敗と目標達成から評価し，負けても，目標が達成できれば「成功」と評価し，目標が達成されなければ「失敗」と評価する。成功の体験を重ねることで自信や「やる気」を高める。このような「成功」「失敗」の評価はプレイに対する目標設定ができていなければできない。その意味からも，目標設定の大切なことが指摘できる。

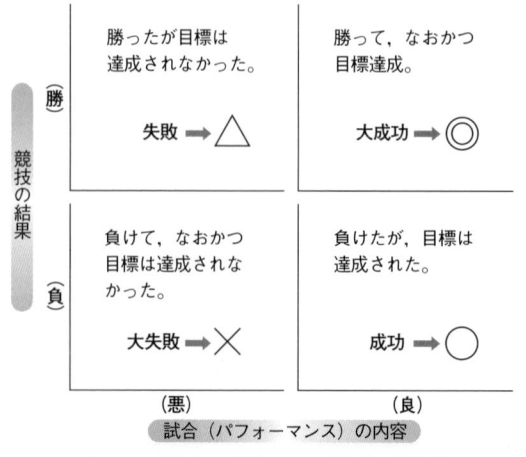

	（悪）	（良）
（勝）	勝ったが目標は達成されなかった。 失敗 → △	勝って、なおかつ目標達成。 大成功 → ◎
（負）	負けて、なおかつ目標は達成されなかった。 大失敗 → ×	負けたが、目標は達成された。 成功 → ○

競技の結果（縦軸）／試合（パフォーマンス）の内容（横軸）

図8－1 "成功・失敗"による競技後の評価法
（マートン.R., 猪俣監訳を徳永が改変）

5）スポーツ日誌をつける

最後に，競技や練習での成績，勝因，敗因，対戦相手の特徴，指導者や仲間の助言，自分の課題などを日誌につける。自己反省も加えてながら，向上心を持って新たな課題に挑戦していく。

競技後の反省を要約すると，表8−10のようになる。

以上のように，心理的スキルの高め方について説明してきた。それをまとめると，表8−11のとおりである。また，メンタルトレーニングの意味するところは，表8−12のようになる。すなわち，メンタルトレーニングは，自分に欠けている心理的スキルを明確にして，その克服法を考え，それをトレーニングすることである。そして，目標の達成度，競技中の心理状態や実力発揮度が高くなり，その確率が安定することである。実力発揮度の確率が高くなることがメンタル面で強くなることを意味する。さらには，スポーツは勝つことも大切であるが，もっと大切なことは「価値ある目標を前もって設定して，それを段階的に達成していく（Paul J. Meyer）」というようなスポーツの仕方である。勝敗は他人との比較であり，自分の成長を目指した自己実現的なスポーツの継続こそ，メンタルトレーニングの神髄であろう。

最後に，メンタル面は何歳になっても伸びるし，向上心を持って「さりげなく，相手に勝ち，自分に克つ」ように，メンタル面に強くなることを期待したい（表8−13参照）。

（徳永 幹雄）

キーワード
- スポーツ日誌
- メンタルトレーニング
- 人生の成功

表8−10 競技後の反省
1. 競技中の心理状態の診断。
2. 目標（技術・体力・心理）達成の診断。
3. 実力発揮度を％で評価する。
4. 成功・失敗で評価する（失敗を重ねて自信）。
5. 反省と次の目標を日誌に書く。

表8−11 心理的スキルのトレーニングのまとめ
1. 選手として睡眠，食事，休養，嗜好品に注意。
2. 結果とプレイ（技術・体力・心理）の目標を設定。
3. 欠けている心理的スキルをトレーニングする。
4. 試合前には，作戦（技術・体力・心理）をたて，イメージしたり，動きとしてリハーサルをする。
5. 本番での注意を確認する。
6. 反省と目標の修正。

表8−12 メンタルトレーニングとは
- 自分に欠けている心理的スキルを明確にし，それをトレーニングする。
- 実力発揮度の確率をあげ，それを高い確率で安定する。
- 試合は展覧会・発表会と同様で，心・技・体・知を鍛えて，出品する心境で出場する。
- 人生の成功とは「価値ある目標を前もって設定し，それを段階的に達成していくこと」である。

表8−13 最後に！
- メンタルに強くなろう。
- メンタルは何歳になっても伸びる。
- 向上心を持ち，「さりげなく，相手に勝ち，自分に克とう！」。

文献
1) マートン，R.，猪俣公宏監訳（1991）：メンタルトレーニング，大修館書店．
2) 徳永幹雄（代表）（1986）：競技不安の形成・変容過程と不安解消へのバイオフィードバック適用の結果の研究，昭和60年度文部省科学研究費研究成果報告書．
3) 徳永幹雄（2003）：改訂版・ベストプレイへのメンタルトレーニング，大修館書店．

問題
1. 競技前の気持ちづくりの方法を3つ以上，説明しなさい。
2. メンタルな動きづくりとは，どんなことをすることか述べなさい。
3. 競技前の心理的準備として，どんなことをすれば良いか述べなさい。
4. 競技中の注意事項としては，どんなことがあるか述べなさい。
5. 競技後の反省の仕方について述べなさい。

9 チームづくりに必要な心理的要因は何か

競技成績をあげるためには，チームワークを高めるチームづくりが必要である．チームにはどんな条件が必要か，コミュニケーション・スキル，協調性と個性化，チームとしての集中力，チームづくりの戦略について紹介する．

キーワード
- 集団の構造
- コミュニケーション構造
- ソシオメトリック構造
- 役割・地位構造

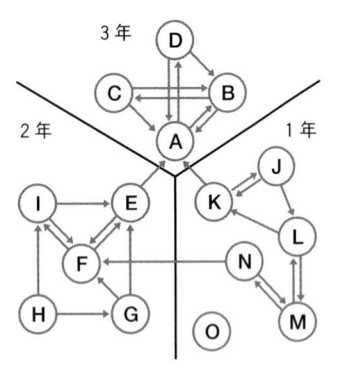

図9-1 集団内のソシオグラムの例
（野口 他編『体育の測定評価』1986，第一法規）
（注）高校・男子バスケットボール部の第2選択までを描く

1 チームとは

チームが成立する条件として，集団の構造化と機能性について述べる．自分のチームにこのような構造や機能が満たされているかを考えてみると良い．

1) 集団とは

集団とは，単にある場所に人が一緒にいたり，偶然的な人の集まりを言うのではなく，集まった人びとが互いに影響力を持ち，全体として何らかのまとまりがあることを言う．スポーツ集団には，複数の個人が一緒にスポーツを楽しみたいといった自然発生的な小さな集団と，ある目標を追求するために意図的・計画的につくられた大きな集団がある．

2) どんな構造が望ましいか

集団が形成され，成員間の相互作用がしばらく続くと，成員間の関係が比較的安定してくる．これを集団の構造化と言う．構造化の程度を知るには，次のような構造状態をチェックするのが良い．

(1) コミュニケーション構造

成員間の情報がどのように伝達されるかをコミュニケーション構造と言う．コミュニケーションの回路構造の違いが，集団における課題解決の効率や成員の満足度に，異なる影響を及ぼすことが明らかにされている．定期的なミーティング，連絡網の設定，掲示板の利用，会報の発行，そしてメールやホームページの活用などがコミュニケーション構造を高める．

(2) ソシオメトリック構造

集団内の誰と誰が友人関係にあるといった感情構造をソシオメトリック構造と言う．実際にはソシオメトリック・テストを実施し，その結果から図9-1のようなソシオグラムを作成し，集団内の感情構造を知ることができる．集団内に孤立者などが存在せず，いくつかの小集団がリーダーを中心に結びついた構造が望ましい．

(3) 役割・地位構造

集団内にどのような役割や地位があるかを役割・地位構造と言う．リーダー（監督，コーチ，キャプテン）やフロアー（その他の部員）などの役割やレギュ

ラー，補欠，一般部員といった地位がある。近年ではフィジカルトレーナー，スポーツ栄養士，スポーツドクター，スポーツ心理学者などの役割もある。

（4）勢力構造

集団内のある成員が，他の成員と比較してどのような勢力関係を持っているかを表したものを勢力構造と言う。スポーツ集団では，リーダーは集団全体の行動や成員の行動に勢力（影響力）を持っている。これらの勢力の関係がその内容によって，**表9−1**のような報酬勢力，強制勢力，正当勢力，関係（参照）勢力，専門勢力の5つに分けることができる。

3）どんな機能が必要か

（1）集団の成員性

われわれは日常生活の中でいくつかの集団に所属しているが，その中で特に所属感を強く感じる集団がある。そのような場合には，態度や行動がその集団の規範に強く影響されることがある。このように，あるグループの一員として意識することを集団の成員性と言い，影響を与える集団の規範を集団規範と言う。それぞれの成員が集団規範をどれくらい遵守し，成員性をどれくらい感じているかが，集団の機能に影響する。

（2）集団の凝集性

集団の成員がその集団に留まりたいか，止めたいかなどに影響を及ぼすのが集団の凝集性であり，その集団の魅力によって形成される。スポーツ集団での凝集性は，チームワーク，団結，連帯感，結びつきの強さなどを表している。

（3）集団の志気

凝集性が集団の魅力によって形成されているのに対して，集団の志気（モラール，morale）は，集団目標に対する成員の信念や意欲などで形成される。集団が目標に向かう時に，成員の活動に現われ，発揮されるので，集団の機能としては重要である。

（4）集団の生産性

生産性は最も重要な集団の機能であり，スポーツ集団の生産性は目標達成と言うことになる。スポーツ集団の生産性は，個人の目標達成への期待がどれほど実現されているか，また，集団全体としての目標がどれほど達成されているかを表している。スポーツ集団の生産性を上げるためには，多くの要因の中で，特にリーダーシップの型，成員のやる気，協調性と個性化のバランス，目標達成への参加状態などが大きな影響力を持つ。

（徳永 幹雄）

キーワード
- 勢力構造
- 集団の機能
- 集団の成員性
- 集団の凝集性
- 集団の志気
- 集団の生産性

表9−1　勢力資源

1. **報酬勢力**……報酬をもたらすことができるという認知に基づく勢力。
2. **強制勢力**……罰をもたらすことができるという認知に基づく勢力。
3. **正当勢力**……行動や意見を指示する正当な権利を持っていると認知することに基づく勢力。
4. **関係（参照）勢力**……魅力を感じ，同一視（その人のようになりたい）によって成立する勢力。
5. **専門勢力**……特殊な知識や専門的技能を持っていると認知することに基づく勢力。

（French, 1959）

2 コミュニケーション・スキル

1）コミュニケーション・スキルによるチーム力

日本の競技スポーツの躍進は目覚ましく，国内ではライバルでもある選手同士・指導者たちが集められ短期間でチーム力を発揮する。結成も間もないチームもしくはメンバーが入れ替わり，常に緊張を要する集団であるにも関わらず，短期間で結果を出すということはいったいどういうことか。

さて，集団を形成していくにあたって，その集団に対して言葉を使用しない

> **キーワード**
> ● コミュニケーション・スキル
> ● 非言語的コミュニケーション

二人のコミュニケーション・スキルが
パフォーマンスを左右する

で（説明をしないで）好き勝手にさせておくと，多くの時間を要し，体力の消耗につながる。指導者・選手同士の意志疎通は少なくなり，意図が伝わりにくくなる。ただし，言葉を使用してあまりにも説明しすぎてしまうと，反対に選手たちは自分で工夫することを忘れ，自分で考える努力は減少し，努力に応じた身体的理解の量は指導者たちの意図を越えて無限に広がる可能性を制限してしまう危険さえある。そこには基本的人間集団としての人間関係が十分に機能し，権威や規範性ばかりの集団の維持ではなく，確かなコミュニケーションの交換による集団が維持されている。「チーム力」には「コミュニケーション・スキルの高さ」が存在していると考えられる。

2）コミュニケーション・スキルとは

コミュニケーションには言語的コミュニケーションと非言語的コミュニケーションがあり，特にスポーツ場面（試合中など）では非言語的コミュニケーションが重要な鍵となる。「非言語的コミュニケーション」とは，音声として発せられる言葉以外の相手の動作から自分の体験をとおして感覚的に理解することであり，「身体のことば」による行動での意志疎通の部分である。初めて会った相手に対しても，「第一印象」「その場のムード」と表現される「非言語的コミュニケーション」が，言葉を発する前にすでに始まっている。メーラビアンの法則による，第一印象を決定させる要素として，外見55％，音声38％，話の内容は7％という割合は有名である。また，「非言語的コミュニケーション」によって築かれた「以心伝心」「あうんの呼吸」といった関係は長い共同生活や共通体験から発生する。非言語的コミュニケーションが相手に与える役割は大きく，無意識的に表現していることにも気付いておく必要がある。

スポーツの場面においても，「非言語的コミュニケーション」と考えられる場面は非常に多い。相手が何を要求しているのか，ひと声や視線いわゆるアイコンタクトなどで相手を理解するためには普段からのコミュニケーションが重要となる。スポーツにおける体験または仲間との共通体験は，すべて自分の体験をとおした見方であり，密度の高い特別な時間を共有することで，チームの結束力も高められる。さらに，コミュニケーションでは何を「What」，何故「Why」，どのように「How」の相互的なやりとり（言語的コミュニケーションを含め）が重要でもあり，「言語（音声のことば）によるコミュニケーション」に「非言語的コミュニケーション（身体のことば）」を積み重ねることによって意志の伝達が正確かつスピーディになり，「チーム力」として機能し始めるのである。

3）スポーツ場面におけるコミュニケーション・スキルの重要性

チームにおける「コミュニケーション能力（スキル）」とは，選手や指導者それぞれが送り手として受け手に対してメッセージを発信・伝達する能力，および受け取り手として送り手のメッセージを受信する能力を指す。つまり，選手や指導者の両者に自己表現力と相手のあらゆる情報を理解するための知識と受容力が求められるのである（図9－3参照）。常に相手を尊重し，短い時間でも建設的な意見交換ができる能力を身につけなければいけない。戦略ミーテ

ィングの中でも，コート内の主役である選手が自己表現，理解反応をしなければ，結果を出すことは困難である．試合が始まってしまえば，闘いの中での特殊な（その種目の特性による）コミュニケーション・スキルを要する．非言語的コミュニケーションが連携プレイを生み，言語的コミュニケーションが仲間の焦りや緊張を解き放つかもしれない．しかし，注意しなければならないのは感情に任せた一方的な言葉である．一方的な声かけは心には響きにくい．余計に感情を乱してしまうことさえある．話し合うこと（向き合うこと）を習慣（トレーニング）とし，批判しない，相手を納得させながら自分を伝える能力を持たなければならない．

コミュニケーション・スキルのトレーニングについてはその集団の特色・目的などを把握した上でプログラムを展開していかなければならない．スポーツ集団においては，競技・作戦についての話し合いだけではなく，身体を動かしながらなどのグループワークをとおして，言葉だけではなく，身体の言葉を相手に伝える，理解するというスキルからスタートし，継続することがより現場に生かされる．加えて「信頼関係構築」をベースにした円滑な対人関係（コミュニケーションの活性化）は，より効率的にコミュニケーション・スキルを獲得させ，その効果を高める．信頼関係という枠がなければ，意見などは受け入れられ難い．指導者の考えや選手自身がこうしたいという主張をどう表現し，どう伝えるかということがチームのパフォーマンスにも大きく影響を与えることが十分に理解できる．心理療法でも使われている相手に配慮しながら上手く自己主張をするトレーニングである「アサーション・トレーニング（自己主張訓練）」などを含めるのもよい．練習や試合においても選手同士，指導者も含めて向き合うことが自然に行えるようになると良い．

図9-2 スポーツにおける主なコミュニケーション・スキル
準備段階でのスキル向上が本番に生かされる

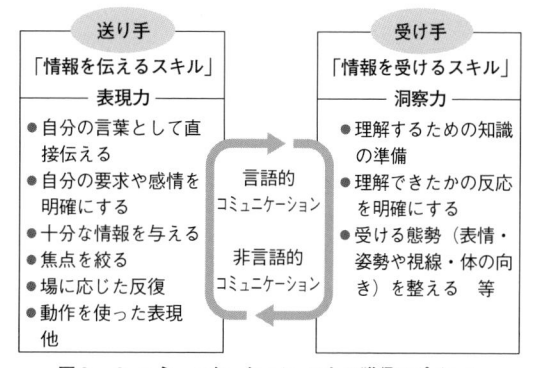

図9-3 コミュニケーション・スキル獲得のポイント

チームの目的を達成するためのコミュニケーション・スキルは，相手との合意形成を行う「活動の気づき」のレベルで終わらずに，「理解，意味，洞察」をベースに「知的な習慣を形成するための練習と反復」を行わなければならない．日頃のコミュニケーション・スキルトレーニングが，チームのマイナスムードを逆転させること，短期間で結成する集団のパフォーマンス向上をも可能にする．

（今村 律子）

文献

1) 平木典子（1993）：アサーション・トレーニング―さわやかな＜自己表現＞のために―，金子書房．

2) 中川　昭・猪俣公宏ほか（1995）：「コミュニケーションの方法」．指導者のためのメンタル・マネジメント，ジュニア期のメンタルマネジメントに関する研究―第3報，平成7年度日本オリンピック委員会スポーツ医・科学研究報告書No.Ⅲ，134-136頁．

3) 岡沢祥訓（1997）：「第Ⅰ部第11章コミュニケーションスキル」．猪俣公宏編：選手とコーチのためのメンタルマネジメント・マニュアル，大修館書店．

キーワード
- 相互協調的自己観
- 相互独立的自己観
- 協調性

表9-2 相互協調的自己観の特徴
- 他者の視点や自分の所属する集団内での関係性を重視し、それらに自分をあてはめる。
- 他者から望まれる期待や役割を自分の中に取り入れ、できないことは努力して修正する。
- 他者の立場を考慮した行動や判断が見られ、他者により、自分の行動が意味づけられる。

表9-3 相互独立的自己観の特徴
- 自分の中にだけある、誇りの持てる、特徴的な属性（才能、性格、能力）を見つけ出す、もしくは創り出す。
- 周囲に左右されない独自の自分を持ち、認識している。
- 自分と他者は分離しており、自分自身の独自性を主張、表現することを重視する。

3 協調性と個性化の育成

1）相互協調的自己観と相互独立的自己観

　相互協調的自己観と相互独立的自己観とは、文化的に共有された自己観として、マークスと北山（1991）により提唱された概念である。相互協調的自己観は日本を含む東洋文化で優勢な自己観で、自己と他者は根本的に結びついていると解釈し、「自己」と「他者やまわりの事々」が結びついており、状況や他者の性質といったその場の関係性によって自己が意味づけられる。相互独立的自己観はとりわけ北米の中流階級で優勢な自己観で、「自己」と「他者やまわりの事々」は区別され、自己を他者から切り離されたものと解釈し、自己は他者から独立したものであるという考え方である。その後、高田（1995）により、これら2つの様相は、文化差だけではなく、個人内の認知的表象（特性）として存在する個人差として捉えられるようになった。**表9-2、3**はそれぞれの自己観の特徴を示したもので、相互協調的自己観は「協調性」の指標、相互独立的自己観は「個性化」の指標として捉えることができよう。このマークスと北山の概念を中心に、チームスポーツにおける協調性と個性化、その育成について考える。

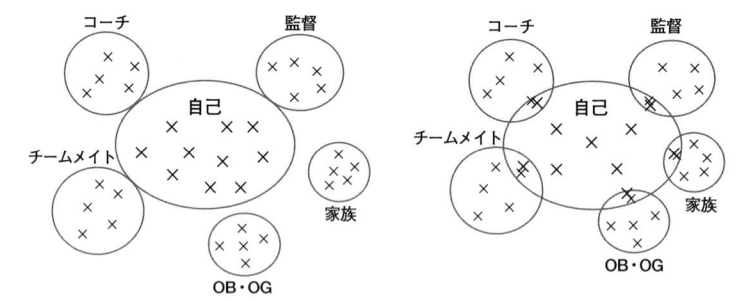

図9-4　各自己観の概念図：相互独立（A）と相互協調（B）
（マークスと北山、1991をチームスポーツ用に改変）

2）チームスポーツにおける協調性

　集団スポーツ（野球、サッカーなど）や、個人スポーツ（陸上、テニスなど）のいずれを行うにせよ、スポーツ活動の多くはチームという集団の中で行われる。チームスポーツにおいては、個々の相互作用によりパフォーマンスが発揮されるため、お互いが相互に協調し合うことが必要となる。また個人、集団スポーツに関わらず、その集団の中で行う活動での対人関係は、集団活動を充実して行うことにおいて非常に大切である。

　協調性とは、周囲からの期待される役割を自らの目標として内面化し、それに自分を適応させていくことである。つまり、社会によって期待された役割に徹することを意味し、相互協調的自己観とほぼ同じ意味である。そこで、スポーツ場面における協調性を考えると、「インプレイ時の協調」と「アウトプレイ時の協調」の2種類に分けられる。インプレイ時における協調とは、ある1つのパフォーマンスを、他者と協応（複数のものが絡み合って1つのパフォーマンスを発揮すること）して発揮することを意味する。このような相互的な協

応動作は，周囲の期待している役割をお互いが認識し，それに応じてすばやく反応することが求められる。

また，アウトプレイ時の協調とは，チーム内における対人関係や情緒的関与などの，いわゆる「思いやり」や「相手の立場にたって考える」といった共感的態度を示すと考えられる。チームという集団においては，他者の立場を考慮した行動や判断が必要であり，自分の行動は相手の行動や判断を抜きにしては考えられない。そのような中で周囲を考慮しない，独断性の高い自己を表出しすぎる傾向は，チーム内での不適応行動につながる可能性もあるため注意が必要である。

つまり，相互協調的自己観からみたチームスポーツにおける協調性とは，チームという社会的環境から求められる役割を認識し，それにうまく適応していくことであると考えられる。そのためには周囲が求めている役割を理解することが必要であり，選手間の自己認知－他者認知の比較や，それらの情報をもとにしたグループディスカッションを行うことなどが効果的である。

キーワード
● 個性化

3）チームスポーツにおける個性化

スポーツ活動は，ある一定のルールの中で，自分の持っている才能や，能力といった個性的な自己を表現し，自己の持っている可能性に挑戦できる場である。個性とは，個人を他の人から区別しうるような，固有の特性を意味し，相互独立的自己観とほぼ同じ意味をなす。チームスポーツにおける個性化の過程では，その活動の中で，他者とは切り離された（異なった），特徴的で，社会的に望ましい，誇りたる属性を自らの中に見出し，それらを確認し，かつ外部に表現し，自分の所属するチームでそれを認めてもらうようになることが重要視される。ここでも協調性と同様に，スポーツにおける個性化も，「インプレイ時の個性化」と「アウトプレイ時の個性化」に分けて考える必要がある。

インプレイ時における個性化とは，自分の持っている特徴的なパフォーマンス能力を自らの中に見出し，それを最大限に発揮してチームパフォーマンスに貢献することを意味する。そのためには，個人を殺してチームを優先するという発想ではなく，個人それぞれの特性をバランスよく当てはめた，チームのパフォーマンス目標を設定することが大切である。

また，アウトプレイ時における個性化とは，周囲によって左右されない自分の信念や考えを持ち，それを主張，表現でき，また，周囲の意見に惑わされず，自分自身の基準の中で，自己判断，自己決定できることを意味する。

つまり，相互独立的自己観から見たチームスポーツにおける個性化とは，自分の所属するスポーツ集団の中で生かすことのできる独自の特性を自らの中から見出し，それを主張・表現でき，チームの中で認められるようになることが大切であると考えられる。そのためには，指導者の型にはめた指導やそれを押しつける指導は，選手自身の個性や特徴を無視した指導法であり，選手自身の個性的な才能や能力を発揮できる可能性をつぶすだけでなく，独自の個性を，自主的，積極的に見出す機会をも奪ってしまうことになるので注意が必要である。

相互独立的な個性を発揮する場，集団の中で他者と関わりながら相互協調する場，チームスポーツにはこの両側面を発揮できる場面が数多く含まれる。今後は相互協調的自己観，相互独立的自己観の概念をスポーツ場面に適応させ，

キーワード
- 集中力
- チーム目標
- 役割の明確化

協調性と個性化を意識した選手育成が望まれる。

（織田　憲嗣）

文献

1) Markus ＆ Kitayama（1991）：Culture and the Self: Implications for Cognition, Emotion, and Motivation, Psychological Review, 224-253.
2) 高田利武・大本美千江・清家美紀（1995）：相互独立的－相互協調的自己観尺度（改訂版）の作成，奈良大学紀要，157-173頁．
3) 山本勝昭ほか（1990）：種目別メンタルマネジメントに関する研究（バレーボール），平成2年度日本体育協会スポーツ医・科学研究報告No.Ⅶ，チームスポーツのメンタルマネジメントに関する研究，45-71頁．

4　チームとしての集中力の高め方

1）集中力の重要性

　チームが集中力を発揮している状態とは，メンバーが1つのチームとしてまとまっていて，チーム目標達成のために積極的に関わっている状態である。つまり，チームに凝集力（group cohensiveness）があり，メンバーがモラール（morale；士気や意気込み）を高めている状態といえる。

　具体的には以下のような状態である。まずメンバー個々の意欲（motivation）が高まると，自分から積極的に関わろうとする行動（commitment）が生まれる。メンバーの行動が変われば，チームに新しく固有の規範（norm）が生まれる。たとえば，一人のメンバーが，練習の質を向上させようとして，練習開始1時間前からウォーミングアップを始めたとする。そして次第にそのメンバーが増えれば，「練習開始時には準備ができていること」といった新しい規範がチームに生まれる。これらの規範づくりを経て，チームは目標の達成に向けて準備を整えていく，つまり集中力を高めていくことになる。

2）集中力を高める条件

(1) チーム目標の決定

　チームの集中力を高めるためには，適切なチーム目標が必要となる。チームの凝集力を高め，メンバーのモラールを高める目標の条件として図9－5のような5つのキーワードをあげることができる。これはそれぞれのキーワードの頭文字をとって，"SMART"な（洗練された）目標設定法として知られている。

　また，短期目標の積み重ねが，長期目標につながるように，体系的に設定することも重要である。なお，チーム目標については，メンバーの個人目標とうまく対応させることで，課題にもとづく凝集性を高めることができる。

(2) メンバー個々の役割の明確化

　チーム目標の達成のために，メンバー一人ひとりが，何をどのように取り組めばよいかを決めることは，チームの集中力を高める重要な要因である。理想的には，メンバー一人ひとりに，必ず1つ以上の「役割」が与えられているの

S	具体的であること（specific）
	メンバー一人ひとりが，目標達成場面を具体的にイメージできる内容にすること。
M	測定可能であること（measurable）
	目標について，どの程度達成できたのかが，客観的（数量的）に把握できること。
A	責任がはっきりしていること（accountable）
	勝敗目標など外的要因（対戦相手や審判）の影響を強く受ける目標よりも，自分たちの努力次第で達成可能な内容にすること。
R	現実的であること（realistic）
	精一杯取り組めば達成可能と思わせる，現実的でかつ挑戦的な内容であること。
T	達成期限のあること（time-bound）
	いつまでに，何を，どうやって達成するのかがはっきりと示されていること。

図9－5
チームの集中力を高める
目標設定のキーワード

が良い。同じ役割を複数で担当すると「社会的手抜き」(social loafing) と呼ばれる現象が起きやすいことが知られている。メンバーが他のメンバーとうまく関連しあいながら，それぞれに与えられた役割を効果的に遂行していくには，次に示すメンバー間のサポート関係が重要になる。

(3) メンバー間のソーシャルサポート関係の強化

ソーシャルサポートは周囲の他者（コーチやトレーナー，チームメイトなど）から得られる，様々な形の援助のことである。ソーシャルサポートには，選手の心理的安寧に働く情緒的なサポートと，問題解決に役立つ道具的（手段的）なサポートの2つのタイプがある（土屋，2004）。メンバー間でこれらのサポートの授受が活発に行われているチームでは，お互いにかけがえのないメンバーとして期待され，尊重されているというメッセージを交換し合っていることになる。このような役割期待が与えられることで，メンバーはお互いの心理的絆を強め，協力してそれぞれの役割を遂行するようになる。

3）チームの集中力の高め方

(1) チーム風土の改善

日本を代表する短距離走者，末續慎吾を育てた高野 進は，スポーツ心理学の知識を取り入れたコーチングの実践で知られている。彼はチームづくりの最初の手続きとして「チーム内の土壌の入れ替え」を行ったと述べている（高野，2004）。チームの雰囲気や風土などの環境要因は，選手をすくすくと育てるための「土壌」であると見抜いていたのである。チームの風土は，そのまま集中力に影響を与える。高野は，まず自分自身と共通感覚の持てる選手をリクルートし，「われわれ意識（we feeling）」を高めた環境で，英才教育を行ったと報告している。

なお，市野（1998）はスポーツ集団に認められる風土として「規則や伝統による制約」「リスクを恐れない」「対立許容」「相互援助」「高業績評価」「高目標追及」の6つをあげている。これらの強弱の組み合わせが，チーム固有の風土となって選手に影響を与える。育てたい選手，作りたいチームに見合った土壌となるよう，6つの特徴のうち何を重点とするかをはっきりとさせて，チームづくりに臨む必要がある。

(2) シミュレーション・トレーニング

試合状況を記録したビデオを複数のメンバーで見ながら，様々な局面での戦術を確認すると，試合に向けたチームの集中力は増加する。特に，勝敗を左右する重要な局面では，チームとしてのパフォーマンス・ルーティンを確認したり，連携プレイの伝達方法などを決めたりしておくと，メンタルリハーサルとして有効である。

(3) ブレイン・ストーミング法の導入

チームの集中力を高めるミーティングの方法にブレイン・ストーミング法がある。一般的には「他人の提案を批判しない」「自由な思考，突飛な考えを歓迎する」「アイデアの数を重視する」「提案済みの考えの結合や修正を認める」といった4つの基本ルールからなる。

この方法は2つの点でチームの集中力向上に役立つと考えられる。1つは，チームの課題を解決するために有効な，創造的なアイデアが多数出されること

キーワード
- チーム風土
- シミュレーション・トレーニング
- ブレイン・ストーミング

キーワード
- リーダーシップ
- チームワーク
- チームプロセス

課題達成（P）機能を重視する行動例
メンバーを最大限に活動させる
練習量や規則を厳しくする
指示や命令を頻繁に与える
犯したミスの原因を追究する
活動の経過報告を求める
計画を綿密に立て細かく指示する

集団維持（M）機能を重視する行動例
メンバーを支持・理解・信頼する
好意的に気軽に話しかける
能力発揮の機会を配慮する
良いプレーは認める
公平を心がけ，皆の意見を聞く
気まずい雰囲気をときほぐす

図9-6
PM式リーダーシップの行動例

である。そして，もう1つはメンバーが自分の意思を率直に表明でき，チームの活動に反映されたと感じることができることである。現在では，ブレイン・ストーミング法を取り入れたミーティングにより，チーム・ビルディングを行う例もある。

（土屋　裕睦）

文献

1) 市野聖治（1998）：「何がメンバーの活動意欲を高めるのか」．永田靖章ほか編著：スポーツ集団のマネジメント，ぎょうせい．
2) 高野　進（2004）：スポーツ心理臨床の実際：個人へのコーチング，臨床心理学 4-3：337-340．
3) 土屋裕睦（2004）：「ソーシャルサポートとチームビルディング」．日本スポーツ心理学会編：最新スポーツ心理学―その軌跡と展望，大修館書店．
4) ザンダー・A，黒川正流ほか訳（1996）：集団を活かす：グループダイナミクスの実践，北大路書房．

5　チームづくりの戦略

1）チームづくりの基礎

（1）リーダーシップ

　チームづくりにおいて，リーダーの役割や行動は重要な意味を持つ。指導者やキャプテンが，どのようなリーダーシップを発揮するかによって，チームづくりの戦略が強く影響を受けることになる。たとえば，リーダーシップ行動についてよく知られた理論にPM式リーダーシップ理論がある。この理論では，目標あるいは課題達成機能（Performance function：P機能）と集団維持機能（Group maintenance function：M機能）の2つを考えている。**図9-6**にはそれぞれの機能を重視するリーダーの行動例を示した。この図に示されるような行動をリーダーがどの程度重視して行動するかによって，リーダーシップの類型化が可能である。2つの機能を十分に発揮できるタイプのリーダーのもとでは，集団凝集性やモラールが高まることが知られており，チームづくりに欠かせないリーダーの条件と考えられる。

（2）チームワーク

　チームワークは，メンバー間の対人関係における親密性や意志の疎通性が良好な状態を指す言葉として用いられる場合もある。しかし，競技志向の強いスポーツチームでは，何よりもメンバーが与えられた役割を効果的に遂行することが前提条件である。極端に言えばメンバーが反目しあっていても，それぞれの役割を分業して共同し，チームとして一定の生産性を上げていればチームワークは良いといえる。従ってチームづくりでは，メンバー個々の役割を効果的に遂行できるよう，メンバー間の関係を調整していくことも必要となる。

（3）チームプロセス

　チームプロセスとして最もよく知られているのは，**図9-7**に示すような4

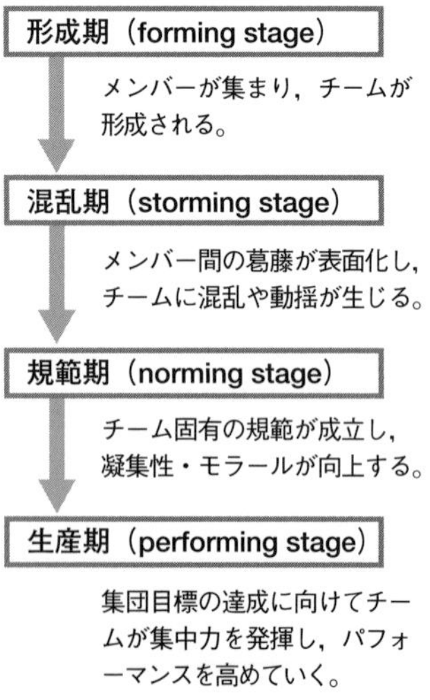

形成期（forming stage）
　メンバーが集まり，チームが形成される。

混乱期（storming stage）
　メンバー間の葛藤が表面化し，チームに混乱や動揺が生じる。

規範期（norming stage）
　チーム固有の規範が成立し，凝集性・モラールが向上する。

生産期（performing stage）
　集団目標の達成に向けてチームが集中力を発揮し，パフォーマンスを高めていく。

図9-7　チームプロセスの4段階

段階である。

この図から明らかなように，チームの凝集性が高まり，モラールが向上するのは規範期以降である。しかし，そこに向かう前の段階には，混乱期のあることが見逃せない。言い換えれば，ここでのチームづくりの取り組みが，「雨降って地固まる」のごとく，その後のチームプロセスに影響を与えると考えられる。このことから，チームを活性化するために，意図的にメンバーに心理的な揺さぶりを与え，擬似的な混乱期を体験することで，チーム・ビルディングを行う例もある。

2）チーム・ビルディングの実際

（1）チーム状況のアセスメント

チーム・ビルディング計画の立案に先立って，チーム状況を把握し課題を明確にする必要がある。チームメンバーへの聞き取りの他，心理尺度を利用するのも有効である。表9－4はチームアセスメントで用いられる心理尺度の例である。これらの尺度は，徳永（2004）の『体育・スポーツの心理尺度』（不昧堂）にほぼすべて網羅されているので参考にするとよい。

（2）チーム・ビルディング計画の立案と実施

アセスメントにより，チームの特徴や改善すべき課題が明確になると，具体的な介入目標を立てることになる。たとえば，先のSPTTにおいて「コーチ信頼」の得点が低いと判断されれば，指導者・コーチのリーダーシップ行動の改善を目指したり，コーチとメンバー間の関係を改善したりするようなチーム・ビルディングが実施されることになる。

（3）振り返りと評価

チーム・ビルディング・プログラム終了後は，振り返りを実施し，効果を検討する必要がある。試合成績やメンバーの活動状況の他に，アセスメントで使用した尺度（たとえば，SPTTやASSS）を，再度シーズンオフに実施することで，チーム・ビルディング実施前後の得点の比較から，その効果を推定することができる。また，メンバーから感想を求め，これらを手がかりに評価を行うことも有効である。ここで得られた資料は，次シーズンのチーム・ビルディング計画に生かされることになる。

3）チーム・ビルディング・プログラムの具体例

（1）リーダーシップ行動の改善によるチーム・ビルディング

チームの指導者・コーチやキャプテンなど，チームづくりに最も影響を持つ人物のリーダーシップ行動の変容を通じて，チーム・ビルディングを行う方法である。具体的には，図9－6に示した行動例をもとにリーダーシップ行動を振り返り，発揮できていない機能を特定し改善を試みることになる。これらの項目に対するリーダー自身の自己評価と，選手からみた評価を比較すると，自己盲点に気づくことも多い。

（2）チーム目標設定を通じたチーム・ビルディング

チーム目標を，メンバーの個人目標と関連させながら設定することで，メンバーのモラールを向上させようとする例である。たとえば，ブレイン・ストーミング法により，個人目標として出されたメンバー分の提案を，KJ法により

キーワード
- チーム・ビルディング

表9－4
チームアセスメントで用いられる尺度の例

- チーム心理診断テスト（Sport Psychological Test for Team: SPTT）。
- スポーツのモラールを測定する尺度（竹村・丹羽，1967）。
- 競技者のソーシャルサポート尺度（ASSS：土屋・中込，1996）。

キーワード
● ソーシャルサポート

分類・整理して，チーム目標へと発展させるような試みもなされている（東根，2000）。

(3) 問題解決を通じたチーム・ビルディング

チームが遭遇する問題状況を，チームメンバーで力を合わせて解決することで，チーム・ビルディングを行う方法である。たとえば，図9－7に示した混乱期では，メンバー間の葛藤や下位集団間の感情的な対立が表面化する。このような問題が発生した時に，その問題解決を通じて，チームワークを高めようとする例が当てはまる。また最近では，冒険キャンプの要素を取り入れて課題状況を設定し，チームで力を合わせて克服するといった試みもなされている。

(4) ソーシャルサポートを強化するチーム・ビルディング

メンバー間の心理的絆（サポートネットワーク）を強化することで，相互信頼関係を構築し，協力してチーム目標の達成を目指すチーム・ビルディングである。たとえば，大学スポーツチームであれば，オリンピックに標準を合わせたい選手と，チームとしてインカレ優勝を目指したい選手との間で葛藤が生じ，チームとしてまとまりにくいといった例がある。このような状況を，本音と本音の交流を進めるエンカウンター・グループにより解決しようとする試み（土屋・中込，1996）が当てはまる。この例ではチームワークだけでなく，選手の実力発揮度も向上したことが確かめられている。

（土屋 裕睦）

文献

1) 東根明人（2000）：チームモチベーショントレーニング，コーチング・クリニック，第14巻第3号，6-10頁．
2) 竹村昭・丹羽劭昭（1967）：運動部のモラールの研究，体育学研究，第12巻第3号，77-83頁．
3) 徳永幹雄（2004）：体育・スポーツの心理尺度，不昧堂出版．
4) 土屋裕睦・中込四郎（1996）：ソーシャルサポートの活性化をねらいとしたチームビルディングの試み，スポーツ心理学研究，第23巻第1号，35-47頁．

問題

1．チームに必要な構造と機能について説明しなさい。
2．コミュニケーション・スキルの高め方について述べなさい。
3．チーム内の協調性と個性化をいかに調整すれば良いか考えなさい。
4．チームとしての集中力の高め方について述べなさい。
5．優れたチームづくりをするために，どんなことをすれば良いか述べなさい。

10 競技スポーツではどのような介入指導をすればよいか（実践例）

実際のメンタルトレーニングは，どのようにして行われているのだろうか。指導上の一般的な注意点や弓道，柔道，サッカー，バスケットボール，バレーボール，野球，テニスの選手への指導例，そしてカウンセリングおよびスーパービジョンについて紹介する。

1 メンタルトレーニング指導上の留意点

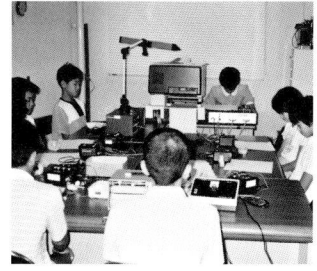

メンタルトレーニングの一般的流れとして，アセスメント，プログラムの作成と技法の学習，振り返り・評価，フォローアップが考えられる。この流れにそって留意点をあげる。

1）アセスメント

アセスメントには，面接法，観察法，テスト法があるが，その主な目的は依頼者の情報収集にある。ここでは面接法についてその目的，内容，留意点について述べる。

皮膚温バイオフィードバックによるメンタルトレーニングの風景

（1）目的と面接内容

内山（1996）は，教育相談の初回面接の目的として，情報収集（問題，生育歴，何を期待しているかの把握等）と受理の当否の判定（持ち込まれた問題が受理すべきものかの判断）をあげ，面接内容として，①来談の経緯（問題はどのような経路をたどって来談するに至ったか），②問題の経過（問題はどのような経過を経て現在の状態に至ったか），③生育歴，④既応症，⑤教育歴，⑥家族および家族関係，⑦来談前に受けた対応法への評価をあげている。

鈴木は，メンタルトレーニングの面接内容について，主訴，生育歴，対人関係，競技での動きや心理の特徴，競技能力，改善したい競技遂行上の問題，パーソナリティをあげ，これらの情報から，どのような心理サポートを必要とし，そのために必要なメンタルトレーニング技法やプログラムをどれくらいの期間実施するか見通しをたてることと，面接，見立て，メンタルトレーニングの実施，定期的面接といったメンタルトレーニングの流れについて述べている。

（2）面接上の留意点

内山（1996）は，面接実施上の留意点として受容と傾聴をあげ，来談者を温かく受け入れ，積極的，主体的に活動できるように心がけること，来談者の真剣な訴えに対して，熱心な傾聴で応えることの大切さを述べている。また，面接初期には，双方の信頼関係を築くことが大切であり，お互いに心の通じ合う関係（ラポール）をつくることが望ましいとし，ラポールを形成する上での留意点として，①気楽に親愛の情を持って互いに何でも話せる雰囲気をつくる，②来談者から信頼，尊敬される関係に入る，③来談者が温かい思いやりを受け

ていると感じるように努める，④来談者の言葉に純粋な関心を払い，喜んでこれに耳を傾ける態度に徹する，⑤説教じみた話し方や，上から教えてやろうという態度はラポール形成には逆効果となる，⑥合理的・客観的に話すこともラポール形成には欠かせない心得である，と述べている。また，相談では来談者に質問する機会が多いが，内容や仕方には細心の注意を払う必要があるとし，その心得として，①質問はわかりやすく，相手に不安を与えないものであること，②答えを無理に誘導するようなものでないこと，③来談者にとって不利な答えが予想される場合は，ほっとするような質問も別に用意しておくこと，④気も継がせず質問攻めというやり方は避けることをあげている。

面接時間については，1時間程度が良いとし，あまり短いと十分意を尽くすことができないし，あまり長いと疲労したり，飽きがきて非能率になったり，注意が散漫になりやすいとしている。

2）プログラム作成と技法の学習

面接等で得た情報をもとにプログラムを作成し，技法を指導していくことになる。中込はプログラム作成と技法の学習について次のように述べている。

（1）どの側面から指導するのか

指導者は，プログラム作成上，水準・時期・目的について今，どの側面から指導しているのか自覚しながら行う。

❶ 水準は，選手のどのような心理的側面に働きかけるかをいい，認知・知識的側面，情動・動機的側面，人格変容・成長の側面があり，認知・知識トレーニングは，競技特性の理解とコーチとの情報交換が大切である。

❷ 時期には，長期（日常的に継続し全般的な心理的競技能力の向上をねらう），競技期・調整期（大会出場を考慮しながら進める），競技開始直前・競技中（大会で予想される心理的側面に焦点を絞りながら必要な技法を行う）のトレーニングがある。

❸ 目的には，問題対処型，試合前コンディショニング型，日常継続型があり，それぞれのねらいに応じたトレーニング・プログラムを作成する。

（2）プログラム作成の中で配慮すべき観点

❶ 先にプログラムが決まっているのではなく，選手やチームの状況を考慮しながら，トレーニングを希望した背景を知り，具体的なプログラムを作成していく（どのような課題・問題を持っているのか，何を期待しているのか，メンタルトレーニング経験はどの程度かなど）。

❷ トレーニングへの動機づけの工夫をする（課題意識を持たせ，効果や変化が実感できる）。

❸ トレーニングの継続については，次回のアポイントメントを確実に取っておくこと。

❹ 技術・体力トレーニングとの共同歩調をとる。

（3）技法の学習

❶ 事前に準備していた方法をすぐに提示するのではなく，まずは選手から，当該の心理的側面にどのように関わってきたかをじっくり聴き，選手の経験を振り返りながら，必然性や意味を認識した状態で学習へ取り組む。

❷技法の学習は，知的な理解にとどまるのではなく，体験をとおした理解に重きを置く。
❸イメージ技法の学習では，表面的な観察だけではどのような体験を行ったのかあまりわからないので，言語や記述による報告を求める。
❹自己理解を深め，継続へのモチベーションを高めるために，心理面だけの日誌をつける（内容としては，学んだこと，ホームワークの記録，練習や試合状況での振り返りなど）。
❺フォローアップの必要性。

3）メンタルトレーニング実施後の振り返り・評価

　評価について土屋は，現状把握に役立つ資料を収集・整理・分析し，一定の基準や価値観によって意味づける過程であるとし，その意義，視点，主体，記録作成，時期について次のように述べている。

(1) 意義
❶評価に当たっては，単に「できた，できなかった」「役に立った，立たなかった」といった表層的な理解にとどまらず，実施したプログラムに対して，あるいは指導関係に対して，より多次元的な振り返り・評価を行う必要がある。
❷より洗練されたプログラムや指導法の開発へ向け，プログラムに有効性と限界を示す。
❸選手への理解や選手との関係性へ理解の深まりなど，指導関係を振り返る。

(2) 視点・考え方
❶実力発揮にどのように役立ったかの視点：パフォーマンス，プレイ内容，練習・試合時の行動や態度，心理的競技能力等の変化。
❷理論的立場：変化の背景にある，自己認知や状況認知の変化，思考判断様式の変化，人格構造の変化など。

(3) 振り返り・評価を行う主体
　評価を行う主体としては，指導者による振り返りと評価，選手やチーム関係者による評価，第三者による評価等が考えられる。

(4) 指導記録の作成
❶選手理解につなげるため，選手とのコミュニケーション全般にわたって記載し，指導状況の再現をはかる。
❷作成方法と利用方法については，a.選手の主訴　b.それに対する選手の態度や周囲の反応　c.指導時における選手との関係性　d.選手の洞察力等があり，作成する段階で，選手との関係をもう一度追体験することで，指導時に気づかなかったことや聴き落としたこと，フィードバックや共感が足りなかったことに気づく。
❸指導記録は原則として開示されず，記録の保管と秘密保持が必要である。

(5) 評価を行う時期
①日常的な評価，②一応の終結段階でのまとまった評価をする集中的な評価，③選手の内省による自己点検評価があり，事例の匿名性には十分配慮する。

キーワード
- TAIS
- DIPCA
- バイオフィードバック

4）フォローアップ

　内山（1996）は，相談終結から半年後ないし1年後に，予後すなわち終結後の状況について検討，把握すること（フォローアップ）が望ましいとし，そのねらいについて，次の3点をあげている。
❶終結以後の効果持続を判定・確認し，問題点を究明する。
❷クライアント側の相談への信頼感を増幅させる。
❸相談に用いた技法・アプローチの効果および適・不適を究明する。

（岩﨑 健一）

文献

1) 内山喜久雄（1996）：臨床教育相談学，金子書房.
2) 中込四郎（2002）：「スポーツ選手との関係づくり」．日本スポーツ心理学会編：スポーツメンタルトレーニング教本，大修館書店.

2　高校弓道選手への指導

　著者が県主催の講習会でメンタルトレーニングに関する講義を行った際に，S高校弓道部監督が話に興味を持たれ，トレーニングの依頼があった。依頼の理由は「弓道は心理的側面が重要であり，特に精神の安定・集中が求められる。然るにS高校の部員は，並べて情緒不安定で集中力に欠け，自信が低く，高い不安特性を持っていると思われるので，これらの点を解消し実力が発揮できるようにしてほしい」である。この依頼を受理し，以下のトレーニングを行った。

1）心理評定

　TAIS（特性不安）では，動作緊張傾向，勝敗の認知不安，身体緊張傾向，自信喪失傾向の因子得点が高く，また，DIPCA（心理的競技能力）では，精神の安定集中，自信，作戦能力が低く，監督の指摘したとおりの結果であった。
　そこで部員13名に対して不安を低減し，精神の安定・集中や自信といった心理的能力を高め，実力を発揮するためのトレーニングを実施することにした。

2）方法

　トレーニングは，6月上旬に開催される県大会を目標に，約2か月，週2回，1時間程度メンタルトレーニング実習室で実施した。トレーニングプログラムは，バイオフィードバック法，自律訓練法，イメージトレーニングの3つの観点から構成され，7セッションから成るものである。トレーニング回数は10回であるが，トレーニングを補完するために，可能な範囲で自主的に自宅で行うよう指導した。
　バイオフィードバック・トレーニングは，皮膚温バイオフィードバック・トレーナーを用い，椅座位閉眼で左手中指尖の皮膚温の状態を音刺激に変換し，イヤホンを通して本人へフィードバックさせ，音の高低を手がかりにしてリラクセーションと集中力のトレーニングを行った。

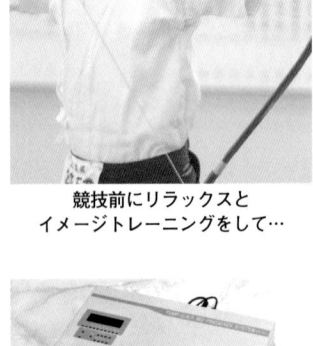

競技前にリラックスとイメージトレーニングをして…

皮膚温バイオフィードバック・トレーナー（トーヨーフィジカル製）

イメージトレーニングは，バイオフィードバック・トレーニングに続いて行い，課題を実験者の声で指示した。

なお，トレーニングの前の安静時間は毎回約10分間とり，室温の調整や外部からの音や光の遮断には心がけた。

自律訓練法は，重感訓練と温感訓練を実施した。

3）結果

(1) リラクセーション能力への影響

リラクセーション能力の評価は，皮膚温の上昇と平均皮膚温の高低を基準にした。図10-1に13名のトレーニングによる平均皮膚温の推移と3分間の上昇を示した。

2回目までは平均皮膚温が30℃まで達せず低い値にあるが，3回目以降は30℃をこえ上昇を示している。平均皮膚温の32℃以上は「quite relaxed」と言われ，自律神経の興奮が制御されリラックス状態にあることを意味しているが，今回の実験では3回目より上昇を示しており，このあたりからリラクセーション能力の向上が推察される。

内省報告でも，はじめは「音に集中できず緊張した」「雑念がわき集中できずリラックスできなかった」などみられるが，回数を増すに従って「音が下がりリラックスするのがわかった」「雑念がなく音に集中でき，リラックスできるようになった」など，方法に習熟し，集中とリラクセーション能力の向上を示唆する表現が多くなっている。

また，3分間のトレーニング中の皮膚温の上昇も，8回のトレーニングの平均で1℃以上を示した者が9名おり，リラクセーション能力の習得に有効であったと考える。

(2) イメージ能力への影響

イメージトレーニングは，基礎，成功体験，課題（失敗場面を成功場面へ修正），大会のリハーサルから成り，合計で10回実施した。イメージ能力の評価は，トレーニング直後の鮮明度調査とトレーニング中の呼吸曲線を測定し基準とした。

図10-2は各トレーニングの「はじめ」と「おわり」の鮮明度の平均得点である。得点の変化がみられるのは「成功体験」の筋感覚，聴覚，「課題1」の筋感覚，「課題2」の視覚，筋感覚，聴覚であり，全課題をとおして筋感覚の変化が顕著であり，感情の変化が少なかった。

内省報告でも，「自分がいつもやっていることなので，実感が湧きイメージしやすかった」「イメージを思い浮かべていると，本番でとまどうことなく競技できた」「2本目を当てるという欠点の修正をやっていたので大会で成功した」などイメージトレーニングの効果を認めるものが多かった。

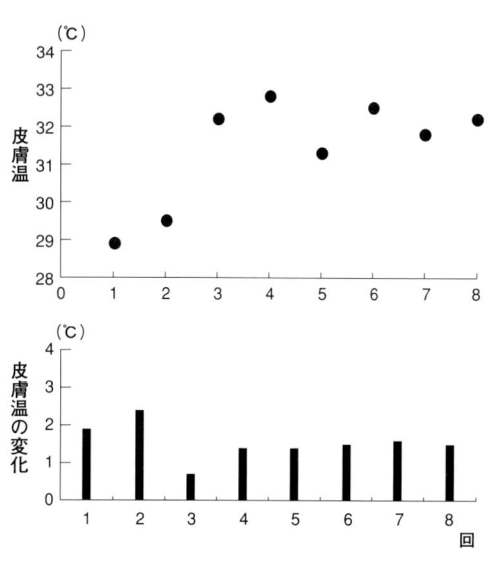

図10-1 皮膚温の変化と平均皮膚温の推移

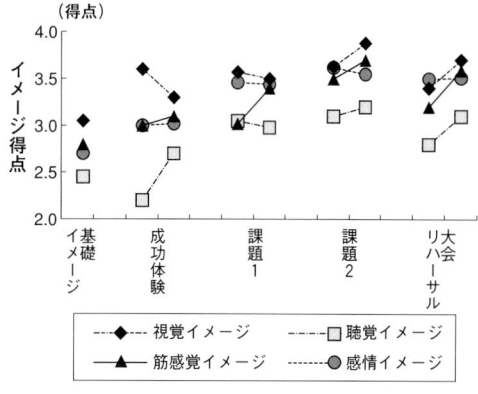

図10-2 イメージ得点の変化

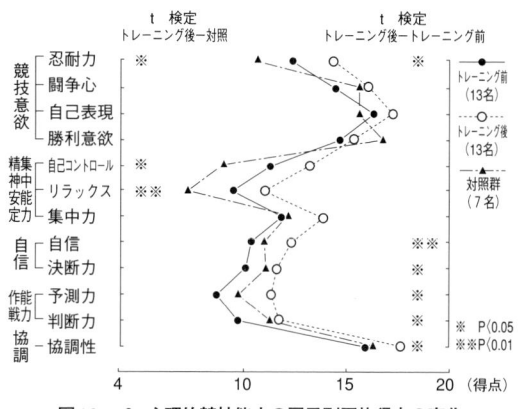

図10-3 心理的競技能力の因子別平均得点の変化

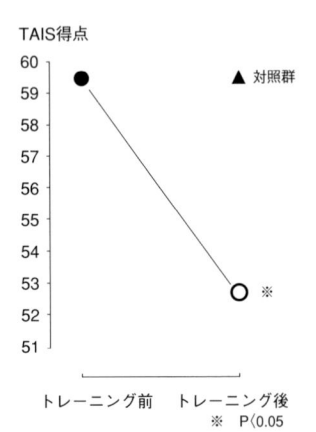

図10-4 TAISの合計得点の変化

(3) 心理的特性への影響

❶心理的競技能力の変化

図10-3はDIPCA尺度得点のトレーニング前後の変化および対照群（メンタルトレーニングのみ参加しなかった弓道部員）との比較である。トレーニング後はすべての得点で上まわっており，忍耐力，自信，決断力，予測力，判断力，協調性で顕著であった。また，対照群との比較においても，勝利志向性を除きすべてトレーニング群が上まわっていた。

❷特性不安の変化

図10-4はTAIS得点の変化を示したものであるが，前後で変化は顕著である。また，対照群と比較してもトレーニング後は低い傾向にあり，不安低減に有効であったと考えられる。

❸内省報告からみた競技への影響

2つの大会の結果は，市内大会が男女共団体3位であったが，目標とした県大会では，女子が決勝トーナメント2回戦へ，男子が18年振りの優勝を遂げ，両者とも昨年までの成績を大きく上まわった。

選手の内省では，「試合場へ入る前，緊張を解くのに役立った」「控えの時，じっとしていると緊張で手足が冷たくなるが，温感訓練をやると温かくなった」「1本目みんなが外れ自分の番になった時，緊張したが，成功するイメージでとてもやる気がでて，スムーズに矢を離せた」「控えに入っている時，落ち着くことができた」「試合中，外れた時，動揺したが，的に当てている姿をイメージして落ち着くことができた」「イメージトレーニングで自分は今日，とても調子が良いと思えるようになった」「大会のリハーサルをやっていたので，ウォームアップから調子が良く，試合の時も自信を持つことができた」などと報告しており，メンタルトレーニングが競技前や競技中の不安や緊張をコントロールし，落ち着いて自信を持った良好な心理状態をつくり出すために有効であったと思われる。

以上，2か月という短期間のトレーニングではあったが，試合場面での不安に対する統制感を獲得すると共に，自信等の心理的競技能力が向上し，実力を発揮するといった成果が表れ，所期の目的が達成されたと考える。今回は2か月といった短期間で，トレーニング回数も10回と少なく，それを補完するためにホームワークを多くとり入れたものの，技法の定着については不十分な面も多い。今後，フォローアップで効用性の維持を確認しながら再契約し継続していくことが必要であると考える。

（岩﨑 健一）

文献

1) 大河内浩人（1986）：バイオフィードバックによる皮膚温制御の研究．行動療法，第12巻第1号，49-61頁．

3 中学柔道選手への指導

キーワード
- TAIS
- DIPCA

最近メンタルトレーニング対象年代の幅が広がり，中学生等ジュニア期におけるメンタルトレーニング実施に関する報告も多くみられるようになってきた。

今回は，その中から，中学生の柔道選手に対して実施した事例を報告する。

1）問題

試合前日から試合のことを考えると実力が発揮できるか不安になり，落ち着かず憂うつになり，気が晴れない。試合当日，試合の時間が近づいてくると不安が増し，そわそわして落ち着きがなく，試合開始のあいさつで相手の顔を見ると不安が高まり，過緊張で顔面蒼白になる。試合が始まっても動きが固くなかなか技をかけることができず，審判より注意を受ける。その内，残り時間も少なくなり，焦って良い結果が得られない。試合後にはいつも実力が発揮できないこんな自分を情けないと思い，なんとか変えられないものかと思っている。

競技前になると，不安が高まり，実力発揮ができなかったが…

2）家族構成，成育環境

教育熱心な父と母，歳の離れた姉2人と本人の5人家族である。2人の姉と歳が離れているせいか，家族全員からとても可愛がられて育っている様子が試合の応援などからうかがえる。

また，父親が柔道家であるため，本人が柔道をすることに対する家族全員の理解も深く，支援体制も良好なものがあるが，それ故に期待感も高いものがみられる。

3）心理評定および行動分析

TAIS（図10−5参照）では，動作緊張傾向，勝敗の認知不安，自信喪失傾向等の因子得点が高く，家族の期待に応えようとして，失敗やミスをすることが心配になり，過度に試合の結果を気にして，リラックスできず，落ち着いた動作ができていない本人の姿がみえる。また，DIPCA（図10−6参照）でもリラックスの尺度得点が顕著に低い値を示している。

4）トレーニングの経過

本人は，こんな自分を改善したいという意欲が高く，両親もトレーニング実施を強く希望し協力的であるため，メンタルトレーニングを行うことにした。トレーニングは7月下旬に開催される県大会を目処に週一回約1時間程度6か

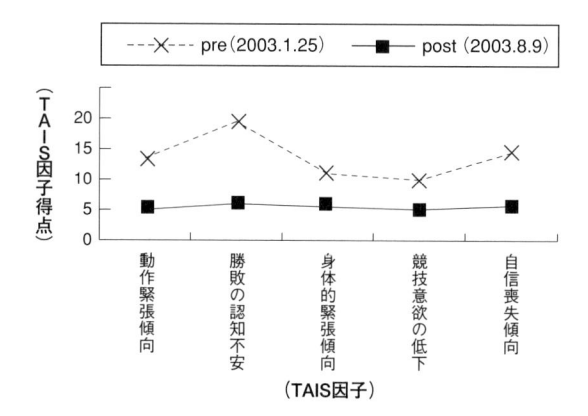

図10−5 ジュニア選手のTAIS（特性不安）得点の変化

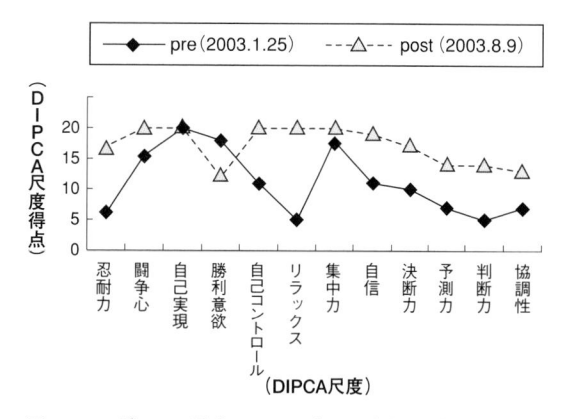

図10−6 ジュニア選手のDIPCA（心理的競技能力）得点の変化

キーワード
● 系統的脱感作法

月で20セッションのプログラムを実施した。トレーニングプログラムは，リラクセーション技法と系統的脱感作法を中心に，イメージトレーニング（主要局面，成功体験，大会のリハーサル），認知の再構成等の内容を併用する形で構成した。

リラクセーション技法は，呼吸法，漸進的弛緩法，自律訓練法を指導し，自宅で毎日訓練することを指示した。第4セッションである程度リラクセーションが習得されたことを確認してから，第5セッションで不安階層表を作成し，イメージ想起と，リラクセーションによる逆制止を繰り返すと共に，主要局面のイメージや認知の再構成で，作戦能力や積極思考向上のトレーニングも併用して実施した。

13セッションが終わった時点で，ローカルの大会があり出場した結果，「試合直前まではリラックスできていたが，試合開始のあいさつで相手の顔を見た途端，不安が高まり緊張で動きが固くなり，技をかけることができず注意を受けて判定負けした」と報告した。

その後，残りの場面の逆制止を繰り返すと共に，成功体験や大会のリハーサルイメージなどで自信と大会の心構えを高めながら目標とした県大会，ブロック大会へ臨んだ。その結果，試合中に良好な心理状態で臨むことができ，実力も十分発揮できて満足感と達成感を感じていることが試合中の心理状態調査からうかがえる。応援へ駆けつけた両親も昨年までの子どもの様子とは全く違って，堂々とかつ積極的に試合に臨んでおり全く別人を見ているようで安心して見ることができたと感想を述べている。

プログラム終了後の振り返りでも，プログラムの中心としたリラクセーション技法や系統的脱感作法が不安解消に有効であり，ルーティンワークを中心とした大会のリハーサルが大会のほどよい緊張感や試合への心がまえをつくるのに有効であったと報告している。

また，心理評定でも課題であったTAISの動作緊張傾向，勝敗の認知不安，自信喪失傾向の因子得点も顕著に減少し，DIPCAのリラックス尺度得点も顕著に上昇し，かつTAIS得点やDIPCA得点も顕著な改善がみられており，特性不安が解消し心理的能力が向上したことを証明している。

振り返りのセッションではこの他，今後の目標設定（長期，短期）と達成への課題（心技体）を取り上げて話し合い，達成へむけて支援を続けていくことを確認して，6か月20回にわたるメンタルトレーニングを終結した。今後，半年後，1年後にフォローアップで効用性の維持を確認していく予定である。

以上が6か月，20回にわたるメンタルトレーニングの経過についての事例報告である。今回は，特定の状況・刺激に対する過剰な恐怖・不安を取り除くために開発された系統的脱感作法をトレーニングの中心に捉えプログラムを構成した。はじめにこの技法がジュニア選手に理解できるか不安はあったが，本人の熱意が強く，拮抗反応としてのリラクセーション技法の習得から不安階層表の作成と順調に進んだ。その後，イメージ想起とリラクセーションによる逆制止を繰り返すことにより，各項目のSUDを漸次引き下げることができ，18回目には全項目のSUDが0に近づいたことを確認した。また，16回目より，目指す大会で落ち着いて試合に臨んでいる場面のイメージリハーサルも併用し

た。その結果目指す大会前には「ある程度の緊張感はあるが，何とか大丈夫」といった統制感を獲得するに至り試合に臨むことができた。結果は，県大会，ブロック大会共に準優勝ではあったが，プレイに対する目標は「十分に達成できた」とし，実力発揮度も県大会が100％，ブロック大会が97％発揮できたと答えており，また内省報告でも「自分の実力を精一杯だせた（県大会）」「リラックスしてとても良かった（ブロック大会）」と報告しており，一応このプログラムは成功したのではないかと考えられる。今回は検査が多過ぎるといった印象を与えないようにするため，プログラム途中での調査をできるだけ少なくするようにした。そのため試合前の状態不安をみることができなかった。今後，簡易化した検査法を用いるなどの工夫をしてプログラムを改良していきたい。

(岩崎 健一)

キーワード
● 目標設定

文献

1) 徳永幹雄・金崎良三・多々納秀雄・橋本公雄 (2003)：競技不安の形成・変容過程と不安解消へのバイオフィードバック適用の効果研究，昭和60年文部省科学研究費研究成果報告書，18-45頁，108-135頁.
2) 徳永幹雄 (2003)：改訂版・ベストプレイへのメンタルトレーニング，大修館書店.
3) 内山喜久雄 (1996)：臨床教育相談学，金子書房.
4) 久野能弘 (1993)：行動療法，ミネルヴァ書房.

4 サッカー選手への指導

チームスポーツであるサッカーにおいては，個人のパフォーマンスを向上させる心理的スキルはもとより，チームワークを向上させるコミュニケーション・スキルが重要となる。ここでは実際にスポーツメンタルトレーニング指導士補1名と学生アシスタント2名が某ユースチームに対して，講習会形式（毎月1回，各2時間）で数年に渡って行ってきたメンタルトレーニングの実践内容を紹介する。毎回のトレーニングでは，これらの内容を組み合わせて，シーズンをとおして多様なメンタルトレーニングを経験できるように計画すると良いだろう。

ユースチームに対する
メンタルトレーニングの効果は？

1) 自己認識のトレーニング

❶ 心理的競技能力診断検査をシーズン前後に行い，自己のメンタルの特徴を理解する。
❷ POMS（気分プロフィール検査）をシーズン中に数回行い，各選手の心理状態を把握すると共に，バーンアウトの予防に努める。
❸ サッカー日誌を毎日つける。記入内容はメンタル面とフィジカル面のコンディション，練習内容，気づいたことや反省・課題，生活面についてであるが，気づいたことは特にその日の練習で良かった点についても記入する。そして，毎週1回，監督もしくはコーチが日誌を読み，コメントを書き込む。
❹ 目標設定用紙に今シーズンの目標（長期目標）と毎月の目標（短期目標）

キーワード
- リラクセーション
- サイキング・アップ
- イメージ
- 集中力
- ポジティブ・シンキング

を記入する。前回の目標設定用紙に反省を記入した後，新しい用紙に記入し，毎日見る所に貼る。

2）自己コントロールのトレーニング

(1) リラクセーション
腹式呼吸，自律訓練法，筋弛緩法，イメージリラクセーション，瞑想などのリラクセーション法を体験させ，自分に合った方法を毎日行うように指導する。

(2) サイキング・アップ
速いテンポの呼吸，"Charge！"や"Power！"などのキューワード，理想の選手や強い動物や精密な機械になったイメージ，アップテンポの音楽などを利用して気分を高める方法を教える。選手1人ひとりの希望に合わせたリラクセーションとサイキング・アップのCDを作成し，日頃から利用するように指導する。

(3) イメージ
まずビデオを利用したイメージトレーニングの方法を教える。海外や国内のプロの試合をカット編集して，同じ場面を3回ずつ繰り返すイメージトレーニング用ビデオを作る。オフェンス編，ディフェンス編，ゴールキーパー編の3本（各20分）を全員で観ながらイメージを描く練習を行う。ビデオは毎日，自由時間にも観るように指導する。また，ビデオを用いないイメージトレーニングとしては，ピークパフォーマンスを発揮している場面のイメージを描く練習を行う。また，強い対戦相手など困難な状況を設定し，その中でピークパフォーマンスを発揮するイメージや，自分たちの調子が悪い中でも，その時にできることに集中してプレイするコーピングイメージを描く練習を行う。

(4) 集中力
試合前に行うルーティン（毎回決まった順序で行う行動）やペナルティキックなどの前に行うルーティンを確立する。また，試合会場に行ったらフォーカルポイントを決め，プレイに集中できなくなったらプレイが中断した時にそこに視線を合わせるように指導する。フォーカルポイントは，近くにある建物のアンテナや手に書いた文字など，常に見ることができるものにする。

(5) ポジティブ・シンキング
まずネガティブな行動をポジティブな行動に修正するトレーニングを行う。ポジティブな表情やジェスチャーを作る練習を行ったり，わざとネガティブもしくはポジティブに振る舞う練習セッションを設けたりして，ポジティブな行動が心理面にもプレイにも良い影響を及ぼすことを理解させる。次に，論理療法を応用したグループディスカッションを行い，ネガティブな感情の元になる非論理的信念を打ち消すように努める。たとえば，「自分は絶対にすべての人から好かれなければならない」や「この試合で負けたらそのつらさに耐えられない」などが，いかに現実に合わない考え方（非論理的信念）であるかについてディスカッションを行い，考え方を変革していく。

3）その他のトレーニング
以下のトレーニングは，グループでの活動や全体での発表をとおして，コミュニケーション・スキルを向上させ，チームワークを高める効果も持つ。

(1) チームスローガンの作成

チームのスローガンを個人やグループごとに考え，発表し合い，チーム全体のスローガンを決定する。また，チームスローガンをデザインしたポスターやシールなどを作成する。

(2) 自分のサッカー人生物語

過去から未来までの自分のサッカー人生を物語として作成し，グループや全体での発表を行う。サッカーに対する思いや夢を語ることによって相互理解が深まり，自分のやる気も向上する。

(3) ロールプレイによるペップトーク

監督やキャプテンになりきって，試合前のペップトーク（チームの志気を高める言葉）を話すことを演じる。チームを動かす者の視点に自分自身を置くことによって，自分が果たす役割も明確に見えてくる。

(4) 認知的トレーニング

プロなどの試合のビデオを途中で止め，その後，各プレイヤーがどのように動くべきかについてグループディスカッションを行い，最後にグループで出された意見を全体で発表する。多様な場面について，このプロセスを繰り返し，お互いに考えている戦術やアイデアを知り，チームの作戦についての意思統一を行う効果を持つ。

(5) 内観療法

内観療法の簡略法として，目を閉じて静かに座り，ある人物（たとえば母親，監督，チームメイト）に対して「してもらったこと」「して返したこと」「迷惑をかけたこと」について思い出す。自分がどのようなサポートを受けてきたのかについて考え直すことによって，感謝の気持ちを持ったり，やる気を高めたりするという効果を持つ。

(6) アドバイスシート

最近悩んでいることや不安に思っていることをアドバイスシートに書き出し，それに対して2名のチームメイトがアドバイスを書き込み，本人に返す。グループで発表し，他のチームメイトからのアドバイスも貰う。お互いに悩みを知ったり，アドバイスを与えたりすることをとおして，チームメイト同士の意思疎通が促進される。

上記の内容を包括パッケージとしてメンタルトレーニングを行った場合，多様な心理的スキルの向上が効果として認められるが，パフォーマンスにおいても，これらの内容を継続して行った某チームは，全日本クラブユース選手権優勝，全日本ユース選手権優勝，Jユースカップ優勝などの輝かしい戦績を残している。

（関矢 寛史）

キーワード
- チームスローガン
- ロールプレイ
- 認知的トレーニング
- 内観療法

5 バスケットボール選手への指導

心理的スキルトレーニング（psychological skill training：以下PSTと略記）の目的は，スポーツ選手が試合場面で最高の能力を発揮できるように技能や体力と同様に心理的にもトレーニングを行い，やる気などの精神力を高め，

キーワード
- 心理的スキルトレーニング
- PSTパッケージ
- イメージトレーニング

大学選手への長期的メンタルトレーニングの効果は？

自分で自分をコントロールできるようにすることにある。PSTにおいては各競技種目の特性を考慮したプログラムの開発が必要不可欠であり，これまでにバスケットボール競技を対象としてPSTに関する一連の基礎的な研究を行ってきた。ここでは，大学バスケットボール選手を対象とした長期的なPSTの実施がパフォーマンスの向上に及ぼす影響について検討すると共に，効用性の高いPSTパッケージを開発するための基礎資料を提供することを目的とした。

1）方法

(1) 対象
K大学バスケットボール選手（男子：24名，女子：10名）

(2) 実施期間
200X年度4月上旬～12月上旬までの約9か月

(3) 心理的スキルトレーニング（PST）の内容と実施方法
男子選手には，前半（8月下旬～10月下旬）はビデオテープ（VTR）と日本体育協会スポーツ科学委員会メンタルマネジメント班（松田ほか）が作成したカセットテープを，後半（10月下旬～11月中旬）はVTRを利用したPST（主にイメージトレーニング）を実施した。オフェンスの動きにディフェンスをつけてスクリメージ（5 on 5）している様子を体育館の天井に設置したビデオカメラから撮影することで，オフェンスとディフェンスの距離間隔，各選手の全体的な位置関係についての理解が容易になり，一連の動きのイメージを可能にした（図10－7参照）。女子選手には，目標設定，リラクセーション，コンセントレーション，イメージトレーニング，セルフトークの5セッションで構成したPSTパッケージ（表10－1）を実施した。

(4) データ収集
❶心理検査：男子選手へのPSTではPPI（Psychological Performance Inventory）およびPOMS（Profile of Mood States）を，女子選手へのPSTではYG（矢田部・ギルフォード）性格検査，POMS, PPI，心理的競技能力診断検査（DIPCA.2）を定期的に実施した。

❷フォーメーションテスト：男子選手における後半のPSTでは，コートが印刷された記録用紙を配布し，オフェンス・フォーメーション・プレイについて選手やボールの動きを記号で記入，再現させた。その際，プレイの詳細について自由記述させ，フォーメーション・プレイに対する理解の程度を調査した。

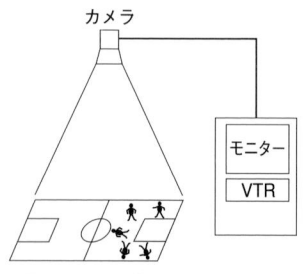

図10－7 天井からの動きの影響

表10－1 PSTパッケージ（女子）

セッション		内　容
1	目標設定	競技への目標設定（長期・中期・短期目標） 自己分析（YG性格検査，心理検査，大会分析，面接，コンディショニングチェック）
2	リラクセーション	瞑想，呼吸法（深呼吸法）
3	コンセントレーション	グリットエクササイズ
4	イメージトレーニング	カセットテープ，VTRの利用
5	セルフトーク	積極的思考，自己暗示トレーニング

❸内省報告：心理状態や内的変化を詳細に把握するため，男子選手・女子選手共に内省報告を使用した。

(5) 分析方法

フォーメーションテスト（主に男子選手）および内省報告から理解の程度を分析し，心理検査結果との関連性を追跡した。また，男女共に内省報告を使用し，各選手の内的変化にも焦点を当ててPSTの効果について分析した。

キーワード
- フォーメーションテスト
- センタリング

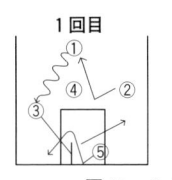

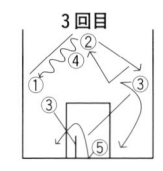

図10-8 フォーメーションテスト結果

2）結果

(1) 男子選手へのPST（主にフォーメーションのイメージトレーニングの結果）

ウィビングの3番という新しいフォーメーションを採用し，身体練習のみでは習得に長時間を要し，試合場面でのミスも多く見受けられたため，イメージトレーニングを加えることによってテストの結果およびイメージの視覚化がどのように変化するかを観察した（図10-8参照）。テストは夏季合宿初日（1回目），学生選手権地区大会予選後（2回目），学生選手権後（3回目）に実施した3回を選択した。

ガード選手の結果から，1回目ではチーム全体の基本的な動きは把握しているものの，「パスのスピードに気をつける」，「1on1の強い人を選んで勝負する」などのガードがなすべき自分を中心としたプレイへの気づきが観察され，チームメイトへの細かな配慮はあまりみられない。同様のことがフォワードやセンターの選手についても観察されており，チーム全体として自分の周辺に対して注意を集中するソフトセンタリングの能力が不十分であった。このような状況ではバスケットボールに要求される時間的・空間的なタイミングを合わせることは困難であると思われる。2回目では「勝負する③が⑤の反対側のポジションに位置する時にコールする」，「③④⑤でリバウンドポジションを確実に占め，①②はセーフティーの位置にあがる」などの報告が得られたことから，ソフトセンタリングの向上と，視覚化された多くの情報への気づきの増加が推察される。3回目になると「③はポップアウトのタイミングを計るようにする」などのより実践的な気づきの増加がみられた。基本的な動きはすでに自動化されているため，注意の集中は実践場面でいかにより良いプレイを選択し利用することが効果的であるかという点に向けられている。技術上位群には，成功モデルと失敗モデルのVTR提示を加えたこともあり，イメージトレーニングにより知覚痕跡の強化やエラーの分析がなされ，選手の心の気づきが増加したためと推察される。

PPIにおいてはPre-Testとその後のテスト結果を比較すると，Post-Testでは「判断力」「実力発揮」「不安耐性」「集中力」「闘争心」「協調性」「心構え」「イメージ力」の8因子が，Retention-Testでは「判断力」「実力発揮」「イメージ力」の3因子に向上が

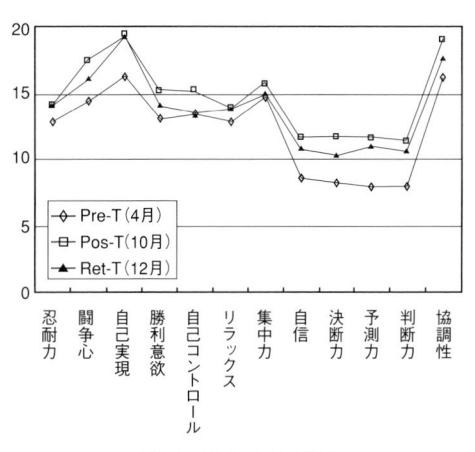

図10-9 DIPCA.2結果

キーワード
- 心理的サポート
- メンタルアドバイザー

みられた。イメージトレーニングの実施は「実力発揮」「イメージ力」の向上に効果を及ぼし，試合中の「判断力」にも有効であると考えられた。

(2) 女子選手へのPST

心理的競技能力の診断のために実施したDIPCA.2（図10-9参照），PPIでは，PST実施前の4月に比べ10月にはほぼすべての因子に向上が見られた。DIPCA.2では「闘争心」「自己実現意欲」「自信」「決断力」「予測力」「判断力」「協調性」の因子において，PPIでは「自信」「意欲」「積極性」「心構え」の因子において効果がみられた。しかし，DIPCA.2では「自己コントロール」「リラックス」「集中力」の因子については効果がみられなかった。これらの因子は【精神の安定・集中】の要素に属すため，リラクセーションおよび集中力トレーニングの改善が必要であると考えられた。またRetention-Testでは両検査共に得点の向上はみられなかった。このことは，大会が終了し，オフ期間に入ったことから選手の競技に対する意識が低下したためだと考えられる。心理的コンディショニングの把握のために実施したPOMSについてもDIPCA.2，PPIと同様に，すべての因子において得点の向上がみられた。12月のRetention-Testでは「活動性」のT-Scoreがさらに向上し，「緊張」「抑うつ」「怒り」「疲労」「情緒混乱」の低い良好な結果を表していたが，すべての因子に有意な差は認められなかった。しかし，定期的に実施することで選手の通時的なコンディショニングを把握することができ，それをもとに面接による心理的支援や練習内容の改善，休養などのコンディション調整を図ることができる。

今回のPSTでは，主に心理検査やVTRによってイメージトレーニングの効果を評価したが，今後はPSTパッケージの改善と，選手個人の内面の心理的変容をさらに掘り下げて把握するために質的な研究の導入などが課題であろう。

（石村　宇佐一）

6 バレーボール選手への指導：
日本代表バレーボールチームに密着した心理的サポート

1）競技力向上と心理的サポート

競技力向上と関連した近年のスポーツ心理学に関する関心は，1985年日本体育協会に設置された「メンタルマネジメント研究班」に端を発していることは周知のことであろう。それ以後すでに20年以上が経過しているが，幸いなことに筆者は，この研究班への参画を含めこれまでスポーツ心理学の諸理論を生かした心理的サポートに関わる機会，それも日本代表チームといった直接的に競技力向上を目指したフィールドに身を置く機会に恵まれ，試行錯誤しながらも現在に至るまでサポート活動を続けてくることができた。そこで，ここでは筆者のこれまでの特に日本代表バレーボールチームにおけるメンタルアドバイザーとしての実践内容を踏まえ，今後の心理的サポート活動のあり方について検討する。

2）心理的サポート活動を行う際の基本的立場

　筆者は，広義ではあるが心理的サポートを「コンサルテーション（Consultation）」という範疇で行っていると基本的には考えている。コンサルテーションとは，様々な辞典等を参照すると，相談，協議，診察等の意とされている。さらに，「相談」とは，自分自身のことや周囲の問題について専門家の助言，指導を求めることを言うが，カウンセリングと同義に用いられることもあるとも定義されており，時として臨床的アプローチであるカウンセリングと混交する場合もある。しかし，田中（2000）によると，コンサルテーションは，パフォーマンスを向上させるために採用される心理学的介入法の中で最も統合的な方法であり，クライエントには選手のみならず，コーチや監督等の指導者や組織のスタッフ，両親等が含まれると捉えられている。また，問題を抱える選手とコンサルタントの1対1の関係だけではなく，指導者やスタッフを交えた共同作業の上に成り立つものであり，かなり汎用的にも考えられている。このように整理してみると，コンサルテーションは，ある意味教育的アプローチと考えることができ，競技力向上のための心理的スキルを身につけ（メンタルスキルトレーニング），選手個人のパフォーマンスが十分に発揮できるように補佐することを目的とすると見なされよう。そのためには，次に示す啓発的活動や個人面談等によって心理的スキルの指導のみならず最終的には選手個人の全人的な成長を期待しての対応も含んでいる。そして，それらの成長が最終的にチーム力として反映されるものと考えている。

キーワード
- コンサルテーション
- メンタルマネジメント
- リラクセーションテクニック
- イメージトレーニング
- マスコミコントロール

練習後のリラクセーション＆イメージングの実際

3）心理的サポート活動の主な内容

(1) メンタルマネジメントに関する啓発的活動

　チーム全体としてメンタルマネジメントに関する知識・理解を深めるために資料を配付すると共に，ミーティング時等を利用して資料に基づく講話および実習を行う必要がある。すなわち教育的コンサルテーションである。具体的には以下のような内容を含むことに配慮した。右の写真は，練習時におけるリラクセーションやイメージングに関する実際の指導風景である。

① リラクセーションテクニック（ルーティンなども含む）
② 集中力（視線のコントロールなど）
③ イメージトレーニング
④ マスコミコントロール（インタビューを含めてマスコミへの対応法）
⑤ その他（自己のコントロールの可否の認識など）

(2) 心理的諸問題に関するコンサルタント活動：個人面談（狭義のコンサルテーション）

　心理的サポート活動の骨幹をなすものと捉えており，個人的な面談を行い（カウンセリングマインドを持ちながら）何か問題や気になることがあったら，選手と共に考え解決の糸口を探ろうとすることを大前提として，個人の心理的状態把握，ストレス事項の確認，心理的諸技術の発揮法のアドバイス等のメンタルマネジメントに関するコンサルテーションを行う。これは認知行動的コンサルテーションと考えられ，具体的には以下の対応をした。

① 基礎調査票の記入，記録票の利用。

> **キーワード**
> ● アセスメント
> ● 練習ノート
> ● チーム・ビルディング

❷ 時間を指定して選手全員と面談。
❸ 必要な内容に関しては監督にのみ報告・相談。

このようにチームであっても，最終的には選手は1人ひとり異なる訳であり個人々々に対応することが必要である。従って，状況に応じてはEメールの利用も有効である。たとえば，筆者は2000年シドニーオリンピック時にビーチバレーボール女子代表チームをサポートしたが，合宿，試合のほとんどが海外であったのでEメールを介してのサポートしか方法がなかった。しかし，それでも彼女たちが自分で自分のことを真剣に考えている姿，もっと向上したいという意欲等の変容は伝わってきた。さらに，常に2人で行動していた訳だが両者間に何らかの違和感が生じた時に相談するという判断力，与えられたアドバイスに素直に反応するという柔軟性も育っていった。彼女たちは最終的にはシドニーオリンピック4位に入賞でき，心理的サポート活動が彼女たちの最後まで崩れることのなかったチームワークや闘争心の構築・維持にわずかでも貢献できたことは幸いであった。

（3）心理的コンディションの把握

サポート活動時の選手の心理的コンディションの把握や具体的サポートのための資料を得ることは，サポート活動の形成的評価の観点からも必要とされる。

❶ 心理テストを用いたアセスメント

SMI，PCI，DIPCA等の心理テストを活用することも有効である。基本的には採点後直ちにその時点での心理的コンディション等を含めた面談を行い，迅速なフィードバックを行うことが肝要である。

❷ 練習ノートの活用

練習ノートの記入を習慣化させるには監督，コーチ等の意見を聴取しながら，選手の実情を踏まえた記入内容を工夫する必要がある。また，練習ノートの分量は，合宿・海外遠征を含め競技シーズンすべてをカバーできるような考慮も要する。競技によって必要とされる内容には若干の相違があるとは思われるが，含まれる内容としては大別すると身体的コンディション，心理的コンディション，今日の練習を振り返っての3つのセクションが考えられる。

（4）チーム・ビルディングの試み

日本代表男子バレーボールチームのように，Vリーグなど様々なチームからの選抜メンバーで構成される場合，個々の選手および指導スタッフ間の意思疎通を如何に図るかが重要な課題となる。そこで，日本代表男子バレーボールチームでは第1次合宿初日から研修形式でのミーティングを数日間に渡って行った。これはチーム・ビルディングの手法を用いた集中的トレーニングであり，選手各自が自分の思いのままを遠慮や飾りなく本音でぶつけ合うことによって，よりチームの心理的結束を固めようというものであった。ここでは朝から夜までびっしりと自己を振り返るためのデスクワークやプレゼンテーションが計画されており，選手にとってはただ座って聞いているだけというものではないので，結構精神的作業でしぼられはしたが，チームのコミュニケーションが格段に向上したことは各選手が自覚しているところであった（**左の写真**）。また，単発的だと選手の自覚も低下することが懸念されるので，その後の合宿時においても選手個人による目標設定・自己の役割分析等選手個人のプレゼンテーションとそれを聴いた他の選手の気持ちを文章にして直接発表者にフィード

**チーム・ビルディング：
自分を確認する！**

バックするためのプレゼントカードの進呈も機会を見て計画した。これらの継続的フォローアップによって更なる選手間の相互理解と自己理解の促進，チーム全体の目標の方向性の確認，チームメンバー各自の役割認識の促進等を図ることができ，チームの技術的はもちろんのこと心理的な結束の強化に大きく貢献できた。

（5） その他，必要と思われる活動

監督，コーチ等のスタッフもナショナルチームとしての勝利を義務づけられている以上様々なストレス下にあることは言うまでもない。そこでスタッフ間，スタッフ－選手間の心理的調整，さらにはスタッフ自身のストレス低減に関わる心理的サポートもメンタルアドバイザーとしての重要な責務と考えられる。また，選手の心理状態の反映として表出する練習時・試合時における選手の行動を分析し，メンタルマネジメントの観点から改善が必要とされるような行動・態度に対しては適切な指導を行うことも必要な活動であろう。

(遠藤 俊郎)

キーワード
- コミュニケーション
- 目標設定
- モチベーション

カードを読んで発表者に手渡す

文献

1) 遠藤俊郎（2003）：競技団体（チーム）に密着した心理的サポート．日本スポーツ心理学会第30回記念大会号，10-11頁．
2) 竹中晃二（1993）：POMS短縮版及び応用版の検討．日本スポーツ心理学会第20回大会研究発表抄録集資料．
3) 田中まり子（2000）：「コンサルテーションとカウンセリング」．上田雅夫編，スポーツ心理学ハンドブック，実務教育出版．
4) 依田 新監（1979）：新・教育心理学事典，金子書房．

7 野球選手への指導

現場での交流の中で，感じたこと，気づいたこと，一流選手，指導者に学んだこと，役に立った応用，実践例などを紹介していきたい。

1）目的と目標設定

最初に気をつける点は，まず観察し，現況を把握した上で，人格を尊重し，選手，指導者とのコミュニケーションを図り，指導できる許容範囲の役割分担を行い，やりたいことやニーズを，素直に伝え合い，お互い何をどうやっていくかの理念をハッキリさせるということである。そのためのスタートが，やる気を出すことであり，モチベーションを高めることが前提になってくる。すぐに，現在の状況（DIPCA.3などで自己分析）を理解した上で，個人とチームの目的と目標設定を明確にする必要がある。目的は，毎日の質の高い練習量を目指し，いかにゲームをイメージ（状況設定）し，細かく試合のような練習を行えるか？と，もう1つは，それをいかに試合で応用し，100％実力発揮できるか？にポイントが置かれる。野球は，他に比べて，「間」の多い競技であり，心理的側面に大きく左右される部分がある。

日本人選手もメジャーリーグで大活躍している裏では，新しいものに常に挑戦し続ける目的意識と目標設定がメンタル面を大きく支えている。彼らの共通

キーワード
● リセット

図10-10 自分の心（今何色？）チェック（深呼吸）できていますか？

一点集中法，深呼吸し，自分自身とボールに内的外的集中する

捕手の内的イメージ写真
打者としてのイメージにも生かせる

点は，チーム目標（優勝など），個人目標（タイトルなど）という結果目標と，もっとうまくなりたい強くなりたいという熟達目標を持ち，そのためにはどうしたらいいかの逆算，いわゆるプロセス目標をいつも意識して持ち，やるべきことを明確にして行動し続けている点にある。また，あるメジャーリーガーは，バーンアウトしたことを予測し，競技目標と同時に人生の目標（将来のライフスタイル）も掲げている。また，結婚式，引退披露パーティー，葬式などでどう紹介されたいかやロジックツリー（問題発見とその解決策を具体化する手法，理念，方針，指針を明確にし，モレを防ぐ）という方法で成功している例も沢山ある。

2) 投手における実践例

　成功しているメジャーリーグのある投手は，今できることにすべてを集中し，全力を尽くしている。夢を逆算しての手前目標を重視し，そのため，いつチャンスがきてもいいように常に普段からセルフコントロール能力を磨いている。たとえば，帽子をとってリラックス，かぶって集中，ドアをたたいてサイキング・アップ，ボールに対してのセルフトーク（自己暗示），首を振って邪念を捨てる，ミットへの一点集中法，投球前大きくリラックスしてワン・ブレス（1呼吸），投げる直前小さな呼吸して集中しツー・ブレス（2呼吸）という方法をルーティン化し，うまくいくパターンとして使っている。また，打たれた時は，自分自身のカッカした気持ちを落ち着かせるために，リラックス点を作り，旗などを見たり，牽制球で間合いをとったり，集中点をあえて作っておき，それを見れば自己暗示として利用できる方法を活用している。

3) 野手における実践例

　野手として必要なことは，とにかくいかに気持ちよく，投げ，打ち，守り，走れるかである。野球は，チームスポーツであり，チームがトータルで勝てばいいのである。また，野球とは，ミスとの闘いでもある。良くも悪くもプレイボールからゲームセットまで，済んだことは忘れ，引きずることなく，リセットし，気持ちを切り替え，常に結果を気にすることなく，次，次というポジティブシンキングが持ち続けられるかである。投，打，守，走いずれかで貢献できればよしである。勝つために何ができるか？何をなすべきか？をいかにイメージし練習，試合ができるかである。勝つための良いイメージ作り，究極を言えば，毎日，9回2アウト満塁，カウント2ストライク3ボール，一打サヨナラの場面での投，打，守，走をいつもイメージし，それぞれの状況で，いかに力を発揮できるか？の反復実践練習である。いざという時に慌てなくてすむように，試合のための予測できる，あらゆる心理的準備を怠らないことである。また，ヘップトーク（かけて欲しい言葉）をあらかじめ聴いておき，「大丈夫，きっとできる」「やればできる」「必ずできる」というプラシーボ効果やコミュニケーション作りも選手同士，指導者共に重要な部分である。最高の自分（ファインプレイ，ヒットなど）と最悪の自分（エラー，三振など）とリセット（0の状態）をイメージして，練習や試合に臨むのがよい。良いイメージ，悪いイメージ，修正の3つのイメージを大切に，色々な状況設定を先読みして，采配をする。これは，経験上，練習時からやっておかねば試合で簡単にできな

いことの1つである．また，現場の指導者として，時には厳しく，優しく，冷静に，面白く（エゴグラムを考慮し），教え，沢山の引き出しから，我慢して，選手に選択させる自由を持たせる寛容さ，余裕（選手から意見や相談，要望を訊くこと，耳を傾けること）も必要な部分である．

キーワード
● 心作り
● テニス選手

4）心作り指導

野球人である前に，良き人格者，人間でありたい．敵は自分であり，答えは自分自身の中にある．自立型・自律型人間としてやるべきことが，いつも実践できるようにしてほしい．心は体が動かし，心理的側面が大きく左右する，だからこそメンタルトレーニングが必要不可欠になってくる．そこで，心を使えるか（メンタルトレーニングの目標設定，イメージなど）？ 心をきれいにしているか（掃除，感謝，奉仕など）？ 心を強くしているか（毎日の小さな継続など）？ 心を整理しているか（日誌，会話，リセットなど）？ 心を広めているか（共有，価値観向上など）？，など，いつも自問自答し，主体変容し，チェックしてみることが競技力向上につながる重要な要素である．

(田口 耕二)

文献

1) 田口耕二 (1997)：メンタル野球への挑戦，ベースボールマガジン社．
2) ケン・ラビザ，トム・ヘンソン著，高妻容一・田口耕二ほか共訳 (1997)：大リーグのメンタルトレーニング，ベースボールマガジン社．
3) 田口耕二 (2004)：スポーツ指導と心，私の心づくり指導とは，コーチングクリニック3月号，20-23頁，ベースボールマガジン社．
4) 原田隆史 (2003)：本気の教育でなければ子供は変わらない，旺文社．

8 テニス選手への指導

テニスは心理的な面からみても非常に難しいスポーツである．その理由として，連続的にプレイが行われるスポーツと異なり断続的にプレイされること，1試合で素早い判断と決断が何度も要求されること，気象条件やコートサーフェースといったプレイに影響を及ぼす外的条件が多いことなどがあげられるだろう．そこで今回は，心理面が重要視されているテニス選手に心理サポートを直接行った実践例を報告し，その効果と限界について言及する．

1）要請の経緯と対象者

心理サポートの要請は，テニス部の顧問をしているT先生からあった．当初の依頼は，「夏の大会に向けて，テニスの技術面の指導と並行して，各選手の精神面の強化をしてくれませんか？」ということが主な内容であった．こちらの意向・条件をチームに伝え，心理テストのフィードバックとメンタルトレーニングの講義をやって貰いたいということだったので，実施するにいたった．

対象は，K高校テニス部に所属する選手6名で，競技経験年数は3〜8年である．また，心理サポートの実施期間は200X年5月20日〜8月5日までの計

テニスは心の格闘技でもある．
そのためには…

> **キーワード**
> ●アセスメント
> ●目標設定
> ●自己分析
> ●リラックス法
> ●基礎イメージ
> ●ピークパフォーマンスのイメージ

コート表面の違いによっても戦術が変わる
（アンツーカーコートの全仏オープン大会，於 ローランギャロス）

13回で，毎週約１回のペースで実施し，必要に応じて個人面談を行った。本稿では，主に講習会形式の心理サポートについて報告する。

２）心理サポートの実施内容

セッション１　アセスメント
　最初に，メンタルトレーニングの動機づけを高めるために，メンタルトレーニングの必要性について説明した。また，選手自身のメンタル面の課題や問題点を訊いた。すると，「試合で緊張して自分の力がだせない」「ミスした時に気持ちの切り替えができない」という声が聞かれた。次に，今後の試合までの日程を確認し，心理的競技能力診断検査を行った。その後，すぐに集計し，結果のフィードバックを行い，検査の有効性について説明した。

セッション２　目標設定
　効果的な目標設定の方法を説明した後，200X年７月に行われる試合までの毎週の目標を設定させた。目標は「大会で優勝する」といった結果目標と，そのためにどのようなプレイをするかについてのプレイ目標について目標設定用紙に記入させた。また，筆者が各選手の目標をチェックし，目標設定の方法や内容に関してアドバイスを行った後，選手は目標の修正や変更を行った。

セッション３　自己分析
　過去の試合を振り返って，「最高に調子が良かった時と悪かった時」それぞれの心と体の状態を記述させた。また，それらを比較し，調子が良かった原因や理由について考える作業を行った。

セッション４～５　リラクセーション技法
　選手が試合場面で，特に強調していたのは，試合前や試合中の緊張のためにうまく実力が発揮できないということであった。そのため，リラクセーション技法として，呼吸法，自律訓練法，筋弛緩法を紹介し，実施した。また，選手にはこれらの技法のうち，自分に合ったものを毎日行うように指導した。

セッション６～７　基礎イメージ
　初めから複雑な運動場面や心理状態を描くのは困難である。従って，イメージを鮮明に描かせるために基礎イメージから行った。基礎イメージは，以下の流れで行った。
　「まず目を閉じて大きく深呼吸してみましょう。それでは初めにラケットを思い浮かべてください。あなたが普段練習で使っているラケットです。それはどんな色をしていますか？ガットの状態はどうですか？できるだけ詳しく思い出してみましょう。こんどはあなたがいつも練習しているコートをイメージしてみましょう。」
　次に，コートで走ったり，ボールを打っているイメージ場面を設定させ，呼吸のリズム，グリップの感触，足の動き，音を感じながら実際にプレイしているようにイメージすることを指導した。

セッション８　ピークパフォーマンスのイメージ
　今まで出場した試合の中で最も調子が良かった時の，試合の日の朝起きてから試合終了までの一日を振り返り，その時の心と体の状態をイメージした。朝起きた時の爽快な目覚めや，何か起こりそうな予感，試合会場に到着した時の意欲の高まり，ウォーミングアップ時の身体の動き，試合前の自信の高まりと

挑戦的な気持ち，競った場面での粘り強さ，勝った後の充実感や満足感など一日のハイライト場面をなるべく細かく思い出して貰った。

セッション9　地区大会前の最後のセッション

この回は，地区大会前の最後のセッションになるため，試合を想定したイメージトレーニング，ルーティンやセルフトークの確認を行った。特に，当日の会場や行動過程，起こりうるトラブルなど事前に調査検討し，当日の朝起きてから試合終了までの体や心の状態を詳しくイメージした。また，試合中のポイント間は見るところを決める（ガットをみるなど），ミスした時こそ自信があるようなしぐさをする（顔をあげる，ラケットヘッドをあげるなど），サーブ前のルーティンなど試合で使えるような技法を確認した。これらの内容は試合前の心理的な準備をする上で，非常に有効なものであった。

セッション10　地区大会直後のセッション

地区大会終了後，初めてのセッションであった。試合の結果は，団体戦が優勝，個人戦のシングルス，ダブルス共に準優勝であった。選手に試合についての内容を尋ねると，「試合の最初は若干緊張したが，程よい緊張感だった。試合前の練習もセルフトークを使い「調子が良い」とつぶやいた。また，ミスした時にラケットヘッドをあげ，顔をあげることで，気持ちの切り替えがうまくできたと思う。試合内容もイメージどおりとはいかないまでも，それに近いプレイができた。」と報告している。

セッション11〜13

セッション11〜13は，全国大会前ということもあり，引き続き心理サポートを行った。主に行った内容は，全国大会に向けての目標設定，全国大会でのプレイ目標，筋弛緩法，イメージトレーニングであった。

セッション14　全国大会終了後のセッション

全国大会の結果は，団体戦および個人戦シングルスが初戦で敗退したものの，個人戦ダブルスでは見事に優勝を果たした。特に決勝戦では，地区大会で負けている相手に大接戦の末，逆転勝ちをおさめることができた。優勝したA選手にメンタルトレーニングの効果について訊いた。「セルフトークがとても役に立ち，気持ちがのってきてすごく自信が持てた。気持ちの切り替えもうまくできるようになったと思う。」と述べた。

まとめ

今回の心理サポートは，約2か月半の間必要に応じて個人面談は行ったものの，基本的には講習会形式で行われた。集団で行う際にはどちらかというと心理的技法の一方的な指導が中心のため，技法の習熟，トレーニングの継続，競技場面の応用などにおいておのずと限界が生じてくる。従って，よりメンタルトレーニングの効果を高めるには1対1のカウンセリング方式で行う方法が望まれる。また，メンタルトレーニングの必要性を認めていても多くの選手が即効的な効果を期待している。そのため，メンタルトレーニングの効果が現れるには時間がかかること，心理サポートがどのような見通しで今後行われるのかなど可能な範囲で選手に伝える必要があるといえる。

（村上　貴聡）

キーワード
- カウンセリング
- カウンセラー

9 カウンセリングを中心とした指導

1）カウンセラーに求められる態度

　カウンセリングとは，悩みや問題を抱えて相談に訪れた人（クライエント）の人格的成長や行動変容を目指すものである。そこでは，クライエントが語ることを傾聴するカウンセラーの態度によって，彼らの人格的成長や行動変容の過程が促進され，悩みや問題の解決が期待されるのである。

　カウンセリングの中でカウンセラーに求められる3つの基本的態度に，無条件の積極的関心（unconditioned positive regard），共感的理解（empathic understanding），純粋性（genuineness）がある（ロジャーズ，1966）。それは，クライエントが語ることを受容的・共感的に聴き，同時にカウンセラー自身が考え，感じたことを尊重しようという態度である。あらかじめ話してもらう範囲や内容が決めるのではなく，クライエントが語る心の世界を尊重し，その世界を共有できるように聴いていこうという態度である。そういった態度で傾聴するカウンセラーの存在によってクライエントの成長や行動変容がもたらされるのである。そのために，カウンセリングを中心とした介入指導を行おうとするならば，これらの3つの基本的態度を身につけるべく訓練を受けなければならない。

2）競技スポーツとカウンセリング

　競技スポーツを継続することは，その場が勝ち負け，出来不出来が明確な状況であるため，通常では表れない心理的問題が表面化しやすい状況に置かれている，ということである。それは，たとえば，あがり，本番に弱い，スランプなどの競技行動上の問題となって示される。それは通常，乗り越えるべき課題として捉えられ，指導者，チームメイト，親などに支えられながら，乗り越えて行くことが多いだろう。時には選手を心理面から支える専門家としてのメンタルトレーニング指導士やスポーツカウンセラーに援助を求めることもあるだろう。

　選手が競技行動上の問題の解決のためにカウンセリングを中心とした介入指導を求めてきた時，彼らの人格的な成長と行動変容を念頭に心理サポートを実施し，その結果として競技力向上を期待する，ということになる。この時のカウンセリング技法にある程度の原則はあっても，厳密に定式化された方法があるわけではなく，選手の可能性に注目しながら，彼らの語ることをひたすら傾聴することになる。

　また，競技行動上の問題によって競技の遂行が困難になるほどになったとしても，実際にそれを断念させることは慎重にしなければならない。競技が生活上の支えとなっている時，その支えを取り去ることは，もっと重篤な問題を生じさせることにつながると考えられるからである。競技の遂行は最優先させるべきことである。まして，心理的問題が競技遂行上のエネルギーになっていることも考えられるから尚更である。

3）見立ての必要性

　スポーツ選手が競技行動上の悩みや問題で来談した時，すぐに介入指導するのではなく，まず初めに選手に面接し，彼らが介入指導に求めるもの，選手の競技遂行上で実際に問題となっていること，通常の競技上での様子などを聴き取ることが必要である。そして，その選手がどのようなパーソナリティか，競技上の問題となっていることの背景は何か，適切な援助や介入の方法は何か，どれくらいの期間介入指導が必要かなどを「見立て」ることが必要である。つまり，介入指導の見通しをたてておくことが必要なのである。

4）傾聴する時の留意点

　選手が語ることを聴き取る時には，彼らが語る表面上の言葉のみに捉われるべきでない。じっくり話を聴いていると，実は表面上で語っていることとは異なる問題についての相談であるということがわかる時がある。たとえば，競技で実力発揮が困難であるためにメンタルトレーニング技法の指導を表面上求めてきた場合に，よく聴いてみると実はそれとは別の問題について相談したいという時がある。実際例として，大事な時に実力を発揮できないので，それを乗り越えるためのメンタルトレーニング技法を指導してほしいと訴えて来談したが，話を聴いていると，実は自分自身を賭けて何かをしようとする時には必ず恐怖感に襲われて，やろうとすることができなくなってしまうので，それを解決したいと訴えた選手がいた。

　また，話を聴いているうちに別の問題が見えてくる時もあるだろう。たとえば，スランプの克服について相談に来た選手が，実は幼児期の親との関係が問題となっていて，それを乗り越えることがまず必要と考えられる選手がいた。そういった時には技法の指導のみではすまなくなる。もちろん競技の遂行を優先し，競技の遂行が困難になるところまで無理に進めるのは避けるべきである。それでも競技遂行に悪影響を及ぼすような未解決の発達課題や人格上の問題が見えてきて，それらの問題の解決を優先しないと進まない時には，競技の遂行を一時的にでも休止し，その問題の解決を最優先しなければならない時があるかもしれない。

5）カウンセリングをベースとした介入指導の事例

　カウンセリングをベースに長期に心理サポートを実施した事例の一端を示す。事例をとおして見ると，その時々で乗り越えるべき課題が競技遂行するなかで見えてきて，その克服のために努力して来たことがわかる。心理サポートをする者として関わった筆者は，その時々の課題の解決のための選手を後方から支える人として機能した（詳細は，鈴木（2004）を参照）。

　対象は比較的競技レベルの高い選手であった。要約すると，初めは「強くなりたいので，そのためのメンタルトレーニングを教えてほしい」ということを訴えて来談した。

　選手の求めたものがメンタルトレーニングということもあり，初めは競技行動を振り返ることで，プレイ上の短所・長所を解らせ，その長所をイメージを用いて強化することを行った。その後，実業団の選手になり，競技力の高いチ

キーワード
● スーパービジョン

ームに適応することが課題となった。その次には，日本でトップの選手となる課題，深層にある課題，というように，それぞれの時点で，それぞれの課題を乗り越えていった。そして，その時々で実力に相応した競技成績をあげていった。介入指導する者として関わった筆者は，後ろから支える者として寄り添う役割をするように努めたのであった。

(鈴木 壯)

文献

1) 河合隼雄 (1992)：心理療法序説，岩波書店．
2) ロジャーズ，R., 伊東 博 編訳 (1966)：サイコセラピィの過程，ロジャーズ全集第4巻，岩崎学術出版社．
3) 鈴木 壯 (2004)：負傷 (ケガ)・スランプの意味，それらへのアプローチ―スポーツ選手への心理サポート事例から―，臨床心理学，313-317頁．

10 介入指導に必要なスーパービジョンと倫理

1) スーパービジョン

(1) スーパービジョンとは

スーパービジョン (supervision) とは，初心者が専門家として一人立ちしていくために欠かせない訓練法の1つである。筆者も受けた臨床心理士としての訓練においてもそれが必須のこととされている。スーパービジョンは「付き添いのおとなが，子どもに事故が起こらないように適切に目的地に向かって誘導すること」(西園，1994)，「優位，つまり，superな位置から眺める，つまりvision，ことであるが，自分より上の人にみてもらうということ以外に，自分を一歩はなれたより上の広い位置から眺めなおすというニュアンスもある」(渡辺，1994)，ということである。従って，それは熟練者（スーパーバイザー）が未熟な者（スーパーバイジー）に介入指導を求めた選手の理解の仕方，介入の具体的手法，その過程での援助の仕方等について指導・助言すると共に，広い見地から共に眺めてみる，ということをすることと考えられる。

スーパービジョンを行うことによって，介入指導の技法，たとえばメンタルトレーニング技法，カウンセリングの技法などをスポーツ選手に適用する場合，その選手のパーソナリティや課題についての理解が適切であるか，その適用された技法がその選手の競技上の問題の解決のために適切であるか，等について吟味し，スーパーバイジーが適切な介入指導の技法を身につけていく。そして，それを繰り返すことによってその技法に熟達していくのである。

(2) スーパービジョンの方法と留意点

個人スーパービジョンでは，スーパーバイジーは1回の面接や介入指導の逐語録を作成し，スーパーバイザーの前で報告する。それをスーパーバイザーは，選手理解の仕方，応答の仕方等についてスーパーバイジーに指導・助言すると共に，ディスカッションをとおして共に考えていく。それを何十回，何百回と重ねるにつれて，スーパーバイジーの力量が上がっていくのである。

以上のことは逐語録以外に，ビデオ撮影したもの等によって行うことも考えられる。

集団スーパービジョンでは，たとえば，研究会で心理サポートの事例を報告し，それについて参加者とのディスカッションやコメンテーターのコメントなどによって介入指導の方法を学んでいく。

ところで，スポーツ心理学の領域で，スーパービジョンはあまり実施されてきていないように思われる。今後，メンタルトレーニング指導士やスポーツカウンセラーの心理サポートがより重要になるにつれて，またそれらの資格を有する者たちの訓練のために，スーパービジョンの重要性は増すであろう。

キーワード
- 守秘義務
- 禁欲規則

2）倫理

心の専門家にとって守るべき倫理の問題は，たとえば，メンタルトレーニング指導士や臨床心理士の規程の中にも必須のこととして含まれている。その中で，ここでは守秘義務，禁欲規則について触れる。

（1）守秘義務／プライバシーの尊重

介入指導では通常の生活ではあまり語られることのない心の側面を扱わねばならないため，選手のプライバシーは尊重されねばならない。原則として，心理テストや面接などによって得られた情報を第三者に口外すべきではない。

しかし，競技スポーツの介入指導において難しいことは，介入指導を指導者，コーチングスタッフから依頼されて実施する時や，介入指導の内容の一部をコーチングスタッフに伝える必要がある時などがあり，守秘義務を守りにくい状況があることである。そういった時，情報を伝えるのは選手の了解を得た上で必要最小限にとどめるべきである。それを可能にするには，メンタルトレーニング指導士やスポーツカウンセラーが指導者やコーチングスタッフと信頼関係を築くことが必須である。そうしないで心理テストや面接で得られた選手の情報を指導者やコーチングスタッフに提供する時，介入指導の専門家として仕事をすることは困難となる。選手は心理サポートに必要な通常は語られないことは話さなくなるだろうし，心理テストも本心からは回答しなくなるだろう。

また，競技レベルの高い選手をサポートする時には特に，選手がその競技の世界で，あるいはそれ以外でも"有名人"である場合がある。そういう時にも，専門家として選手のプライバシーの保護は必須のことである。彼らが学会発表や単行本に公表することを承諾したとしても，具体名は知らせるべきではないし，選手が特定できないように配慮しなければならない。専門家として守るべきことは何かということを常に念頭に置かねばならない。

（2）禁欲規則／身体接触の禁止

スポーツ選手の心に関わる領域で仕事をする時，心理的に非常に近い距離で行われるために様々な心の動きが選手の側にも，介入指導する側にも起こる。たとえば，選手自身が競技のことを話しているうちに幼児期の親に対する感情がよみがえり，恋愛感情や怒りと似た感情を介入指導する者に向けることがある。それに対して，介入指導する者が自分自身に対して本当に恋愛感情や怒りが向けられたと思い，その感情の処理に困るということがある。それは，実は幼児期の親への愛情欲求や，怒りであることを知っておいたほうが良い。

あるいは，介入指導する者に，同情や過度に世話をしようとする気持ちが起

こることがあるかもしれない。その時に，"苦しむ者を助ける"かのように行動し，それによって選手が何もしなくてもいい状態にしてしまうことがある。それは介入指導する側の問題である。

　以上のことは，精神分析で転移や逆転移と呼ばれるものである。処理を誤ると非常に大きな問題に発展する恐れがある。たとえば，選手から恋愛感情や怒りを向けられたと誤解して，過剰に身体的に接近したり，暴力的になったりということが起こりうるかもしれない。あるいは，苦しんでいる選手を手助けしようとするあまり，選手の日常生活にまで入り込んで手助けしてしまうかもしれない。それが，セクシャルハラスメントや暴力の問題に発展することがある。そのため，どのような時にどのような感情が生じやすいかを理解しておくと共に，技法として身体接触を伴う方法を用いる場合を除いて，選手の身体に接触することは避けるべきことである。

（鈴木 壯）

文 献

1) 西園昌久（1994）：スーパービジョン論，精神療法，第20巻第2号，3-10頁．
2) 渡辺久子（1994）：スーパービジョンのジレンマ，精神療法，第20巻第2号，27-31頁．

問 題

1. メンタルトレーニング指導の注意点を3つ以上，述べなさい。
2. もし，あなたがメンタルトレーニングをするとしたら，どんな対象に，どんな内容をするか述べなさい。

11 スポーツ技術獲得の心理的課題は何か

スポーツ技術を効果的に獲得（習得）するための心理学的な理論を理解しておくことは大切なことである。そのために，運動の学習理論，合理的な技術獲得法，そして心理的スキルとして大切な判断力や予測力の練習法を紹介する。

1 技術獲得に必要な運動学習の理論

1）技術を獲得するとは

　スポーツにおいて技術を獲得するとはどのようなことであろうか。一般的に，技術が獲得された状態とは，次の3つに分けて考えることができる。
　第1は，練習中に，次第に技術が習得され，うまくできるようになる状態である。この状態は，練習条件や心身の調子に影響を受ける一時的な運動パフォーマンス（運動成績）の変化である。練習でいろいろな動きができるようになり，技術が獲得できたと実感できる状態である。
　第2は，練習で習得した技術を，次の練習でも正確に再現できる状態である。この状態では，練習で身につけた技術を正確に身体に記憶しており，技術が定着し，保持された状態である。
　第3は，練習でできるようになり，保持された技術を，どのような状況にでも柔軟に適応することができる状態である。実際の試合などでは，同じ状況下で運動が行われることがほとんどないので，一度身につけた技術を様々な状況に合わせて転移させなくてはならず，この状態が最も重要だと考えられる。
　このように考えると，スポーツの練習では，練習中に運動パフォーマンスが向上するよりも，獲得した技術の保持や転移がどれだけ促進されるかが重要であると考えられる。

2）スキーマ理論（schema theory）

　現在，運動学習に関して最も一般的に受け入れられている理論は，シュミット（Schmidt, 1975）が提唱したスキーマ理論であろう。一般的にスキーマとは，構造化された一群の概念から成り立つもので，物事を理解したり記憶したりする時の枠組みとなる抽象的で一般的なルールのことである（杉原，2003）。たとえば，初めて出合った柴犬であろうとプードル犬であろうと，大きさや形が違っていても，ほとんどの人は両方とも犬だと認めることができる。これは，犬の一匹一匹についてではなく，犬という動物に関する抽象的で一般的なルール，すなわち犬のスキーマを持っているからだと考えられる。運動学習におけるスキーマ理論では，スポーツにおいて技術が獲得され，運動が学習される時

キーワード
- 技術の保持
- 技術の転移
- スキーマ理論
- スキーマ

守備陣を抜き去る技術はどのように身につける？

キーワード
● 運動プログラム

には，運動に関するスキーマすなわち，ある運動に共通し抽象化された一種のルールが形成されると説明される。さらに，このスキーマ理論では，運動スキーマ（motor response schema）と共にもう1つ汎用性運動プログラム（generalized motor programs）という主要な機構が想定されている。ここでは，ボールを蹴るという運動を行う時の運動スキーマと汎用性運動プログラムの役割を例にあげ説明しよう。汎用性運動プログラムとは，たとえば，サッカーのインステップキックでボールを蹴るという時の蹴り方に関する一般的な運動指令と考えられる。実際にこの汎用性運動プログラムを発動させ，正確なインステップキックを行うためには，ボールを蹴る方向と強さを決定してやらなければならない。この方向や強さといった運動のパラメータ（変数）は，ボールを蹴る位置からキックの目標地点までの方向や距離によって様々に変化する。

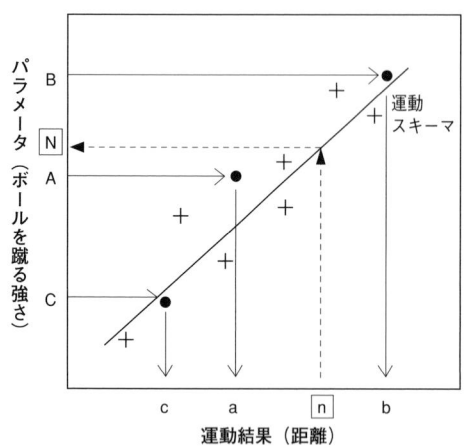

この運動パラメータを割り出す役割を果たすのが運動スキーマである。ある力の入れ具合（運動パラメータ）でボールを蹴ったら，10m（運動結果）のパスができた。それよりももっと強く蹴れば，もっと遠くへの20mのパスができた。このように運動パラメータと運動結果の関数関係が成り立つが，この関数関係といった抽象的なルールが，ボールを蹴る時に形成される運動スキーマである（**図11-1参照**）。一度運動スキーマが形成されると，これまで蹴ったことのない距離のパスが必要な場面であっても，運動スキーマから運動パラメータを割り出し，全く新しい運動をうまく実行することができるのである。また，1回の運動遂行で，運動パラメータと運動結果の一時的な対応関係が記憶されると，練習を反復して行うことにより，対応関係の記憶が多くなり，この記憶が広範囲に分布することによって，関数関係としての運動スキーマは洗練されていくことになる。以上のように，運動学習のスキーマ理論では，運動はスキーマとして記憶されるのであって，1回の運動遂行で得られる運動パラメータと運動結果の一時的な対応関係の記憶は，運動スキーマの形成に一時的に利用されるだけであると説明される（工藤，2002）。

（兄井 彰）

A，B，Cは「汎用性運動プログラム」に入力した運動パラメータ，abcはその結果である。●は運動パラメータとその結果との一時的な対応関係の記憶である。これらの一時的な記憶に基づいて「運動スキーマ」は形成される。従って，多様性を持たせた練習で広範囲に一時的な記憶（+）が分布するほど運動スキーマは洗練されていく。n地点にボールを蹴ろうとする時，形成された「運動スキーマ」に基づいて適切な運動パラメータ（N）が割り出され，「汎用性運動プログラム」に入力され，運動が行われることとなる。

図11-1 ボールを蹴るための「運動スキーマ」形成

文献

1) 工藤孝幾（2000）：「合理的な練習をめざして」．杉原 隆 編著：スポーツ心理学の世界，福村出版．
2) 杉原 隆（2003）：運動指導の心理学，大修館書店．

2 合理的な技術獲得の練習方法

キーワード
- 多様性練習
- 恒常性練習
- 文脈干渉効果

1）多様性を持たせて練習する

　スポーツで，ある技術を獲得しようとする時，一般的には同じ動きを何回も繰り返して行うことが多い。すなわち，練習方法としてドリルを行い，一定の目標に対して一定の運動を反復し，エラーを修正しながら正しい動作を身につけていくのである。たとえば，サッカーのシュート練習では，同じ位置から同じところを狙って何回もキックを繰り返したり，走り幅跳びの踏切位置の調整練習でも，毎回同じスタート位置から助走を開始したりする練習方法である。この方法であると，練習中，エラーを修正しながら動作を反復していくので，正しい運動が次第にできるようになり，技術が獲得されたような実感を持ちやすい。

　しかし，前節で見たスキーマ理論に従えば，このような反復練習はあまり効率的ではない。正しい運動を繰り返すよりも，エラーが伴うような多様な運動を行うことによって，運動パラメータと運動結果の対応関係の記憶を増やすことができる。この対応関係の記憶が多くなれば，運動スキーマが形成されやすく，結果的には正確な技術を獲得できることとなる。すなわち，運動を様々に変化させて練習する多様性練習のほうが，同じ動きだけを何回も反復する恒常練習よりも運動学習が促進されるのである。先にも述べたとおり，同じ動作を繰り返す恒常練習は，練習中に安定した動作ができるために技術が獲得できたと実感しやすい。反対に，変化に富んだ多様性練習では，エラーが多発するために，技術を獲得したという実感が湧きにくい。しかし，様々な状況で発揮される優れたスポーツの技術は，恒常練習よりも多様性練習で正確に獲得されるのである。

2）文脈干渉効果

　ここまではボールを蹴るといった汎用性運動プログラムは同じで，運動パラメータだけが異なる単一の獲得する場合，多様性練習が重要であることを示したが，次は，汎用性運動プログラムが異なる複数の技術を獲得するための練習スケジュールについて考えてみよう。

　たとえば，テニスでフォアハンドストロークとバックハンドストローク，ボレーといった複数の技術を練習する時に，最も頻繁に行われているのがブロック練習である。ブロック練習とは，ある1つの技術を連続して練習してから次の技術に移るというように，練習の順序をブロック化して行う方法である。テニスの練習では，フォアハンドストロークを30球打ち，続いてバックハンドストロークを30球，その後ボレーを30球練習するようにブロックに分けて行われるのが一般的である。

　もう1つの練習方法として，あまり一般的ではないが，複数の技術を無作為な順序で練習するランダム練習がある。たとえば，フォアハンドストロークを1球打ったら，次にボレーを1球打ち，その次はバックハンドストロークを1球打つというように，同じ技術を繰り返さずに混ぜながら練習する方法である。

　このブロック練習とランダム練習を比較すると，練習中はブロック練習のほ

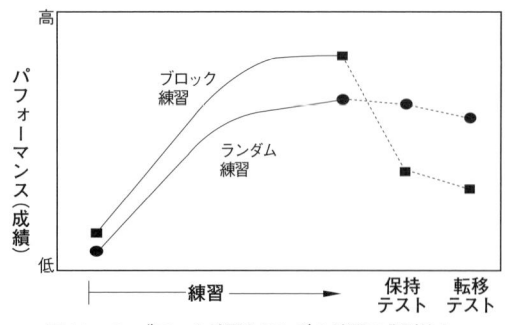

図11－2 ブロック練習とランダム練習の典型的な
パフォーマンスの変化

うがランダム練習よりも高いパフォーマンスを示すが，時間をおいて学習効果をみた保持テストや運動を実施する場面を変更した転移テストでは，ランダム練習のほうがブロック練習よりも成績が良くなることが知られている。この現象は，文脈干渉効果（contextual interference effects）と呼ばれ，多くの研究で確かめられている（図11－2参照）。ここでは，実際のスポーツ技術を用いた研究であるグッドとマギル（Goode & Magill, 1986）の実験を紹介する。彼らは，大学生の初心者を対象にバドミントンの3種類のサーブ（ショート，ロング，ドライブ）を練習させ，ブロック練習とランダム練習の効果を検討した。どの練習群も1日30本のサービス練習を9日間行い，計270本練習した点で同じであるが，ブロック練習群では，1日30本の練習を同一のサーブだけを集中して行ったが，ランダム練習群では，毎日1回ごとにサービスの種類を変えて練習した。その結果，練習期間中は，ブロック練習群は，ランダム練習群よりもパフォーマンスは優れていたが，練習を終えた次の日に実際の試合時と同じランダム条件でサーブを行わせた保持テストでは，ブロック練習群はパフォーマンスが大幅に低下したのに対してランダム練習群は成績の低下は見られず，結果的にブロック練習よりも成績が優れていた。また，練習の時とは異なる反対側のコーナーからサーブさせる転移テストでもブロック練習群よりランダム練習群のほうが成績は優れていた。

　それでは，なぜランダム練習のほうがブロック練習よりも効果的であるという文脈干渉効果が見られるのかについては，今のところ2つの説明がなされている。1つには，ブロック練習では，いつも同じやり方を行うのに対して，ランダム練習では，1回ごとに動きが異なるために，それらを比較や区別することによって動きの違いが明確になり，より精密な運動の記憶が形成されるからであるという説明である。もう1つは，ランダム練習では，1回ごとに運動が変わるために，その都度やり方を考え工夫しなければならず，結果としてこのような努力がより強固な運動記憶を形成させるからであるという説明である。このようにランダム練習では，運動を行う時にブロック練習よりも複雑な情報処理が求められるので，運動記憶の形成が促進され，運動学習にとって有効であると考えられる。

　以上のように，スポーツにおいて合理的に技術獲得を行いたいならば，練習中にだけうまくなるのではなく，様々な条件下で獲得した技術を発揮できるように，多くの失敗をしながら様々な運動を経験することが近道である。

（兄井 彰）

文 献

1）Goode, S. & Magill, R. A.（1986）Contextual interference effects in learning three badminton serves. Research Quarterly for Exercise and Sport, 57（4）, 308-314.

3 判断力・予測力を養う練習法

1）判断力・予測力をどのように捉えているのか

　あらゆる競技スポーツにおいて，良い成果をおさめるには個々の選手の体力的要因や技術的要因が優れているだけでなく，知覚的・知的要因が優れていなければならない。言い換えれば，単に体力的に優れ，高度な技術を持っていても，適切な状況で最適なプレイを遂行できなければ，良い成績をあげることはできないということである。しかしながら，このような状況に応じた判断や次のプレイや場面を予測する能力は，「勘が良い」とか「センスが良い」というような生得的な能力のように扱われたり，単に経験を積めば良くなる，あるいは偶発的に学習されるものとみなす傾向も根強く，系統的・組織的なトレーニングの開発や実践が難しいとの見方もあった。しかし，近年の視聴覚機器の発達に伴い，ビデオなどの映像記録が簡易に残せることや，トレーニング方法の多様化などにより様々なスポーツの現場で判断力・予測力を向上させるような試みが行われるようになってきた（図11-3参照）。特に球技系の集団競技においては，攻撃や防御の質を高めることやチーム内での意思統一を図ることなどに着目し，ビデオ映像を使用したミーティングなどが行われていることが一般化されてきた。また，技術練習においても「ゲーム・ライク・プラクティス（game like practice）」と言われるような，実戦的な場面を想定し，状況判断や相手の動きの予測などを行いながら練習の場だけの技術ではなく，ゲーム場面に直結した技術の獲得が行われている傾向が多く見られている。

2）判断力・予測力を高めるトレーニング
　　　ービデオ映像を使ってー

　スポーツ心理学の領域において，予測力や判断力を高める1つの手法に「認知的トレーニング」があげられる。このトレーニングは主にラグビーやハンドボール，バレーボールなどのボールゲームのプレイヤーを対象として，ゲーム場面を題材に行われるトレーニングである。方法は，ゲーム場面をビデオに録画し，判断や予測が必要となる場面で一時停止する（以下，決定的場面）。そして，その決定的場面において各プレイヤーがどのようなプレイを判断するのか，あるいは他のプレイヤーにどのようなプレイをしてもらいたいのかなどをコーチやリーダーを中心に討議していくのである。また，各プレイヤーには必要なプレイや，決定的場面において重要となる項目などを言語化（記録）させる（図11-4，5参照）。このようなトレーニングの効果は，ただ単にゲームのビデオなどを見た場合と比較すると，認知的トレーニングを行った場合のほうが，プレイの意図の理解度や攻撃・防御などの陣形の把握，選択すべきプレイの正確さなどにおいて有意に向上することが確認されている（図11-6参照）。さらに，チーム内の意思統一についても，このようなトレーニングを繰り返すことで，他のプレイヤーの動きの把握，チームで使うべきサインプレイの選択，サポートコースの確認など，チームとしての判断や予測力にも何らかの影響があると考えられる。また，身体活動を伴わない具体的なイメージトレーニングのような捉え方もでき，主にジュニア期のプレイヤーや競技経験の

キーワード
- ゲーム・ライク・プラクティス
- 認知的トレーニング

攻撃場面を想定した
認知的トレーニングが必要

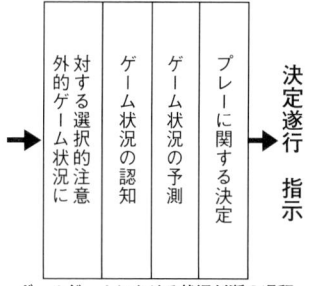

ボールゲームにおける状況判断の過程

外的ゲーム状況に対する選択的注意 → ゲーム状況の認知 → ゲーム状況の予測 → プレイに関する決定 → 決定遂行　指示

図11-3　ボールゲームにおける状況判断の過程に関する概念的モデル
（中川，1984）

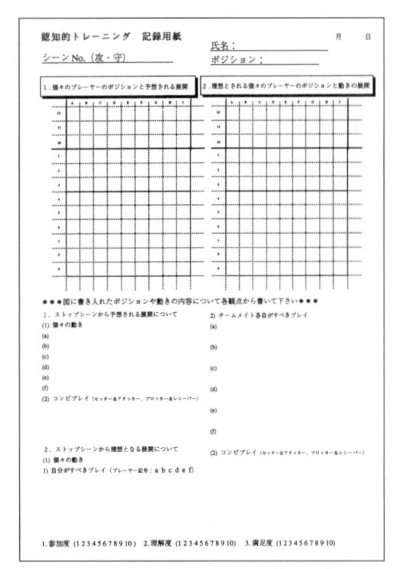

図11-4 認知的トレーニングの記録用紙
（バレーボールプレイヤー対象）

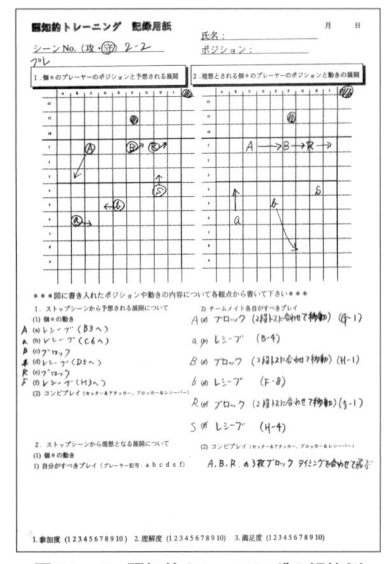

図11-5 認知的トレーニングの解答例
（バレーボールプレイヤー対象）

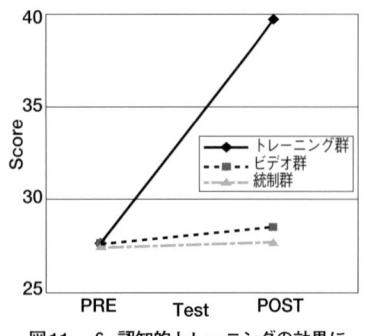

図11-6 認知的トレーニングの効果について（1994，下園ら）

浅いプレイヤーには効果的であると言える。しかし，「認知的トレーニング」の効果として，実際のゲーム場面での効果については，明確な結果が出ておらず，今後の研究の大きな課題とされている。このことは，実際のゲーム場面では外的環境や対戦相手など，条件を統一した状況での効果の確認が難しいことと，プレイの結果だけからの効果の確認はプレイヤーの意図と判断する側のギャップがある場合が多いこともあり，これから研究の課題とされる。

「認知的トレーニング」を行う場合の注意点として，

❶ 決定的場面の抽出を慎重にかつ，プレイヤーのスキルレベルにあったものを選択する。
❷ トレーニング中は決定的場面を詳細にかつ理論的に説明できるコーチやリーダーが必要である。
❸ プレイヤーがプレイを言語化しやすいようにワークシートなどを作成する。
❹ 最適なトレーニング頻度はチームやプレイヤーのスキルレベルにもよるが，1回のトレーニングで3〜5場面，週に2〜3回が適当とされる。

などがあげられる。

3）判断力・予測力を高めるトレーニング
―実際のフィールドでは―

フィールドやグラウンドでは日々，プレイヤーのスキルを高めたり，フィットネスを強化したり，様々なトレーニングが行われている。このような見方をするとメンタル的な部分についてはどうしても室内的な場所で，実際のフィールドから少し離れた場所でトレーニングされるイメージがあると思われる。判断力や予測力についても，前述した「認知的トレーニング」のように身体活動を伴わずに，ビデオ映像を見ながらのトレーニングが中心である。しかし，フィールドでのスキルやフィットネスのトレーニングの時ほど，具体的に判断したり予測したりする，すなわち予測力・判断力を向上させる最高の場面であると考えられる。いろいろな競技において，トレーニング方法やコーチングテクニックは異なるが，「ゲーム・ライク・プラクティス」は，どの競技にも必要であると考えられる。たとえば，野球の場合，「得点は3対1，9回裏の攻撃」と設定すると攻撃側はどのようにして得点をするのか，打席にはいるプレイヤーはどのようにして塁にでるのか，塁に出たら次の攻撃は・・・などいろいろなケースを考えないといけない。守備側は2点のリードをどのように守るか，バッテリーを中心に考えることになる。このように，ゲーム場面，あるいは決定的場面を想定するトレーニングがプレイヤーの判断や予測を高めることとなる。また，メンタルリハーサルに類似すると思われるが，マラソンなどの選手がコースの下見をし，どの地点でスパートするとか，この坂道はペース配分を考えて走ろう・・・など，実際の試合場やコースなどを利用してそのゲームプランを立てる時に判断や予測することも併せて行う手段も有効ではないかと

思われる。ただし，このような実際のフィールドでのトレーニングでは，何を予測・判断するのか，その結果が正しいのかといった具体的なアドバイスをできるコーチやリーダーの存在が必要である。客観的な立場から予測・判断のレベルがそのプレイヤーのスキルレベルや体力レベルに適合しなくては現実味がなく，単なる予想に過ぎなくなる危険性も考えられる。このようなことから，フィールドでのトレーニングを実施する場合の注意点として，

❶ 日々のトレーニングをより実践（本番）に近づけること。
❷ 予測・判断した時に，その結果について評価できるコーチやリーダーがいること。
❸ トレーニングやゲームの後に失敗した場面，成功した場面について，その原因や理由を具体化すること。

などがあげられる。

（下園 博信）

キーワード
● 運動学習
● 練習の組織化

文 献

1) 中川　昭（1984）：ボールゲームにおける状況判断研究のための基本概念の検討．体育学研究，第28巻第4号，287-297頁．
2) 下園博信・山本勝昭・村上　純・兄井　彰（1994）：ラグビーにおける状況判断能力に及ぼす認知的トレーニングの効果―バックスプレーヤーについて―．スポーツ心理学研究，第21巻第1号，32-38頁．
3) 山本勝昭・遠藤俊郎・伊藤友記ほか（1996）：高校バレーボールプレーヤーに対する認知的トレーニングの効果．平成7年度日本オリンピック委員会スポーツ医・科学研究報告，25-39頁．

4　運動学習理論とバレーボール指導

1）バレーボールがうまくなると言うことはどういうことか？

　われわれ指導者が日々の練習を行っているのは選手の技術向上，さらには，チーム力の向上を目指したものであることは言うまでもない。すなわち，選手に少しでも上手くなって貰いたいと考えて，練習に様々な工夫を凝らしているはずである。

　ここで確認するまでもないかもしれないが，この練習という一定の訓練・経験によって選手という個人のバレーボール技術に代表される運動動作が向上的に変容する（上手くなる）過程は，学習と呼ばれ，そのうち特にバレーボールの練習のように，筋の反応や運動機能に関連した学習は運動学習（motor learning）と呼ばれ，言語的材料を主に用いる言語学習とは区別されている。また，運動学習によってバレーボールの諸技術が個人に獲得された時には技能（skill）と呼ばれ，指導等によって受け渡し可能な技術が個人に内在化され他者には受け渡し不可能な能力となっていく。

　このような技能は，もちろん日々の練習の積み重ねによって獲得されるものではあるが，ただいたずらに練習の量だけを重ねれば良いというものではなく，やはりどのように練習するかといった練習のやり方・質も考慮されていなけれ

バレーボールがうまくなるとは？

キーワード
● 示範（デモンストレーション）

ば練習の効率にも関係して明確な進歩は期待できない。

従って，指導者に課せられた課題は，各選手の技能の習得を促すためにはどんな練習方法を用いたら良いのかを考え，日々の練習を組織化することである，と言っても過言ではない。この際，この練習の質を規定している原理や原則と呼んでも良いものがあり，それらは運動学習と呼ばれる運動科学の一領域に属するものであり，多くの研究成果は，指導者がこれら運動学習の諸原則を適用することによりコーチングの有効性が向上することを指摘しているのである。

逆に言えば，われわれ指導者が様々な練習方法を用いる時に，どうしてそのような練習方法を選択したかと言ったことに関して，自身の経験や他の強いチームに倣って…ということ以外に，運動学習の諸原則に代表される理論的根拠を持たねばならない！ということである。そして，そのようにして計画されたそれぞれの練習の具現化の過程で選手たちに必要な介入を行うのである。

もちろん，ここでふれる運動学習に関する諸理論は決して目新しいものではなく，従来からスポーツ心理学の領域では述べられていたことではある。しかし，バレーボールにおける実際のコーチングに際してどの程度それら諸理論が応用されていたかというと，残念ながらこれまで理論と実践の間には大きなギャップがあり，両者は別個に論じられていたという事実はいなめないところであろう。その意味では，本節での議論が良い意味で理論と実践を連結し，バレーボールの効率的なコーチング実現に向けての試金石にならんことを願って止まない。

2）運動学習諸理論を背景にしたバレーボール選手への指導

図11－7は，マクガウン（1998）が練習や個々のドリルを進めるに当たっての基本的原則とそれらの原則を支持する運動学習諸理論の関連を模式的に示したものである。われわれが練習を進める際には，このモデルに示された各事柄によく留意する必要がある。すなわち，以下の4項目がバレーボール学習の関心事となり，選手への介入の基礎となるのである。

（1）目標を提示すること

選手にどのような技術を身につけてほしいかの情報を明確に示すことによって，選手を動機づけることができる。そのためには，示範（デモンストレーション）の有効活用とキーとなる手がかりを与えることが重要である。動作を示範することによってイメージという形で情報を導入することができ，「百聞は一見に如かず！」という諺が示すように，言葉で説明するよりも学習をより推進することが可能となる。

また，手がかりと呼ばれるパフォーマンスに関する様々なヒント・きっかけとなるものを用いることも学習を向上させる。ただし，手がかりは短く，簡潔であることが必要であり，また，一度にすべての手がかりを提示するのではなく，適切な順序で1つひとつ解決したら次に移るということにも注意が必要である。

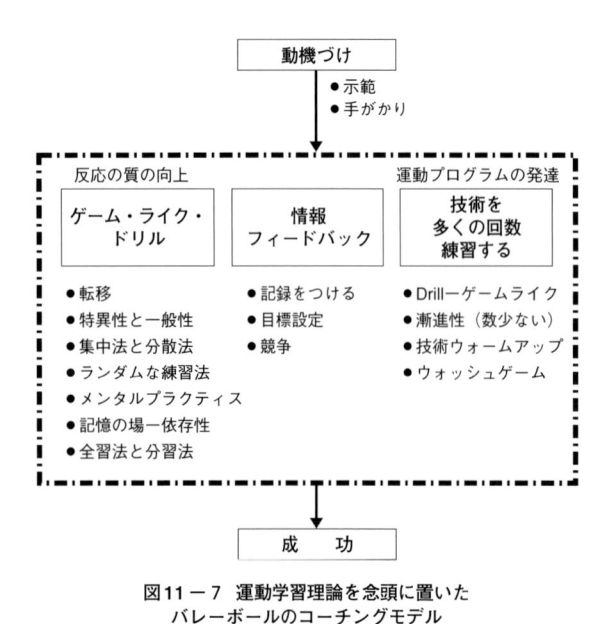

図11－7 運動学習理論を念頭に置いたバレーボールのコーチングモデル

たとえば，アンダーハンドパスの指導の際の手がかりとその提示手順として，①両手首と手を一緒にする，②前腕でボールをヒットする，③肘をまっすぐに保つ，④ボールに正対して腕を目標に向ける，という4つをマクガウンはあげている。

なお，練習の始めにチーム選手全員を集め，前もって記入しておいた黒板上の本練習に関する必要な情報（メニュー，タイムテーブル，グループを作るための選手の組み合わせなど）について説明し，選手たちにこれから何をやるのか，どう練習が進むのかなどに関する心理的構えを作らせてから練習に入る，というようなことも目標の提示につながり，われわれの普段の練習でひょっとすると疎かになりがちな部分であり留意すべき重要なポイントと言える。

（2）ゲーム状況を作り出す：ゲーム・ライク・ドリルの工夫

ゲームにおいて発生するような場面や条件をできるだけ練習場面でも設定することが重要である。さもないと，「練習時には試合のつもりで！試合時には練習のつもりで！」ということも絵空事（そらごと）になりかねない。ソウルオリンピックバレーボール金メダルアメリカ男子チーム監督のマーブ・ダンフィーは，最もいいレシーブ練習は，レシーブ（Pass）－トス（Set）－アタック（Hit）であり，最もいいトス練習はP-S-Hであり，最もいいスパイク練習はP-S-Hであると述べている位である。

ここで関連する主な心理学的理論は，「運動学習の転移」「ランダムな練習の有効性」「全習法」「記憶の場－依存性」等になる。

（3）情報フィードバックの活用：スコアーをつける・競争場面を設定する

それぞれの練習において記録やスコアーをつけることによりプレイのできばえの評価，プレイの調子の客観的データの蓄積に繋がり，次への目標設定にも有用である。また，練習における得点設定やペナルティー等を目標として設定して競争意識を高め，練習時においても試合時に類した緊迫感を作り出すことに役立つ。

ここで関連する主な心理学的理論は，「動機づけ」「運動学習の転移」「記憶の場－依存性」等である。

（4）反応回数の確保

実際にボールを使用した練習にはなるが，ウォームアップを目的として，運動強度を低く設定したスキルウォームアップを利用したり，2回，3回…と連続してラリーを続けないとポイントにならないといったポイントシステムを工夫したりして，できる限り多くボールにさわれる機会を確保することは運動プログラム上達のためには好都合である。当然のこととは言いながら，繰り返し練習しない限り技能は向上しないのである。

また，技術練習の際に指導者と1～3人程度の選手だけが練習する，といった個別指導形式をとることも，ごく少数の選手しかそこにいないので，実際に各選手は多くの反応の機会を得ることができるし，加えて，指導者には介入の機会が，選手個人には多くのフィードバックを得る機会の確保が可能となる。もし，コートが複数使用できる状況があるなら，それらを使用することによっても個別指導の機会は作ることができる。

ここで関連する心理学的理論は，「技能の特異性」「全習法」「反復練習の必

キーワード
- 情報フィードバック
- スキルウォームアップ
- 運動プログラム
- ゲーム・ライク・ドリル

要性」等である。

　コーチングの際には以上のことを念頭に置きながら，必要に応じて選手個々の自主性を尊重し，適時に適切な内容の介入を行うことになる。

(遠藤　俊郎)

多様な戦術を学習して本番へ

文　献

1) カール・マクガウン編著，杤堀申二監修，遠藤俊郎ほか訳 (1998)：バレーボール　コーチングの科学，ベースボールマガジン社.

問　題

1．スポーツにおける技術獲得の心理学的理論について述べなさい。
2．技術獲得のための心理的に注意することを3つ以上，説明しなさい。
3．判断力・予測力を高めるための練習法を考えなさい。

第 3 部
健康スポーツの心理学

12 健康スポーツの心理学とは

近年，健康のために運動やスポーツをする人びとが多くなった。諸外国で研究が多くされている「運動心理学」，運動・スポーツとメンタルヘルス，運動・スポーツの継続に関する問題について考える。

キーワード
- 運動心理学
- 健康スポーツの心理学
- Exercise Psychology

1 台頭する「運動心理学」

1）健康スポーツの心理学とExercise Psychology

これまで生涯スポーツ，競技スポーツ，レクリエーションスポーツという用語はあっても，健康スポーツという用語はなかった。しかし近年，健康スポーツという用語は生涯スポーツとは異なった観点から用いられ，『健康スポーツの心理学』（竹中，2000）いう著書が刊行されている。そこでは，健康づくりや楽しみを優先させたスポーツ全般を意味する「生涯スポーツ」と，競技としてのスポーツ活動全般を指し，試合で良い成績をあげることを目的とする「競技スポーツ」という区別の仕方の矛盾性が指摘されている。つまり，ランニングやニュースポーツのような健康，楽しみを目的として行う生涯スポーツ種目であっても，運動者によっては競技スポーツの範疇に入ることもあり，また同じテニスであっても，高齢者が行うのが生涯スポーツで，プロテニスプレイヤーが行うのが競技スポーツとはいえない（竹中，2002）というのである。そして，生涯スポーツのようにライフサイクルという時間軸やスポーツ種目を考える必要もない，しかも一部に競技的要素も含む「健康スポーツ」という用語を用い，健康スポーツを「人生に楽しみや生き甲斐を求めたり，緊張の解放や健康づくりを主とする身体活動やスポーツ活動」と定義している（竹中，2002）。

健康スポーツの心理学とは，近年欧米で急速に発展している「Exercise Psychology（運動心理学）」のことであり，「運動参加者の心理的過程と行動を研究する学問」（ウイリスとキャンベル，1992）である。つまり，人はなぜ身体活動や運動(注)をするのか，あるいはしないのか，またなぜそれが継続できないのか，継続するにはどうしたらよいのか，さらには，身体活動・運動の効果は何なのかなど，およそ身体活動・運動の採択・継続に関わる要因や運動の心理的・身体的効果に関する研究を行う学問領域である。もちろんこの中には行動変容理論や身体活動・運動の増強に関する研究も含まれる。

近年，欧米で刊行されているスポーツ心理学関連の著書の中で，"Sport Psychology" とは別に，"Exercise Psychology" あるいは "Sport and Exercise Psychology" という表題が多くみられる。これらの本の中に書かれている "Exercise Psychology（運動心理学）" の内容は，運動の心理的側面

注） 身体活動は「骨格筋によって生みだされエネルギーを消費するあらゆる身体の動き」であり，日常生活における歩行や階段登りなども含まれ，運動は「1つまたはそれ以上の体力要素の維持・改善を目的とするという意味において，計画的，組織的，反復的，意図的な身体活動」と定義されている（Casperson）。しかし，身体活動と運動の概念を区別することは難しい。ここでは，両者を含めて運動，あるいは身体活動・運動を併記して用いることにする。

（緊張，不安，抑うつ，気分，心理的安寧，ストレス，自尊感情，自己概念など）への効果，メンタルヘルスの予防と治療における運動処方，運動行動の採択と継続に関わる要因と理論等々に関するものである。1980年代に刊行された『運動とメンタルヘルス』（モーガンとゴールドストン，1987）や『セラピーとしてのランニング』（サッチスとバッフォン，1984），1990年代に出版されている『運動とメンタルヘルスの基礎』（レイス，1994）や『身体活動とメンタルヘルス』（モーガン，1997），さらには，ごく最近出版された『身体活動の心理学』（リドゥルとマルトゥリ，2001）や『運動の心理学』（ロックスら，2003）なども，表題にこそ"Exercise Psychology"という表現はないが，内容は類似したものである。

キーワード
● 運動心理学研究の歴史

健康のための運動・スポーツは
世界各地で
（於 中国上海市）

2）運動心理学研究の歴史

　"Exercise Psychology"という用語は，北米スポーツ心理学会の機関誌である"Journal of Sport Psychology（JSP）"が1988年に"Journal of Sport and Exercise Psychology（JSEP）"に名称変更された時から使用されている。JSPからJSEPへの名称変更の背景には，スポーツ心理学者間でスポーツ選手の競技力向上に対する関心とは別に，体力，健康，ウェルネスなどの向上や予防とリハビリのための運動プログラム，あるいは運動の心理的・社会的恩恵などに対する関心の増加があったようである。

　北米における運動心理学に関する研究は，19世紀の終わりから20世紀のはじめに遡ると言われるが，本格的には1960年代頃から始まっている。運動のメンタルヘルス効果に限って見ると，たとえば，マッファーソンら（1967）は心筋梗塞患者と健常者の被験者を，5群（心筋梗塞運動群，心筋梗塞コントロール群，健常者運動群，健常者コントロール群，運動実施者群）に分け，運動群には24週間，週2回の水泳を主体とした運動プログラムを実施している。その結果，運動群に一過性の運動における気分のポジティブな変化と24週間後における望ましいパーソナリティ（不安傾向）の変化を報告している。また，この種の研究において，後に多大な貢献をするモーガン（1969；1970）は，1970年代前後からうつ病患者を対象として，抑うつと体力との関係や身体活動の心理的効果に関する研究を始めている。このように，初期の研究では健常者というよりは，むしろ内科的疾患者や精神障害者を対象にした運動のメンタルヘルス（精神的健康）への効果に関する研究が行われている。1980年代に入り，この種の研究は飛躍的に増加し，運動に伴う不安や抑うつ感の改善を説明するメカニズム（附章17参照）の検討も行われ，その精力的な研究は現在も続いている。1990年代になると，不安，抑うつ，認知機能などと身体活動や運動に関する総説論文なども数多く著され，先行研究における成果，方法論的問題，将来の研究への展望などが論じられている。

　一方，わが国においても，古くは北米における初期の研究と時同じくして，非行少年・少女や精神病患者を対象にした運動療法に関する藤本ら（1963）の研究があり，種々の精神的障害や心理的問題を抱える対象者へのプレイセラピーとしての運動の効用性が述べられている。その後，岡村（1977）が一般学生を対象として不安感情に及ぼす身体活動の軽減効果に関する研究を行い，松田（1985）が「運動の精神的効果」について総説として紹介しているが，1990

キーワード
● メンタルヘルス

年代半ばまで顕著な研究の増加はみられない。しかし近年，スポーツ心理学の領域においても，競技力向上に関わる心理的問題に関心を持つ研究者がいる一方で，健康や健康行動に関心を持つ研究者が増えている。この陰には，1990年代に入り，種々の体育・スポーツ関連の学会で「運動の心理的効果」に関するシンポジウムやキーノートレクチャーなどが何度か企画され，この種の研究の推進・啓蒙が図られたことも影響していると思われる。漸く，運動心理学に関する研究が本格的に始まったといえる。

2 運動とメンタルヘルス

感情は人が受ける刺激の強さによって変わる。刺激がなければ退屈を感じるし，強すぎれば不安や緊張が生じる。また，適度な刺激であれば快を感じることになる。従って，運動という刺激によっても感情は変化し，適度な運動刺激は気分を爽快にしたり，心地よい疲労感やリラックス感をもたらすことになる。運動後にもたらされるこのようなポジティブな感情がネガティブな感情を一時的に抑制し，この運動の繰り返しによってメンタルヘルスの改善や向上が得られるものと推察される。これまで，運動に伴うメンタルヘルス効果は，不安，抑うつ，気分，ストレスなどで調べられてきたが，これは快と抑うつ，リラックスと不安は対極関係にあることを前提として行われてきたものである。しかし近年では，快感情，満足感，リラックス感などのポジティブな感情の側面を直接調べたり，QOL，健康関連QOL，ウェルビーイング，さらには自尊感情，自己概念などのメンタルヘルスとの関係も調べられている。

ところで，運動のメンタルヘルス効果に関する研究は，精神障害者の治療を目的としたものと，健常者を対象としたものとに分けられる。

1）運動による不安・抑うつ感情に対する治療効果

精神障害を有する者を対象として運動の効果を検討した研究では，早くから事例研究として行われ，神経症患者やうつ患者に約2か月間のランニングを行わせ，不安感や抑うつ感が減少したことが報告されている（ライアン，1978：ブルー，1979）。グライストら（1979）やハッカンとホルムズ（1984）は，うつ患者をランニング群，心理療法群，コントロール群に分け，それぞれ12週間の処方を行い，ランニング群と心理療法群で抑うつ感が減少したことを報告している。ランニング処方後の抑うつ感の減少は，9か月後のフォローアップでもよい結果が得られたことも明らかにされている（クラインら：1985）。運動と他の心理療法を組み合わせた研究では，ルーターら（1982）やフリーモントとクレイヘッド（1987）の研究があり，両者共身体運動と心理療法の組み合わせ群で抑うつ感の減少がみられ，2か月後のフォローアップでもその効果は残っていたことが報告されている。このように，様々な精神障害を持った患者を対象とした研究では，運動のみでも不安や抑うつの感情状態が改善され，精神障害を有する者に対する運動療法の可能性が指摘されている。

2）運動に伴う感情の変化

一方，健常者を対象とした研究では，運動はエアロビック運動（歩行，ジョ

ギング，ランニング，水泳，サイクリングなど）とノンエアロビック運動（筋力や柔軟性のトレーニングなど）が用いられている。これらの運動の抑うつ感に及ぼす影響を調べた研究では，運動の種類に関係なく抑うつ感は減少することが指摘されている。しかし，気分や感情の変化と運動強度や期間との間には密接な関係がある。運動強度に関しては，軽い運動強度では不安感への低減効果がなく，中等度の運動強度，あるいはそれ以上の高い運動強度が必要であると言われている。しかし，抑うつ感の軽減には軽強度の運動でも効果があるので，不安感とは異なるようである。高い運動強度を用いた研究では，不安感や抑うつ感に対して低減効果が明らかにされた研究と明らかにされなかった研究があり，必ずしも結果は一致していない。また，高い運動強度では運動中あるいは運動終了直後に不安感の増加がみられるので，たとえ運動後の回復期に不安低減効果がみられたとしても問題が残る。さらに，長期的な激しい運動は気分や感情の改善がみられず，疲労のみが増加することや，健康状態（一般的気分の状態）の低下と共に，抑うつ感，怒り，疲労などの感情障害を起こすことが明らかにされている。このように，低い運動強度と高い運動強度のいずれにおいても運動の心理的効果には問題があり，中等度の運動強度が望ましいと考えられている。

運動の期間に関しては，長期的運動と一過性運動とに分けられる。長期的運動を用いた研究では，心理状態のみならず心理的特性の変容をも可能にすることが指摘されている（国際スポーツ心理学会：1992）。バーガーとオーウェン（1987）は，気分の状態を測定する尺度（POMS）を用いて100名の大学生を対象に，14週間（週2回，40分間）の水泳教室における気分の変化を分析した。その結果，緊張感，うつ感情，怒り，情緒的混乱が減少し，活気が増加したことを報告している。このような長期的運動では，一般的に気分や不安，抑うつなどへの心理的効果は支持されている。しかし，長期的運動の場合，運動以外の影響も考えられ，ネガティブな気分や感情の改善を，運動だけによる心理的効果とはいえない側面がある。従って，運動の気分や感情に及ぼす直接的な影響を検討するためには，条件のコントロールされた環境下において，一過性運動による感情の変化を明らかにする必要がある。

気分や感情に対する一過性運動の影響を明らかにした研究を概観すると，運動後の変化として，快感情，陽気さ，活気などのポジティブな感情が増加し，不安や抑うつなどのネガティブな感情が減少することが報告されている。不安に関する研究では，運動終了後20～30分に減少すること，運動中に増加し運動終了と共に減少することなどが報告されている。しかし，これらの運動に伴う感情の変化は運動強度や時間に関係する。橋本ら（1996；2000）は，運動後のポジティブな感情の獲得と運動の継続化を意図して「快適自己ペース」という主観的・自己選択的な運動強度を提示し，運動に伴うポジティブな感情の変化を調べている。図12－1に示した実験結果をみると，運動開始5分ですでに快感情やリラックス感の増加がみられ，運動終了直後に快感情はピークとなり，その後徐々に元に戻っていく。しかし，リラックス感は回復期30

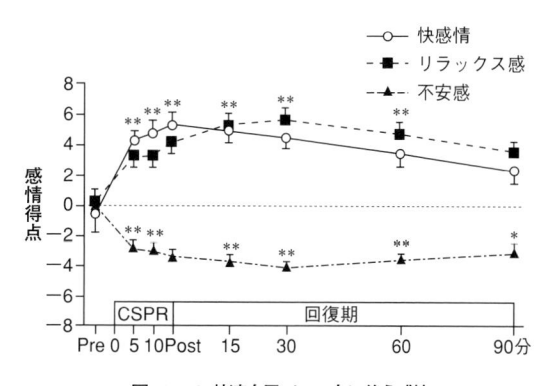

図12－1 快適自己ペース走に伴う感情（快感情，リラックス感，不安感）の変化過程

キーワード
●身体活動・運動行動

分が増加のピークとなり，快感情のピークより遅れている。この運動後30分の快感情とリラックス感の増加が，いわゆる「運動後の気持ちの良い状態」を表している。このように，運動後のポジティブな感情の増加がネガティブな感情を抑制し，適度な運動はメンタルヘルスの改善や向上に寄与しているものと思われる。

3 身体活動・運動行動に関連する心理的要因

身体活動・運動行動の採択や継続に関連する要因の検討は，欧米では決定因研究（determinants study）として行われ，これまで人口統計学的要因（性，収入・社会的地位，教育など），行動特性・スキル要因（成人期の活動歴，過去の運動経験，ダイエットの習慣など），社会的・文化的要因（医者の影響，家族や仲間からのソーシャルサポートなど），身体的環境要因（施設へのアクセスや満足度，近隣の安全性など），身体活動特性要因（強度など），そして心理的要因が調べられている（トゥロストら，2002）。これらの要因は，それぞれが独立して人びとの身体活動・運動行動を決定しているのではなく，複雑に絡み合って関連している。しかも，先行研究では，縦断的な介入研究によって因果関係を明らかにされたものではなく，関係性をみる横断的研究で明らかにされたものが多い。従って，その多くは決定因（determinants）というより関連因（correlates）と言うべきものである。本節では，これらの要因の中でも多くの研究で調べられ，いくつかは理論やモデルにも用いられている心理的要因について説明する。

1）運動行動に直接関連しない心理的変数

トゥロストら（2002）は，21の心理的・感情的・情動的変数について，身体活動・運動との関連をまとめ，直接的には関連がみられない変数として，「健康・運動の知識」「病気の重篤性」「運動の結果への価値」「健康統制の所在（健康が外的要因にあるか内的要因にあるかの信念）」「ストレス」「態度」「主観的規範（他者の期待感に対する信念）」をあげている。このことは，健康や運動に関する知識，病気への危険性，運動の結果に対する価値など，いわゆる「知っている」という知識だけでは身体活動・運動行動に結びつかないことを意味している。「態度」や「主観的規範（他者の期待感）」も行動との関連はみられていない。しかし，これらは価値—期待モデルの流れをくむ合理的行為理論（フィッシュバインとアイゼン，1975）や計画的行動理論（アイゼン，1985）の主要な構成概念，つまり行動意図の予測因である（附章15参照）。従って，これらの変数は運動行動へ直接的に影響するのではなく，行動意図をとおして間接的に運動行動に影響する変数といえる。

2）運動行動に関連する心理的変数

身体活動・運動に「運動に対するバリア（障壁）」「時間不足」「気分障害」「ボディイメージ」は，マイナスに関連し，「行動意図」「運動の統制感」「運動の楽しさ」「セルフエフィカシー」「期待信念」「健康・体力感」「パーソナリティ」「心理的健康」「自己動機づけ」「運動の自己シェマ」「変容のステージ」は，

プラスに関連する要因としてあげられている（トゥロストら，2000）。以下，この中からいくつかを紹介する。

子どもの遊びにおいて，時間，空間，仲間の三間は重要であり，良く指摘されることである。従って，身体活動や運動の遂行に当たって，「時間がない」「場所や施設・設備がない」「仲間がいない」などはバリアとなるので，これらのバリアに対するエフィカシー（バリアエフィカシー）が低い者は身体活動や運動をすることが困難となる。また，心身の状態も運動行動に影響する。抑うつ状態や気分がすぐれない時は，当然身体活動や運動もしたくなくなるし，肥満や虚弱な身体などでボディイメージが低いことも運動行動にマイナスに働くであろう。

一方，運動行動にプラスに関連する変数として，「行動意図」は運動行動に強い規定力をもつ。「行動意図」はある特定の行動をしようとする意志のことであり，合理的行為理論（フィッシュバインとアイゼン，1975）では，行動の決定因として扱われ，行動意図が高ければ高いほど行動が生起すると仮定されている。多くの研究で，行動意図と運動行動の相関は高いことが明らかにされている。特に，運動とか身体活動といった一般的な行動でなく，ランニングといった特化された運動を対象として行動意図と行動の関係をみると，両者の関係は極めて高くなる。ランニングに対する行動意図と2週間後のランニング行動の相関を調べた，リドル（1980）や徳永ら（1980）は，両者間に.82 - .90の非常に高い相関（相関1に近いほど両者間の一致性は高いことを意味する）を見出している。

「運動の統制感」とは，「ある行動を遂行することの易しさと難しさ」と定義されるように，行動のバリアを克服できるという知覚であり，計画的行動理論（アイゼン，1985）では，行動および行動意図の予測因となっている（附章15参照）。行動の統制感はセルフエフィカシーと類似した概念であり，直接行動に影響する変数であることが明らかにされている。また，意志のコントロール下にない行動では，この行動の統制感は行動の決定因となる。

「セルフエフィカシー（効力予期）」と「期待信念（結果予期）」はバンデュラ（1986）の社会的認知理論（附章15参照）で用いられる変数である。セルフエフィカシーとは，ある特定の行動を成功裡に遂行できるという確信度のことであり，期待信念（結果予期）は行動遂行のあとに起こるであろう結果に対する信念である。「セルフエフィカシー」や「期待信念（結果予期）」が高いほど運動行動が生じ，継続されていることが認められている。特に，セルフエフィカシーは社会的認知理論の中核をなす概念であり，多くの研究で身体活動や運動の決定因であることが指摘されている。

「運動の楽しさ」は余暇活動の中では重要な要素である。楽しさ（エンジョイメント）はポジティブな情動・感情状態であり，内発的動機づけの概念に通じる。人は快―不快の原理で行動している側面があり，「快」を感じるとその対象に接近し，「不快」を感じると対象を回避する。従って，運動の楽しさが運動行動に大きな影響をもたらすことは明らかであり，運動の楽しさを知覚することの重要性は一般的に認められている。チクセトミハイ（1975）は，人が完全に活動に没頭し，内発的に動機づけられているような状態を「フロー」と呼び，このフロー状態では，疲労感はなく，集中し，自我の喪失感があり，活

キーワード
- 行動意図
- 運動の統制感
- セルフエフィカシー
- 期待信念
- 運動の楽しさ

キーワード
- 自己動機づけ
- パーソナリティ
- 身体活動・運動の継続法
- セルフモニタリング
- 目標設定

動や環境の中で統制できるという感覚があるなど，非常にポジティブな楽しい状態とされ，活動の継続との関連が指摘されている。

「自己動機づけ」は運動行動の直接的な関連要因である。一般的に外発的動機づけ（活動以外に目的がある）は，行動の継続に役立たず，内発的動機づけ（活動遂行自体に目的がある）が有益であることが主張されてきた。今日，「動機づけの連続体」が提示されるに至って，外発的動機づけの意義も見出されている。しかし，最終的には自律性あるいは自己決定という心理的欲求が満たされる活動が継続されることになる。

「パーソナリティ」と運動・スポーツとの関連は，古くから研究されており，一般的に積極的で外向的な人が，そうでない人より運動・スポーツ活動を行っている。しかし，パーソナリティを運動行動を規定する直接的な関連要因としてみるか，あるいは他の変数との関連の中で調整的変数としてみるかは，今後の研究課題である。

その他，「健康・体力感」や「心理的健康」といった健康・体力の状態あるいは知覚も運動行動にプラスに影響する。

4 身体活動・運動の継続法

心理学における認知理論は，人びとの社会的行動を説明し，予測するために発達したもので，認知変容が行動変容につながるとの仮説のもとに行われてきた。しかし近年，そのような認知的アプローチの他に，行動理論に基づく行動変容技法が，様々な健康行動（飲酒，タバコ，運動，食事など）の改善に用いられ，個人，地域，学校，職場などで介入研究が進められている。

そこでここでは，身体活動・運動の継続法として，行動変容技法，つまりセルフモニタリング，目標設定，ソーシャルサポート，意思決定のバランス，積極的思考，バリアへの対処，刺激コントロール法，随伴性の管理について具体例をあげて解説する。しかし，この技法はトランスセオレティカル・モデルのステージ理論（無関心期，関心期，準備期，実行期，維持期）でいうところの，身体活動・運動を実施する意思もなく，実施していない，無関心期の人には役立たないであろう。

1）セルフモニタリング（self-monitoring）

セルフモニタリング（自己監視法）は，セルフモニタリングノートを作成し，実施する行動を自分自身で観察，記録，評価して，目標とする行動に向けて変容させていく技法である。日常の運動行動を記録することによって，意識化し，動機づけを高めることになる。また，運動行動を分析したり，進歩の度合いを確認したりすることもできる。身体活動や運動を増強・促進するためのセルフモニタリングは，たとえば，具体的なこれから1週間の目標をたて，その目標の達成度を○×で印をつけたり，どのような身体活動・運動をしたかについて具体的に記していく。

2）目標設定（goal setting）

目標設定は行動の目標を設定する方法である。願望の明確化とマンネリ化の

防止に役立ち，目標達成に向けての内発的な動機づけを高めることにもなる。身体活動や運動の増強・促進を図るために，目標（goal），方法（strategies），ターゲット（targets）を明確にすることも重要である。「身体活動量を増強する」は目標であり，「歩行数を増やす」は方法となる。ターゲットは，「週3日，近所のコースを20分歩く」「エレベーターやエスカレーターを使用しないで階段を使う」「週2回テニスをする」などであり，この具体的なターゲットを目標設定とすることが最も重要である。

3）ソーシャルサポート（social support）

ソーシャルサポートとは，個人を取り巻く様々な重要な他者（家族，配偶者，友人，同僚，医者，指導者など）からの支援をいう。ソーシャルサポートには，精神的（共感，愛情，信頼，配慮など），物質的（実際的な支援とサービスなど），情報的（有用な助言，示唆，情報など），評価的（自己評価に有用な情報）なサポートがある。身体活動・運動を増強するために，一緒に運動する仲間を持ち，運動について話し合ったり，励まして貰うと良い。また，行動契約書や行動実施宣言書にサインをして，重要な他者に確認して貰っておくこともソーシャルサポートとなる。

4）意思決定のバランス（decision making）

意思決定のバランスは，行動の恩恵（利得：Pros）と負担（損失：Cons）に対する個人の評価のバランスが行動や行動変容に大きく関与するというものである。身体活動・運動を増強・促進するために，身体活動・運動を行うことの恩恵と負担をリストアップし，負担が少なく恩恵が多い身体活動・運動で行動計画をたてると良い。

5）積極的思考法（positive thinking）

挑戦する課題に対して，思うようにできなければ消極的・否定的な気持ちになるのが一般である。しかし，ポジティブシンキングはどのような状況・環境であれ，物事を悲観的に捉えるのではなく，楽観的・積極的な側面から捉える方法である。たとえば，運動行動の目標が達成できなかった時は，自分を責めずに「目標が高すぎたのだ」と考えたり，中断してしまった時は，「さあ，また明日から始めよう」と，決意し直すことである。

6）バリアへの対処（coping to barria）

バリアとは，「時間がない」「天候が悪い」「気分がすぐれない」「施設・用具がない」など，身体活動・運動を行う際の障壁となるものを指す。このような運動バリアに抗して身体活動・運動を行う効力感をバリアセルフエフィカシーという。当然ながら，バリアセルフエフィカシーの高い人が，運動行動を継続できるのである。「時間がない」という場合，本当に10分や15分の時間が作れないのかを考える。意外とテレビを視聴する時間はあっても，運動する時間はないと思っているものである。

キーワード
- ソーシャルサポート
- 意思決定のバランス
- 積極的思考法
- バリアへの対処

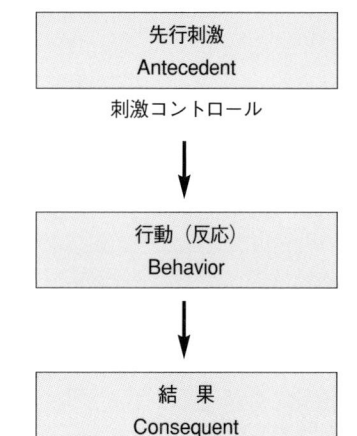

先行刺激
Antecedent

刺激コントロール

行動（反応）
Behavior

結果
Consequent

オペラント強化

図12－2 刺激と反応の関係
（ABCモデル）

キーワード
● 刺激コントロール法
● 随伴性の管理

7）刺激コントロール法（stimulus control）

　刺激コントロール法とは，行動をコントロールしていた先行刺激を変える方法である。問題行動のきっかけになる刺激を避けたり，行動をとるきっかけになる刺激を増やしたりすることである。身体活動や運動を継続するためには，たとえば，「普段から動きやすい服装にする」「セルフモニタリングノートを目につく場所においておく」「玄関に運動シューズを並べておく」「身体活動や運動をする時間を設定しておく」と良い。

8）随伴性の管理（contingency management）

　随伴性の管理とは，望ましい行動に対して報酬となるような刺激を意識的に与える方法で，オペラント強化とも言われる。身体活動や運動を増強・促進するために，運動した後に良い結果（賞賛，褒美，気持ち良さなど）が得られるように工夫する。たとえば，「目標を達成したら洋服を買うように決めておく（自己強化）」「運動したら褒めてもらう（社会的強化）」などである。

（橋本　公雄）

文献

1）橋本公雄・斉藤篤司・徳永幹雄・花村茂美・磯貝浩久（1996）：快適自己ペース走に伴う運動中・回復期の感情の変化過程，九州スポーツ心理学研究，第10巻第1号，31-40頁．

2）橋本公雄（2000）：運動心理学研究の課題―メンタルヘルスの改善のための運動処方の確立を目指して―，スポーツ心理学研究，第27巻第1号，50-61頁．

3）J.F.サリス＆N.オーウェン著，竹中晃二 監訳（2000）：身体活動と行動医学，北大路書房．

4）日本健康心理学編（2003）：健康心理学基礎シリーズ3，「健康心理カウンセリング概論」．実践教育出版．

5）野口京子（1998）：健康心理学，金子書房．

6）Trost S.G.,Owen N.,Bauman A.E.,Sallis J.F.,and Brown W.（2002）Correlates of adults' participation in physical activity: review and update. Medicine & Science in sports & Exercise,1996-2002.

問題

1．健康のために行われるスポーツの心理的な必要性について述べなさい。
2．運動・スポーツがメンタルヘルスに役立つ理由を説明しなさい。
3．運動・スポーツが実施に関係する心理的要因を3つ以上，述べなさい。
4．あなたが運動・スポーツを継続するための秘策について考えなさい。

13 運動・スポーツで心の健康は高められるか

この章では，運動と心の健康の関係について，心の健康とは何か，運動の心理的効果，そして，運動による心の健康づくりの可能性について考える。

1 心の健康と運動・スポーツの指導

1）心の健康とは

近年，「心の健康」とか「メンタルヘルス」という言葉がよく用いられている。しかし，その具体的内容を明らかにするのは容易ではない。

これまで健康の定義の中で，健康とは単に身体的側面だけを強調し，病気の反対概念として考えた時代があった。その後，WHO（1964）は，「健康とは，単に病気あるいは虚弱でないというだけでなく，身体的，精神的，社会的に完全に良好な状態である（a state of complete physical, mental and social well-being）」と定義した。前者が消極的定義と言われるのに対して，後者は積極的定義として高く評価されている。

しかし，WHOの定義は「精神的に完全に良好な状態」の具体的内容は提示しておらず，精神的健康の解釈は研究者の研究分野や定義される対象（青少年，高齢者など）によって多様である。そこで，今日までにみられる主要な健康のモデル・定義をみると，表13－1のようなものがある（多々納，1993）。

キーワード
- 健康とは
- WHOの定義
- 健康のモデル・定義

将来の健康増進のための財産づくりだ！
（大学授業風景）

表13－1　健康のモデルおよび定義

1. 臨床モデル…医学的視点から捉え，健康は疾病のない状態，疾病は遺伝，ホメオスタシス（恒常性）の不均衡状態，さらにウィルスや化学物質などの異物の侵入による生態の生化学的な機能不全に起因するとみなす。
2. 役割遂行モデル…社会学者パーソンズ（Parsons,T.）の「健康とは個人が社会化されるにつれて担う社会的役割・課業を効果的に遂行し得る能力の最適状態」を基礎にしている。
3. 適応モデル…デュボス（Dubos,R.）の「健康は社会的・物理的な環境の中で，実りある効果的な相互作用を行っている人間全体の状態である」を出発的とし，環境への適応と環境を変えての適応の双方を重視している。
4. 幸福主義モデル…心理学者マスロー（Maslow,A.H.）の理論をもとに，健康は人間の最も高い目標の実現，また自己実現を意味すると考える。

こうした定義の変化を経て，健康は単に「疾病－半疾病－半健康－健康」といった疾病との対立ではなく，「いかに生きるか」といった主観的要素や生活内容とその状況的・環境的要因を包括した視点が重視されるようになった。

キーワード
- ウェルネス
- WHOのオタワ憲章
- ライフスキル
- 健康日本21
- 学生の精神的健康

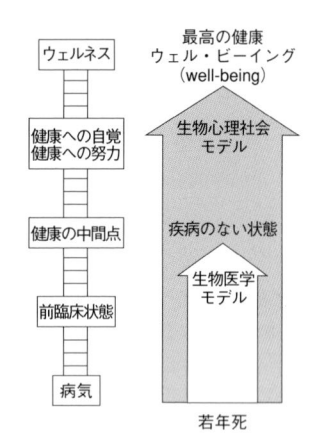

図13－1
病気と健康の生物心理社会モデル

表13－2　シュルツの心の健康の定義

1. 自分の生活を意識的にコントロールできること
2. 自分は誰か，自分は何であるかについて知っていること
3. 現在にしっかりと結びつけられていること
4. 挑戦し，新しい目標や経験を目指していること
5. その人らしい独自性を持っていること

表13－3　学生の精神的健康

1. 授業に出席して単位をとり，就職・大学院進学などの進路を決めて卒業。
2. 友人をもち，活動的で，ある程度の社会性を身につけている。
3. 自分が社会の中でどのように生きていくか（アイデンティティの確立）を模索しており，年齢相応の悩みを悩む力をもっており，また，それを解決する柔軟性と能力を有している。
4. 在学中にふりかかる不慮の不幸な事態にも対処できる能力を有することや，社会そのもののあり方について考える力がある。

国立大学保健管理施設協議会（1994）

この間，Wellness運動の創始者と言われるダン（Dunn, H., 1961）は「ウェルネスとは，各個人が置かれている状況の中で，各人が持つ潜在的な能力を可能な限り，最大限に引き出すことを目指した総合的な働きかけである」と述べ，健康を総合的・積極的に捉えようとする「ウェルネス」の考え方が普及した。そして，生活のあり方そのものを問題とする「Quality of Life（生活の質）」の考え方も提唱されるようになった。

これらの考え方は図13－1で理解することができる。すなわち，島井（1997）は生物医学モデルでは病気のない状態までは有効であるが，ウェルネス（健やかで幸福な状態）に至るには，生物医学モデルを含んだ生物心理社会モデルが有効であることを示している。

さらに，WHOはオタワ憲章（1986）としてヘルスプロモーションとは「人びとが自らの健康をコントロールし，改善することができるようにするプロセスである」と定義し，個人の生活改善や予防活動への努力と同時に社会環境の改善を含むことを提唱している。

また，WHOは，青少年の健康増進の中核となるライフスキル（life skill）として，自己認知，他者理解，コミュニケーション，対人，情動対処，ストレス対処，創造的思考，批判的思考，意志決定，問題解決の10のスキルの獲得を提唱し（1993），健康の概念にスピリチュアル（Spiritual：生気はつらつ，生き生き，霊的良好さ，などの意味）の追加を検討している（1998）。

わが国でも文部科学省は子どもの「生きる力」を強調しており，厚生労働省は「健康日本21」（2000）の中で「休養・こころの健康づくり」を推進している。

以上のように健康観の変遷の中で，心の健康は「精神病ではない」「精神的に安定している」といった状態から「生きがい」や「ライフスキル」の獲得といった広い意味にまで捉えられ，特に重要視されてきた。しかし，その具体的内容についてはほとんど触れていないのが現状である。その中で，シュルツ（Schultz, D., 1977）は著名な心理学者7名（オールポート，ロジャース，フロム，マスロー，ユング，フランクル，パールズ）が共通に取り上げている心の健康の具体的内容として，表13－2をあげている。また，学生の精神的健康の内容として表13－3が示されている。

さらに，「健康日本21」では「こころの健康とは，いきいきと自分らしく生きるための条件であり，具体的には自分の感情に気づいて表現できること（情緒的健康），状況に応じて適切に考え，現実的な問題解決ができること（知的健康），他人や社会と建設的で良い関係を築けること（社会的健康）を意味している」と述べ，ストレス，睡眠，そして心の病気（精神分裂病，躁うつ病，人格障害，薬物依存など）への対策を提言している。

2）心の健康を考慮した運動・スポーツの指導

運動・スポーツの目的や志向は様々である。たとえば，競技志向，レクリエーション志向，気分転換・ストレス解消志向，運動不足解消志向，運動療法としての志向，健康志向などがある。それぞれの運動・スポーツの目的・志向によって目標も異なる。そうすると，運動・スポーツ場面での心の健康の具体的内容は異なることになる。

しかし，いずれの運動・スポーツをしたとしても，最終的には日常生活で必要とされるシュルツがまとめた5つの心の健康の内容を維持・増進することに到達することが望ましい。**図13－2**はそのことを示したものである。運動・スポーツを実施することにより，健康度や生活習慣（ライフスキル，Life Skill）を望ましい方向に変化させることが，心の健康を考慮した運動・スポーツの指導と言える。

キーワード
- シュルツの心の健康
- 感情の安定やコントロール能力
- 気分転換

表13－4 運動・スポーツの心理的効果

1. 感情の安定やコントロール能力の向上
2. 目標達成意欲の向上
3. 自信の高揚
4. 判断力や予測力の向上
5. 適応性の向上

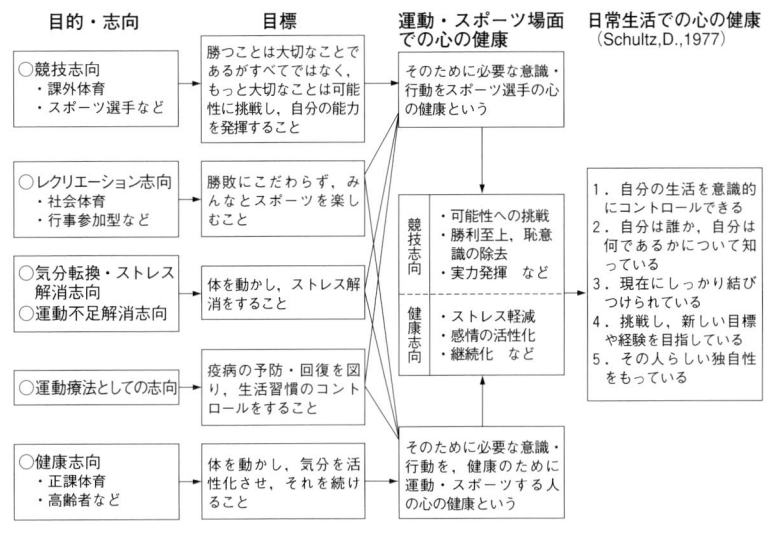

図13－2 心の健康を考慮した運動・スポーツの指導

2 運動・スポーツの心理的効果

運動・スポーツの心理的効果は，運動の仕方（短期的・長期的，軽度・強度，個人的・集団的など）によって異なる。ここでは運動やスポーツをすることが心理的にどのような影響を与えるかを考える（**表13－4**参照）。

1）感情の安定やコントロール能力の向上

（1）筋肉のリラクセーションは心的緊張を低下させる

体を動かすことは手足や体幹の筋肉を緊張させたり，弛緩させたりすることである。人間の心身の機能は相互に関連し合い，感情の変化は筋肉の緊張を伴い，過度になると種々の心身症へ進展する。運動はこの逆作用であり，筋肉の弛緩は交感神経の興奮を和らげ，大脳皮質の緊張を低下させる。すなわち，運動によって身体的リラクセーションが行われ，その結果，不安，イライラ，抑うつなどが軽減し，感情が安定することになる。このことは，心的緊張によって生ずる体の異常が正常にもどり，体調（快眠，快食，快便など）が良くなることを意味している。

（2）運動に夢中になり，ストレスを忘れ，気分転換する

日常の仕事や学業から離れて，運動に参加し，しかもその運動に夢中になることによって，日常生活のストレスを忘れることができる。すなわち，「日常的世界」から「非日常的世界」へ移行することにより，気分転換が行われ，精神的にリラックスして，心身に良い影響を与えることができる。これまで，ど

キーワード
- 満足感・達成感
- 目標達成意欲

ちらかといえば軽視される傾向にあった「気分転換」や「気晴らし」としての運動の効果は，今後，重要視されよう。

(3) 欲求を充足し，満足感や達成感を得る

人びとは運動をしたいという欲求を持っている。あるいは，適度な運動をする必要があると認知している。運動の仕方は，その欲求や目的によって異なるが，いずれもその運動に楽しさを感じ，満足感や達成感を味わうことができる。運動によって快適な感情を体験することが，気分を爽快にし，感情の安定に影響する。

以上，述べてきた運動やスポーツによるリラクセーションと感情の安定・活性化の関係を示すと，図13－3のとおりである。運動やスポーツを行うことによって，身体的・精神的リラクセーションが得られ，日常生活で緊張した交感神経の興奮が低下したり，ホルモンが分泌される。その結果，心的緊張の低下や気分転換が行われたり，満足感や達成感を味わったりすることによって，気分爽快になり，感情が安定・活性化する。さらには，感情のコントロール能力が身につくことになる。

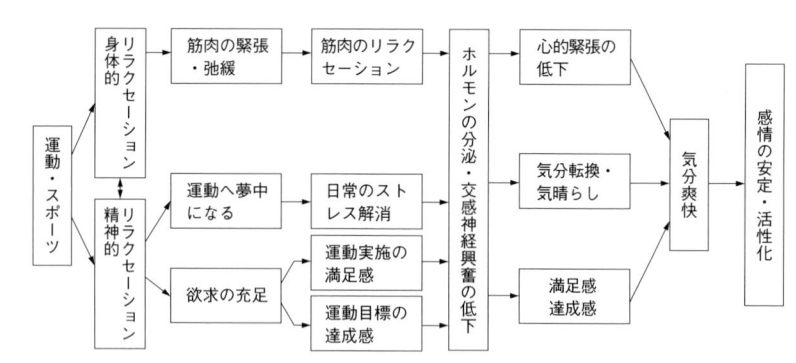

図13－3 運動・スポーツと感情安定・活性化の関係

2）目標達成意欲の向上

運動やスポーツにおいて目標（結果およびパフォーマンスに対する目標）を設定し，それを達成しようとする過程で，多少の差はあれ，苦しい練習を体験する。苦しい練習に耐えるための身体的スポーツ耐性や集団活動の中での精神的ストレス耐性は，苦痛への耐性，すなわち「忍耐力」として高められる。ライアンら（Ryan & Kovacic）は身体的接触のある競技者は接触のない競技者や競技をしていない人より苦痛への耐性が高いことを報告している。また，競技レベルの高い選手になれば，競争に打ち克つために必要な能力である積極性，闘争心，勝利意欲も高い。さらには，練習や競技を継続する中で自己の能力や限界に挑戦するといった自己実現意欲も高い。これらの忍耐力，闘争心，勝利意欲，自己実現意欲といった目標達成に必要な能力は，競技力の高い選手ほど優れていることが報告されている。一方，運動やスポーツが生活の中心を占め，「生きがい」となることもある。特に近年の高齢者のスポーツでは，主観的幸福感の獲得が報告されている。このようにスポーツ体験をとおして目標達成への意欲が向上する。

3）自信の高揚

　運動・スポーツでは練習と競技が繰り返される。そして競争場面は「勝ち－負け」「成功－失敗」が体験される。相手に勝ち，あるいは成功をおさめると，はかり知れない自信が生まれる。従って，競争で「勝つこと」「成功」をどのように位置づけるかは非常に重要な問題となる。危機的状況における能力発揮の自信や，努力すれば報われるといった成功への自信は積極性や自主性を生み，新たな価値ある目標の設定へと発展する。また，身体障害者，軽度の疾病者，高齢者などの運動参加が健康・体力の向上に伴い，身体的能力への自信が高まることは数多く報告されている。バンデュラ（Bandura）は自信を図６－１（41頁参照）のように効力期待感と結果期待感に分けている。効力期待感は一定の結果を生み出すのに必要な行動をうまく行うことができるという確信である。そして，結果期待感はある行動はある結果に導くであろうという個人の見積りと定義している。この効力期待感を自己効力感（自己有能感）と呼び，行動変容の重要な要因であることを指摘している。スポーツ場面ではグールドら（Gould & Weiss），ウェインバーグら（Weinberg et. al.），リー（Lee），マクアウリィ（McAuley）など多くの研究でスポーツ選手の自己効力感がパフォーマンスを高めることが報告されている。このように，スポーツ体験によって，自信（自己効力感）を高めることになる。

4）判断力や予測力の向上

　技術習得や競争場面で，種々の状況に対して冷静で的確な判断力の必要性を体験する。また，対戦相手に対しては的中率の高い予測によって作戦をたて，それを遂行しなければならない。さらには危機的場面ではすばやい判断，失敗を恐れない決断をしなければならない。自己の体力，技術に応じて勝利，成功をおさめるための作戦能力である。こうした体験の積み重ねは行動に対する判断力や予測力といった認知的能力の向上につながる。競技レベルの高い選手ほど判断力や予測力が高いことが報告されている。一方，適度な運動後の精神的能力が高いことも報告されている。このような行動に対する判断力や予測力といった認知的能力や精神的能力が高められる。

5）適応性の向上

　スポーツ集団への参加は集団所属への欲求を充足する。集団に所属していること自体がストレス社会での心の安定に貢献する。集団内での対人（友人）関係や集団への適応性は集団活動を継続する上で，体験しなければならない試練である。個人スポーツであれ，集団スポーツであれ，チームワーク，協調性，規範の遵守，そしてリーダーシップやフォロアーシップ，メンバーシップの発揮などは集団への適応として欠かせない能力である。

　集団には性，年齢，技能，体力，性格が異なった人びとが集まる。集団所属と継続する過程でも個人対個人，個人対集団，集団対集団，そして，指導者と成員といった様々な人間関係への適応性が養われる。

キーワード
● 自信
● 判断力・予測力
● 適応性

軽度の疾病者(高血圧)の運動療法は身体的にも心理的にも自信を高める

キーワード
- 健康志向のスポーツ
- 頭寒足熱
- 心の健康づくり

3 健康スポーツと心の健康づくり

　健康志向のスポーツでは,「体を動かし,気分を変える」ことが基本となる。図13-4のように,心身の健康状態を良好に保つためには,適当な運動量を求めることが必要である。過度な運動量であれば,意欲・集中力の低下やスポーツ障害につながる。また,運動が少なすぎれば,イライラや運動不足になり,生活習慣病に発展する。体の動かし方は,首や肩を回す,散歩,歩行,ジョギングなどの比較的軽い運動でよい。日常生活のストレスが強すぎれば,リラクセーション（relaxation）としての運動が必要であるし,ストレスが弱すぎれば,アクティベーション（activation,活性化）としての運動が必要である。

　心身をリラックスさせるためには,運動のように体を動かして心の状態を変える方法（身体的リラクセーション）と心（意識）を変えて体の状態を変える方法（精神的リラクセーション）がある。いずれも,体の状態を「頭寒足熱」に変える方法であり,このことがリラックスの原理である。従って,運動やスポーツによってストレスが増し「頭温足冷」となっては,健康のための運動とはいえない。運動の前後には,柔軟体操やストレッチをして体を温めたり,運動後には,ゆったりと腰をおろし,仲間と談笑したり,地面や床に寝そべって筋肉をリラックスさせ,「頭寒足熱」にすることが必要である。

　要は,個人が自分にとって適度な運動量となるようにコントロール（管理,制御）することによって快適な気分となり,感情が安定し,活性化することが健康志向のスポーツでは重要である。

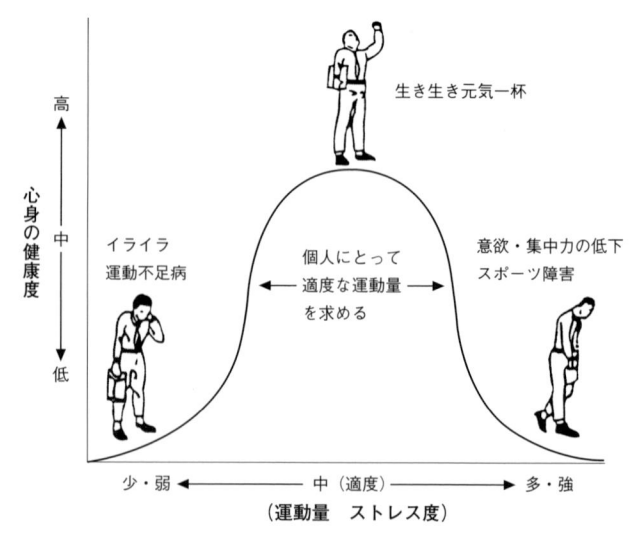

図13-4　運動量・ストレス度と健康度の関係（徳永,1993）

4 競技スポーツと心の健康づくり

　スポーツクラブなどに所属して,自分の目標（可能性への挑戦,競争など）のために比較的激しい競技スポーツをしている人にとっても,心の健康という視点は必要である。

競技スポーツの心理的課題としては，いかにして実力発揮度を高めるかが重要であろう。そのためには，前述した12の心理的スキルを向上させることが必要である。また，図8－1（58頁）にみられたように，競技スポーツは単に「勝ち負け」だけで評価されるのではなく，「成功・失敗」として評価することがスポーツ選手の心の健康を得ることに有効である。

健康・スポーツや競技スポーツに関わらずスポーツでは競争を避けるのは難しい。スポーツ界に対する最大の批判は，勝利中心主義（勝利至上主義，優勝劣敗主義）であり，その他にも，根性主義，体罰主義，技術中心主義，体力主義，全体主義，保守主義と多い。これらの批判を避けるためにも，シュルツの心の健康の定義と関連させながら，運動の仕方について再考してみたい。

キーワード
- スポーツ選手の心の健康
- 実力発揮・目標達成型目標
- 個人型練習
- 納得・合意型練習
- 効率型練習
- 楽しみ・思いきり型競技

1）「勝利重視」型から「実力発揮・目標達成」型目標へ

勝つことはスポーツの重要な目標である。しかし，スポーツにおける「成功」とは，単に勝つことだけでなく，努力の過程が重要であり，自己の実力を十分に発揮して目標を達成することが重要である。「負けても成功」はあり得る。自己の目標を設定し，実力発揮・目標達成という「成功」を重視することが，勝利中心主義の排除につながり，「挑戦し，新しい目標や経験を目指す」自己実現という心の健康を高めることになる。そのためには，競技に対する目標を明確に設定しておくことと，評価の仕方が大切である。

2）「集団」型練習から「個人」型練習へ

集団の競技力を向上させるためには個人の競技力を高めなければならない。集団的・同一的練習ばかりでなく，個性を伸ばす練習法の導入，集団の目標だけでなく，個人目標の設定，そして絶対服従的なタテ型人間関係でなく，個人の自主性・創造性を尊重するといった練習法を取り入れることが，全体主義，保守主義といった弊害の排除につながり，個性や独自性の発揮という心の健康に発展する。

3）「体罰・命令」型から「納得・合意（認知）」型練習へ

うまくできなければ体罰，競技に負ければ体罰，そうした命令型の指導は古い。体罰や罵声は指導力不足の何物でもない。なぜできないのか，なぜ負けるのか，なぜ実力が発揮できないのか，を正しく認知させることが大切である。そのためには，スポーツ科学の導入が必要である。スポーツをとおして自分の長所や短所を理解することは，「自分を知る」という心の健康へつながる。

4）「猛烈」型から「効率」型練習へ

オーバートレーニングはスポーツ障害の発生ばかりではなく，自主性の欠如，集中力の低下などの精神的疲労を伴い，ドロップアウトやバーンアウト（燃えつき症候群）に発展する。1日2～3時間以内の練習，週1～2日の定期的休養が必要である。効率的練習は，「自分の生活を意識的にコントロールできる」という心の健康を育てることになる。

5）「不安・あがり」型から「楽しみ・思いきり」型競技参加へ

競技前の不安，プレッシャーといった心理的過緊張や競技中の「あがり」は，パフォーマンスに悪影響する。「現在の自分にできることはすべてした」「実力を発揮すればよい」「自分のプレイをするのだ」「負けることは恥ではない」「思いきりすることが大切である」といった競技に対する認知を変えることによって好結果が生まれる。現在の自分

の実力に合った目標を設定することにより，「現実にしっかりと目を向け」「積極的に取り組む」という心の健康を高めることになる。

（徳永　幹雄）

運動・スポーツを手段にして健康や生活習慣の
指導することが求められる

文　献

1) 安藤延男・村田豊久 共編（1990）：これからのメンタルヘルス，増訂版第2刷，ナカニシヤ出版．1990．Schults,D.（1977）：Growth Psychology: Model of the Healthy Personality.
2) 島井哲志：「健康心理学とは何か」．島井哲志編，健康心理学，培風館，1997．
3) 多々納秀雄（1993）：「健康とは何か―健康概念の変還―」．九州大学健康科学センター編，健康と運動の科学，大修館書店．
4) 徳永幹雄（1993）：「運動・スポーツの心理的効果」「運動・スポーツによる心の健康づくり」．九州大学健康科学センター編，健康と運動の科学，大修館書店．
5) 徳永幹雄・上田真寿美・大場ゆかり（2001）：運動・スポーツ指導におけるメンタルヘルスへの配慮―スポーツ心理学の貢献．日本スポーツ心理学会第27回大会研究発表抄録集．
6) 徳永幹雄（2003）：「運動と心の健康」．健康・体力づくり事業財団，健康運動士養成講習会テキスト．

問　題

1．心の健康の定義を述べ，簡単に説明しなさい。
2．運動・スポーツの心理的効果としてどんなことがあるか述べなさい。
3．心の健康を高めるスポーツの留意点を3つ以上，述べなさい。
4．競技スポーツで心の健康を高めるには，どんなことに注意すればよいか考えなさい。

14 健康スポーツではどのような介入指導をすればよいか（実践例）

実際の健康スポーツの指導はどのようにして行われているのだろうか。指導上の一般的な注意点や児童・生徒，大学生，高齢者，更年期女性，身体障害者，心疾患者などの諸対象者についての実践例を紹介する。

1 健康スポーツの指導上の注意

キーワード
● 継続は力なり

「継続は力なり」と言われるように，何事も継続し続けることが重要である。特に，身体活動や運動を用いて健康・体力づくりを行うとき，継続しなければ効果は得られない。しかし，運動者にとってこの継続が難しく，多くの人がいわゆる「三日坊主」で終わっている。図14－1にC市の健康づくり推進課が開設した「わくわく教室」という運動を主体とした健康づくり教室の約8か月間にわたる参加率の変化を示した。教室は毎週水曜日（第1水曜日は休み），昼間（14時〜16時）に開講され，1回につき2時間の運動プログラムである。参加率の変化をみると，大きく3段階に分類できる。第1段階は運動開始から第3週目までの激減期，第2段階は第4週目から第16週目までの漸減・安定期，そして第3段階は第17, 18週目に再度激減し，19週目から安定・定着期に入っている。教室への参加者は，開始後1か月以内にすでに4割以上の人がドロップアウトし，半年経つと，2, 3割の人しか残っていないのである。夜間の健康づくり教室も同様の傾向を示した。

従って，指導者としては，第一にどうしたら運動者は継続できるかを考えるべきであって，運動の効果・成果をあまり性急に追い求めるべきではない。運動の効果は継続すれば後からついてくるものであることを知るべきである。そこで，どのようにしたら，継続させられるかであるが，12章の3, 4節で述べた，運動に関連する心理的要因を考え，行動変容技法を用いて行えばよい。しかし，ここでは，運動実施者の立場に立って「なぜ運動を継続できるのか」を熟慮し，運動継続化の仮説モデルとして提示された，「運動継続化の螺旋モデル」（橋本，1998）を紹介し，指導上の注意を述べることにする。このモデルは，行動に対する好意的態度を形成し，内発的動機づけを高める主

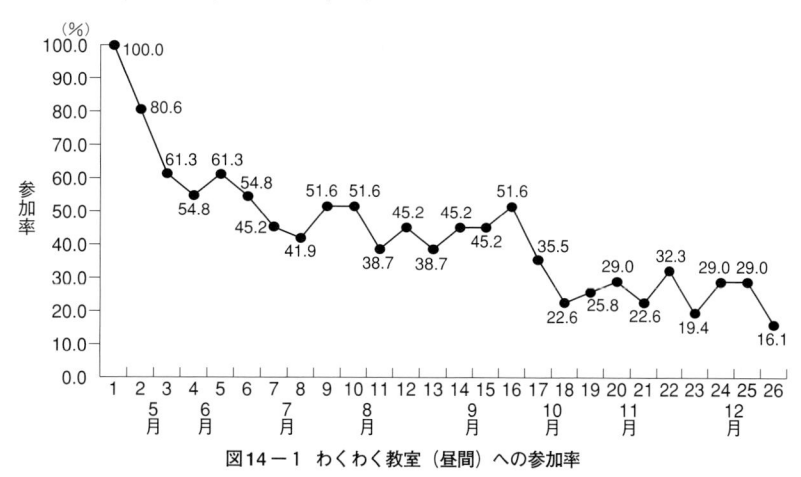

図14－1 わくわく教室（昼間）への参加率

キーワード
- 螺旋モデル
- 快適経験
- 目標設定
- 結果の知識
- 成功体験
- 身体活動習慣

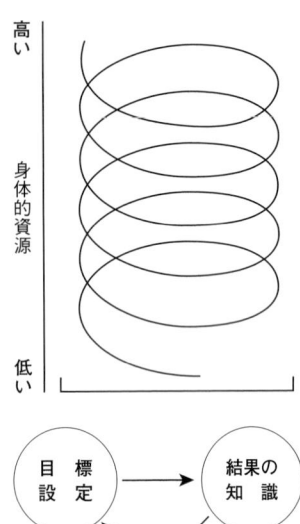

要な要因と身体的資源の変化（改善・向上）でもって，運動行動の継続化を説明しようとするものである（**図14－2**参照）。

モデルは，「快適経験」「目標設定」「結果の知識」「成功体験」，そして「身体的資源」の5つの要因から構成され，前者4つの要因はそれぞれ循環ないし相互関連しつつ運動が遂行され，長期的運動に伴う身体的資源の改善・向上によって，これらはより高次的なものへと質的変化が生じることを意味する。つまり，身体活動・運動の遂行による体力や健康度，運動技術といった身体的資源の改善・向上によって，運動の喜びや楽しさの質的変化，目標設定の変化，結果の知識に対する捉え方の変化，成功感の意味の変化などが生じるというものである。

健康スポーツでは，まず運動の「楽しさ」や「面白さ」，運動後の「爽快さ」を経験することが重要である（快適経験）。運動に対する快感情が形成されるが故に，自発的に運動・スポーツを行うことができ，継続することができる。この「快適経験」が運動意欲（やる気）を喚起させ，「目標設定」へと連動する。目標設定（3章参照）は健康維持増進型の健康スポーツであれば，たとえば「筋力・持久力の強化」「心肺機能の回復・向上」「体重の減少」などの個々の目的をより具体化したものであり，生活エンジョイ型の健康スポーツであれば，「昼休みに運動する」とか「週〇回はテニスを楽しむ」ということになるであろう。目標が設定されると，それを達成するための行動が取られ，その結果や効果を確認することになる。つまり，客観的なデータとして結果の知識を得るのであり，結果の知識は次の行動へとフィードバックされる。目標を達成したという「成功体験」は，喜びや満足感をもたらすと共に，運動意欲や自信を高める。健康維持増進型の健康スポーツにおける「成功体験」は，運動遂行の成就感，ストレス解消，気分の高揚感・爽快感などの主観的・心理的なものも含まれるだろう。

従って，健康スポーツにおける指導上の注意は下記のとおりとなる。
❶ 身体活動・運動はできるだけ自己選択・自己決定させる。
❷ 身体活動・運動が楽しくなるよう工夫をする。
❸ 身体活動・運動をする前に目標を設定させる。
❹ 運動の結果や効果を提示・確認し，話し合う。
❺ 成功体験・成就体験を経験させるために，目標設定の調整を考える。

(橋本 公雄)

図14－2 運動継続化の螺旋モデル

2 児童・生徒への指導

近年，わが国においては，テレビゲームの普及および遊び場の減少などを背景として，児童・生徒の自発的な身体活動量が減少傾向にあることが指摘されている。児童・生徒の身体活動量の低下は，肥満や生活習慣病などの身体的な健康問題だけではなく，精神的問題および社会的問題（人間関係を形成する能力の低下および社会的マナーの欠如など）も引き起こす可能性が指摘されており，現在，児童・生徒の自発的な身体活動を増進させ，身体的，精神的，および社会的健康の改善を図ることが求められている。また，この時期に身体活動

習慣を身につけさせることにより，生涯を通じての健康増進に役立つものと考えられる。

ここでは，児童・生徒の自発的な身体活動量を増強させるためのプログラムを開発するために，最近，喫煙や脂肪分摂取などの不健康な習慣的行動の変容のために用いられている行動変容のトランスセオレティカル・モデル（以下，TTM）が児童・生徒に適用できるかどうかを検討し，TTMに基づいた，効率的（少人数で行える）で，一般性があり（誰でも行える），再現性のある（誰が何度行っても同じ効果が得られる）子どもの身体活動増強のための方略を提案する。

キーワード
● 健康増進

子どもはどこも遊び場，ボールプールで無心に遊ぶ

1）方法

（1）調査対象

A県の公立小学校に在籍する4－6年生合計403名の回答を分析対象とした。

（2）調査尺度

子どもにおける身体活動の変容ステージを測定するために，子ども用身体活動変容ステージ尺度を用いた。また，子どもにおける身体活動セルフエフィカシーを測定するために，子ども用セルフエフィカシー尺度を，子どもの身体活動の意思決定バランスを測定する尺度として，「身体活動の恩恵」因子および「身体活動の負担」因子から構成される子ども用身体活動の恩恵・負担尺度を用いた。

2）結果

（1）身体活動の行動変容段階とセルフエフィカシーの関係

男女共に，「前熟考ステージ」は，他の4つのステージに比べ，有意に低い身体活動セルフエフィカシー得点を示した。また，「熟考ステージ」も，「準備ステージ」「実行ステージ」および「維持ステージ」に比べ有意に低い値を示した。

（2）身体活動の恩恵・負担についての身体活動の変容ステージ間の差の検討

男子において，「前熟考ステージ」は，他のステージに比べ，有意に高い身体活動の負担得点を示した。また，「準備ステージ」は「実行ステージ」および「維持ステージ」に比べ有意に高い身体活動の負担得点を示した。「身体活動の恩恵」については，「準備ステージ」「実行ステージ」および「維持ステージ」は，「前熟考ステージ」に比べ有意に高い身体活動の恩恵得点を示した。また，「実行ステージ」および「維持ステージ」は，「熟考ステージ」よりも有意に高い値を示し，「実行ステージ」は「準備ステージ」よりも有意に高い値を示した。

女子における「身体活動の負担」に関して，「前熟考ステージ」は「準備ステージ」「実行ステージ」および「維持ステージ」に比べ有意に高い値を示した。また，「熟考ステージ」および「実行ステージ」は，「維持ステージ」に比べ有意に高い負担得点を示した。「身体活動の恩恵」についても，「準備ステージ」「実行ステージ」および「維持ステージ」は「前熟考ステージ」に比べ有

キーワード
● 変容プロセス

意に高い身体活動の恩恵得点を示した。また、「維持ステージ」は「熟考ステージ」および「準備ステージ」よりも有意に高い値を示した。

3）考察

子ども（ここでは小学校高学年）を対象としたここでの結果は、成人を対象とした研究結果と非常に類似したものであった。つまり、「身体活動のセルフエフィカシー」や「身体活動の恩恵の知覚」が増加するに伴い、身体活動の行動変容ステージが後期へ移行していた。この結果を受けて、われわれは、TTMを子どもに適用させることは可能であると判断した。そこで、以下ではTTMの構成要素である「変容プロセス（行動変容を促す具体的方略）」を織り交ぜながらいくつかの具体的方略を示した。これらの方略を用いることにより、子どもの身体活動を増強させることができるものと考えられる。

（1）身体活動についての気づきと知識の提供
❶ 子どもに日記などをつけさせる（自己再評価、セルフモニタリング）。
❷ 様々な印刷物に、身体活動の写真やロゴ、ポスターなどを用いる（刺激コントロール）。
❸ 身体活動と健康の関連を教えるために、健康関連従事者に講演を依頼する。

（2）身体活動を増強させるための動機づけを高める
❶ 身体活動目標をたてさせる（自己解放、目標設定）。
❷ 身体活動のバリア克服の方略を教える（セルフエフィカシーの強化）。
❸ 活動的なライフスタイルを達成した子どもには報酬を与え、喜びを教えてあげる（強化マネジメント）。
❹ すべての子どもが参加でき、表彰されるようにする（強化マネジメント）。

（3）生涯を通じての身体活動に必要なスキルを教える
❶ どのように、走るか、歩くか、ウォームアップするかなどを教え、統制感や有能感を高めさせる。
❷ 全員参加型の体育にして、すべての子どもが体を動かせるようにする。

（4）身体活動を支援する物理的・社会的環境の構築
❶ 親も身体活動に参加する（援助関係）。
❷ 学校に設備の整った怪我しないような施設を作る。
❸ 夏休み、休日、放課後もグラウンドを使えるようにする。

（5）身体活動を支援する行政のガイドライン・政策を打ち出す
❶ 町の中で遊べる場所（公園）をアナウンスする（環境再評価）。
❷ 模範的な身体活動増強活動は地方自治体が正式に表彰する。
❸ 新しい学校や古い学校には身体活動増強のための施設作りに援助する。

（上地 広昭）

3 大学生への指導

文部科学省が行っている「体力・運動能力調査」によれば青少年の体力は

年々低下し続けている。大学時の保健体育は，組織的な健康教育の最終段階を担うものの1つであり，またこの時期までの運動習慣や体力は，生涯にわたる健康的な生活習慣の基礎を作るものと言える。しかしこれまで，大学生に対する健康教育の有効性および日常の身体活動量の向上を目指した無作為割付介入の成績は，ほとんど報告されていない。そこでここでは，行動変容技法を活用した簡易な大学体育授業プログラムを開発し，短期の有効性を無作為割付介入計画によって検証した結果を報告することを目的とする。

キーワード
- 無作為割付介入
- 行動変容技法

1）方法

(1) 対象者

対象は，F大学の必修体育授業を受講した新入生405名（介入群：211名，コントロール群194名，女性比49％）で，平均年齢は18.4 ± 0.6歳であった。

(2) 手順

実施された体育授業は，適切な運動習慣の形成を意図したもので，約4か月の学期内に週1回（90分）の頻度で行われている。この授業は「フィットネス」および「アクア」という2つの異なる内容で構成される。本研究はこのうち「フィットネス（5回）」（ベースライン調査1回，介入3回，介入後調査1回）の授業を利用して実施された。合計12クラスを対象とし，介入群とコントロール群の2群にクラス単位で無作為に振り分けた。基本的な授業担当者は各クラス1名（計7名）であった。しかし，日常生活での身体活動量増加に関する部分は，すべて同一の別な指導者が担当し，研究についての説明や指示も行った。両群共1回目の授業で，ベースライン調査として運動実践のステージや運動実施頻度などの項目について測定した。その際に，クラス単位で無作為に抽出した対象者（183名）に加速度計を渡し，介入終了まで装着させた。2～4回目の授業で，1回あたり20分程度の介入を行った後，5回目の授業でベースラインと同様の質問票調査を行った。

(3) 介入内容

介入群の授業では日常の身体活動を促進することを意図し，そのために必要な行動変容技法の理解と習得に授業前半の20分を費やした。具体的には介入1回目に，健康づくりのための身体活動や運動に関する知識と，活動量を高めるための目標の例示と自分に適した目標の自己決定を行った。2回目には，設定した目標の達成度評価を行い，行動連鎖（どのような感情・状況・行動が次の行動選択につながるか）と，運動実践を阻害する状況とその対処について考えさせた。3回目は，介入終了後にも継続可能で，より具体的な目標設定と行動変容を妨げる考え方について取り上げた。なお，各授業とも残りの時間（約60分）は，運動・スポーツ活動を実施した。

コントロール群の授業は，大学で通常行われるカリキュラムに沿って行われた。具体的には，①身体活動や運動の健康への効果や重要性の説明，②簡易な体力測定の実施，③運動・スポーツあるいはレクリエーション活動を授業時間内で実施する，というものであった。

(4) 評価指標

運動消費エネルギーについては，妥当性の確認されている加速度計をクラス単位で無作為に抽出した対象者（183名）に装着させ，そこから得られた値

キーワード
- 運動実践のステージ
- 目標設定
- 達成度評価
- セルフモニタリング

(kcal/day/kg)を用いた。運動実践のステージについては，①私は現在，運動を行っていないし，これから始める気もない（無関心期），②私は現在，運動を行っていないが，これから始めようと思っている（関心期），③私は現在，運動を行っているが，定期的には行っていない（準備期），④私は現在，定期的に運動を行っているが，始めて6か月たっていない（実行期），⑤私は現在，定期的に運動を行っており，6か月以上続けている（維持期），の中から1つだけ選択させることで測定した。その他，運動実施頻度も同時に自己報告に基づき測定した。

(5) 分析

分析はすべての評価項目で回答の得られた307名（全サンプルの75.8%，男：167名，女：140名）を対象とした。また，運動消費エネルギーは介入前後1週間の内，それぞれ4日以上の値を回収できた96名（全サンプルの58.9%，介入群39名，コントロール群57名）を分析対象とした。運動実践のステージは，介入時のステージから1つでも上がった者を「上昇」，1つでも下がった者を「下降」，変化のなかった者を「変化なし」とし，その変容率を求めた。運動実施頻度についても同様に処理した。

2) 結果

まず両群の授業前における基本属性に有意な差は認められなかった。次に介入効果を明らかにするため，運動実践のステージ変化についてみた結果，「上昇」者は介入群で46%，コントロール群で31%であり，両群の間に有意差が認められた（図14－3参照）。一方，「変化なし」と「下降」の変容率には差がなかった。また運動消費エネルギーは授業前後で向上していたが，両群で差はなかった。運動実施頻度についても授業前後で週2回以上の定期的な運動を行っている学生の割合は，介入群では13.9%から34.4%へ，コントロール群では19.9%から30.1へと上昇し，授業前後でのみ有意差がみられている。

以上のことから，介入群の授業はF大学での通常の体育授業より，短期でみれば対象者の運動実践のステージ上昇において有効であることが明らかになった。過去の研究において，このステージ上昇は身体活動量の向上と密接に関連しているとされている。このことから簡易な集団指導であっても，目標設定や達成度評価などの要素を盛り込むことは，その後の身体活動量向上につながる行動の開始を引き起こす可能性が高い。また，運動消費エネルギーおよび運動実施頻度は，授業前後で向上したが，両群の間に差はなかった。加速度計をつけた両群の学生は，日常生活におけるセンサーの装着とその測定結果を記録用紙へ記入することが求められていた。これはセルフモニタリングにあたり，このことが身体活動量の向上に影響している可能性もある。

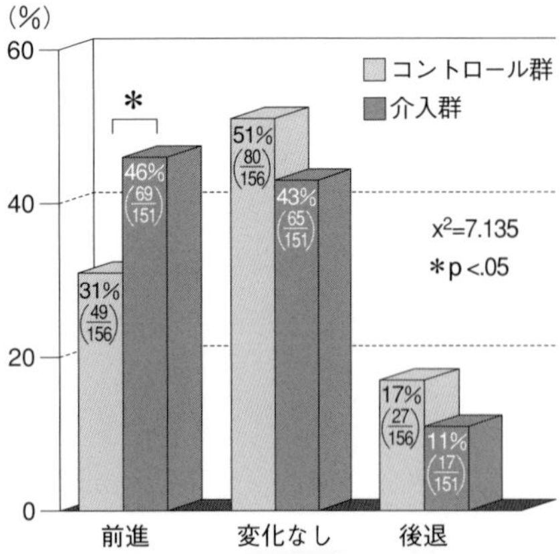

3) 課題

ここで報告した授業は入学当初の4〜6月に行われているため，身体活動量の向上に関しては，大学新入生におけるこの時期の一般的傾向である可能性もあり，この点について検討が必要である。また今後，講義と実技を連動させたプログラム等を開発し，その長期

図14－3 各群のステージ移動の割合

$x^2 = 7.135$
$*p < .05$

前進: コントロール群 31% (49/156), 介入群 46% (69/151)
変化なし: コントロール群 51% (80/156), 介入群 43% (65/151)
後退: コントロール群 17% (27/156), 介入群 11% (17/151)

の有効性についても検証を進めるべきであろう。

　今後健康づくりを目指した大学体育授業では，単に「楽しい」「授業への満足度が高い」だけでなく，日常の身体活動量促進と運動ステージの前進に関する有効性が確認されたプログラムを導入していく必要がある。

(山口 幸生)

キーワード
● 高齢者

文　献

1) 山口幸生 (1999)：生活習慣改善ノート，社会保険新報社.
2) 山口幸生 (2001)：「身体活動の促進」．足達淑子 編：ライフスタイル療法，医歯薬出版.

4 高齢者への指導

　わが国では，平成12年度より「一次予防」に重点を置いた健康づくり対策として「21世紀における国民健康づくり運動（健康日本21）」が推進されている。健康日本21において，身体活動・運動は，健康づくりにおける重要な柱の1つとして具体的な数値目標が設定されており，各地方自治体などにおいても積極的に身体活動・運動の促進を目的とした保健事業が展開されている。高齢者にとって，痴呆や寝たきりにならない状態で生活ができる期間，いわゆる"健康寿命"の延伸は，老人医療費や介護保険費用の削減の視点からも，少子高齢社会が急速に進行するわが国の重要な課題となっている。

　そこで，本稿ではF県の一地方都市で在宅高齢者を対象に実施した運動を中心とした健康づくり教室の事例を紹介しながら，高齢者の運動指導における課題について述べる。

1) 教室の概要

　本事例は，平成12年度にF県T市の保健事業として実施された「高齢者健康づくり教室（以下，教室と略）」である。教室は，平成12年7月から10月まで隔週で合計7回実施された。1回あたりの教室の時間は2時間であった。教室の終了後，平成12年11月から平成13年3月までの約5か月間で計4回のフォローアップを実施した。市の広報誌や保健事業での呼びかけなどをとおして60歳以上の在宅高齢者21名（男性5名，女性16名）が教室に参加した。

　教室の内容は，ダンベルや自重を利用した筋力トレーニングとストレッチ体操にレクリエーションを組み合わせて実施した。また教室毎に，運動に対する動機づけを高めることを目的として，最近の運動実施状況や次回までの運動実施の目標などを自由にディスカッションする時間を20分から30分間設定した。教室期間中は，健康づくりノート（**図14-4**参照）を各個人に配布し，体調，自宅での運動状況，万歩計で測定された1日の歩数，感想などを記録してもらった。教室の効果を測定するために初回と最終回に，質問紙調査と体力測定を実施した。

　フォローアップの内容は，1回目から3回目までは郵送によるサポートを実施し，教室後の自宅での運動の促進や継続を目的とした。4回目は市の保健福

祉センターにて体力測定，質問紙調査，レクリエーションを実施した。郵送によるサポートの内容は，教室で実施した体力測定や質問紙調査の結果のフィードバック，健康づくりや運動に関する情報を提供した。

大学に高齢者を招いて，
学生とゲートボールの交流

記入の方法	体調 ◎非常によい ○まあまあ △ふつう ×わるい	散歩 ウォーキング	ストレッチ 体操	ダンベル	※1	※2	今日の歩数	今日のひとこと
		実施した日に○をつける （※1、2には自分で実施している運動名をかく）						1日の感想を記入
7/3 月								
7/4 火								
7/5 水								
7/6 木								
7/7 金								
7/8 土								
7/9 日								
今週の感想								

氏名（　　　　　　　）

図14-4　「健康づくりノート」の運動記録表

2）結果の概要

　教室の体力および心理的健康への効果を明らかにするために，教室の前後，フォローアップにおいて，体力測定項目（長座体前屈，開眼片足立ち，全身反応時間）およびPhiladelphia Geriatric Center morale scale（PGCモラールスケール）得点で評価された心理的健康の変化を検討した。分析対象者は，すべての測定に参加した16名であった。各体力測定値およびPGCモラールスケール得点は，教室前の測定値の中央値を基準として，高体力群と低体力群，高得点群と低得点群に分類して分析した。

　体力に関しては，長座体前屈の低体力群，全身反応時間の低体力群と高体力群で教室前後からフォローアップにかけて，測定値の有意な変化が認められ，すべての項目において，教室前より教室後またはフォローアップで測定値が改善された。また，開眼片足立ちの低体力群も測定値の改善の傾向が認められた。一方の心理的健康に関しては，教室開始から3か月後の教室終了時において，高得点群，低得点群ともにPGCモラールスケール得点の有意な改善は示されなかったが，8か月後のフォローアップ調査では，低得点群においてPGCモラールスケール得点が有意に改善していた。

3）まとめと課題

　平成12年度からスタートした公的介護保険制度下では，日常生活動作能力（activities of daily living：ADL）などの日常生活機能の自立の評価が介護度を決定する最大の要因となっている。また，日常生活機能の維持は，社会関係の充実や自分自身の健康状態への認知を通じて，高齢者の心の健康を良好に保つための重要な要因になることが報告されている（安永ら，2002）。このようなことからも，高齢者への運動指導は日常生活機能の自立の維持や改善を目的とすることが望まれる。具体的には，ウォーキングに代表される有酸素運動

は，心臓疾患の予防やADLの維持などの体力・生理的効果と共に，ストレスや不安の軽減，気分の高揚などの心理的効果も確認されており，高齢者にとって非常に適した運動であるといえる．最近では，日常生活に必要な体力に対する筋力トレーニングの効果が確認されており，各自治体の保健事業などでも積極的に取り入れられている．

また，獲得した運動習慣をいかに継続させていくかという問題も重要である．鍋谷・徳永（2001）は，運動プログラムは，比較的時間が短く，運動を生活の中に取り入れようと思った時に抵抗の少ないものが，運動の継続性の視点からは重要であることを指摘している．以上のようなことからも，地方自治体などで展開する健康教室の運動指導では，自宅で安全かつ手軽に実践できる簡単なプログラムを紹介し，自宅での運動の促進や継続を促していくことが重要であると考えられる．本事例からも示唆されるように，従来までの集合型での運動指導に加えて，セルフモニタリングなどの行動変容技法を取り入れることは，参加者の自主的な運動行動への意識を高め，日常の運動量を増やすための非常に有効な手段になると思われる．

以上のように，現在までに確立されている高齢者への運動処方の効用性に加えて，運動の実施・継続に有効な心理的技法を取り入れた運動指導を行っていくことや運動プログラムを作成していくことがスポーツ心理学分野の重要な課題であろう．

(安永 明智)

キーワード
- 運動プログラム
- 更年期の身体の変化

文献
1) 安永明智（2004）：地域高齢者の体力・心理的健康に対するセルフモニタリング技法を用いた運動プログラムの効果．高齢者のケアと行動科学，9巻2号，31-41頁．
2) 鍋谷 照・徳永幹雄（2001）：運動継続のための新しいアプローチ．健康科学，第23巻，103-116頁．
3) 安永明智・谷口幸一・徳永幹雄（2002）：高齢者の主観的幸福感に及ぼす運動習慣の影響．体育学研究，第47巻2号，173-183頁．

5 更年期女性への指導

平均寿命の延長と共に，われわれは上手に健康管理を行って，心身共に健康な状態をできるだけ長く保ちたいと願っている．健康管理には，適度な運動，十分な休養，バランスのとれた食事（栄養）が重要な3本柱といわれているが，中高年女性にとっての適度な運動とはどのような運動だろうか．ここでは中高年女性に特徴的な身体の変化や健康問題から，これらを考慮した安全で効果的な運動指導のあり方について話を進める．

1）更年期の身体の変化とそれにかかわる健康問題

更年期は女性のライフサイクルで"ふしめ"の時期と言われ，様々な心身の変化があらわれる．その主たる理由は，加齢による卵巣機能の低下による内分泌の変化，特に性ホルモンであるエストロゲン分泌の衰退である．性成熟期で

キーワード
- 更年期症状
- 中高年女性の健康と運動

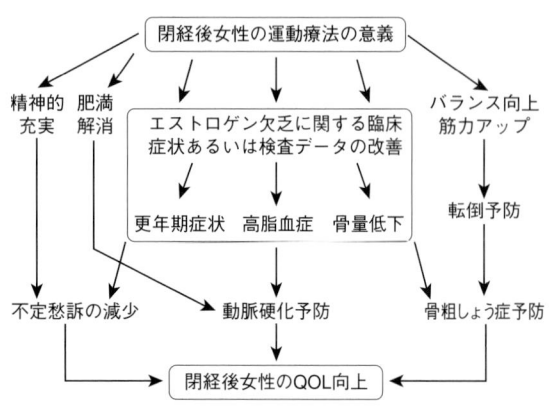

図14－5　閉経後女性に対する運動療法の意義（辻による）

は，月経周期は視床下部－下垂体－卵巣系における精巧なフィードバック機構によって維持されている。しかし，40歳代になると急速に卵巣機能が衰退してフィードバック機構が乱れ，これまでにない急激なホルモン環境の変化が起こり，その結果，心身に様々な不調をきたす。

皮膚，生殖器系では，女性ホルモン（エストロゲン）の欠乏が乳腺，子宮などの腺組織や筋組織の萎縮，さらに周囲の結合組織への萎縮をもたらす。コラーゲンの減少にも関与し，皮膚の萎縮，萎縮性膣炎，尿失禁といった女性のQOLに関係する機能障害をもたらすこともある。また，エストロゲンには骨形成を促進し，骨吸収（分解）を抑制する働きがある。そのため閉経によるエストロゲンの減少は骨量の損失をもたらし，骨粗しょう症，ひいては骨折の主要な発症要因となる。

心臓血管系疾患あるいは虚血性心疾患は西欧の死亡率や罹患率の原因として最も高く，わが国でも悪性新生物に次いで第2位を占める主要な疾患である。心疾患は加齢と共に増加するが，どの年代においても女性は男性よりも発症頻度が低い。それにもエストロゲンなどの女性ホルモンが関係しており，女性はこれらの疾患のリスクから保護されている。ただし閉経を境に血中コレステロールの増加，HDLコレステロールの低下，LDLコレステロール，中性脂肪の増加がみられ，男性同様の心血管障害の発生のリスクにさらされる。

性ホルモンの低下と共にあらわれる心身の様々な不定愁訴は一般的に更年期障害と呼ばれ，中高年女性の健康上の悩みとして最も多くあげられている。更年期症状は，前述した卵巣の老化による内分泌環境の変化に，社会的・心理的ストレスが重なりあって発症すると考えられており，その発症年齢，期間および症状の種類には大きな個人差が認められる。症状の発症頻度は，ほてり，発汗，冷え，動悸，めまい，頭痛，不眠，肩こりなどが多い。現在，これらの症状の治療には，エストロゲンの欠乏が主たる原因ということから薬物療法，特にホルモン補充療法が最も有効とされている。しかし，乳がんのような副作用への懸念から日本の施行率は欧米と比較してかなり低い。最近ではカウンセリングや栄養・運動療法といった非薬物療法の本格的な取り組みが始まり，生活習慣病の予防も兼ねた総合的な中高年女性に対する健康管理の動きもみられる。

2）更年期女性に有効な運動とは

（1）中高年女性の健康と運動

中高年女性の心身の変化や問題に対して運動はどのような効果があるのだろうか。図14－5は辻が示した閉経後の女性対する運動療法の意義である。閉経後はエストロゲンの減少によって高脂血症，骨量低下が起こるが，運動にはこれらを予防したり軽減する効果を有することが先行研究で明らかにされている。また基礎代謝量の低下や栄養過多が原因の肥満，筋力や平衡性（バランス）の低下による転倒についても適度な運動に予防効果があることが多く報告されている。これらが引き起こす動脈硬化や骨粗しょう症を防ぐことは閉経後女性

のQOLを高く保つことに繋がる。

また，この図14－5にある更年期症状への運動の効果には相反する先行報告も存在するが，実際，われわれは適度な運動が更年期症状の中でよくみられる精神神経系の症状を改善させたことを報告している。このように運動には生理的効果と共に不安や抑うつといった心理的症状を改善する効果があると考えられる。

（2）更年期女性に対する運動指導のガイドライン

中高年では何らかの疾患を持っている場合も少なくない。安全かつ効果的な運動を実施するには事前のメディカルチェックが必要である。メディカルチェックの程度はその施設によって異なるが，問診と既往症を中心としたチェック，問診で何らかの症状がある人や年齢の高い人には運動負荷試験の実施などが一般的である。

これまでの研究では，運動実施が可能な中高年女性の適度な運動とは，「適度なきつさ」の運動を1回あたり60分程度，週に2～3回程度行うことが望ましいとされている。運動サークル等の集団に所属したり，集団的スポーツ種目を選択して行うと仲間づくり等の心理的な効果も期待できる。また，継続的に運動を実施している人は生活習慣病の罹患率や更年期症状が低いことも報告されており，予防の観点からも若い頃から運動を生活の中に積極的に取り入れることが重要である。市町村が開催している教室等のサークルや集団に属して運動するのも良い方法である。実施する運動は，生活習慣病に有効であるとされている運動，いわゆる「ニコニコペース」で，話をしながらできる程度の運動を継続的に行うのが良いだろう。図14－6には更年期女性が実際に運動を実施する際の具体例を示した。その日の体調をチェックしながら楽しく運動できるよう指導したい。

（上田 真寿美）

キーワード
- 中高年女性の適切な運動
- 身体障害者
- リハビリテーション

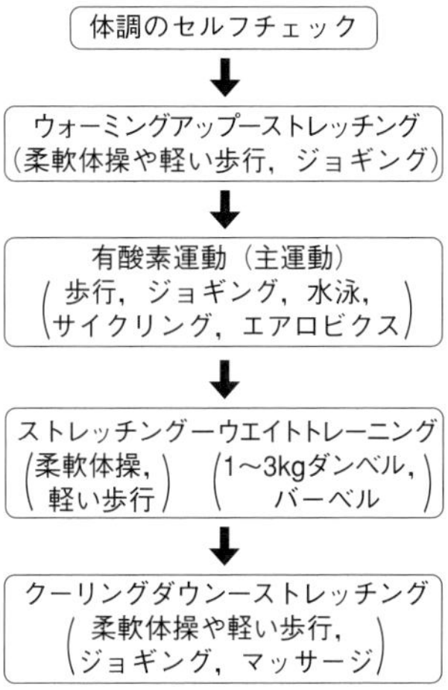

図14－6 更年期女性のための
運動実施例（伊藤に加筆）

文献

1) 越野立夫・武藤芳照・定本朋子 編（1996）：女性のスポーツ医学，南江堂．
2) M. Ueda and M. Tokunaga（2000）: Effects of Exercise Experienced in the Life Stages on Climacteric Symptoms for Females, Journal of Physiological Anthropology, Vol.19, No.4, pp.181-189.
3) 友池仁暢 監訳（2003）：女性の健康と更年期：包括的アプローチ－NIH 2002国際方針声明書より－，学習研究社．
4) 伊藤博之（2003）：「中高年女性の健康とスポーツ」．第8回日本更年期医学会ワークショップ記録集，日本の中高年女性医療の将来を考える，17-22頁．

6　身体障害者への指導

1）身体障害者にとっての運動・スポーツ

従来，身体障害者における運動・スポーツは医学的リハビリテーションの一環として取り入れられてきたが，現在ではパラリンピックなどの国際競技大会レベルまで様々な範囲で行われるようになった。身体障害者は，身体の一部欠

損や機能障害により運動が制限され，運動不足に陥りやすい。また，多くの場合，リハビリテーションによって機能や形態の障害を完全に取り除くことは難しく，この状態を放置すれば身体活動は減少し続けることが考えられる。さらに，合併症や筋肉の萎縮，関節の拘縮，床ずれ，各臓器の機能低下などの二次的障害を持つ者も多く，これらの要因によって身体障害者がさらに虚弱化することが懸念される。このような身体的な退化を防ぐためにも運動・スポーツは有効な手段であり，健康的な生活を送るために重要な役割を果たすことが予想される。

これまでのリハビリテーション医療やリハビリテーション的な運動・スポーツでは，障害により失った機能の回復を目的としてきたが，近年では失った機能に執着するのではなく，残存機能の可能性や内面的価値に注意を向け，障害を受容していくことの必要性が指摘されている（橋元，1999）。障害の概念（世界保健機構：WHO障害の分類改訂版，1997）をみても，機能・形態障害（生理的・解剖学的構造および機能の喪失ないしは異常），活動（活動能力レベル），参加（個人と社会環境との関係）の3つの相互作用で障害を捉えているが，その背景因子の環境・個人因子として性格などの心理的資質が取り上げられている。また，WHOの障害の概念とは別に，心理的な障害の概念の重要性も指摘されている（大川，1999）。このように，これまで軽視されてきた心理的側面の認識が高まってきたのである。

2）実際の指導に向けて－肢体障害者を例に－

身体障害は，肢体障害（肢体不自由），視覚障害，聴覚障害，内部障害，および高齢障害などに分けられる。しかし，肢体障害だけをみても片麻痺や対麻痺，四肢麻痺などに分類でき，また，同じ脊髄損傷者でも，障害を受けた部位によって残存機能が異なるだけでなく，完全麻痺か不完全麻痺かといった違いがある。さらに，受傷時期（先天性もしくは中途障害）で心理的側面は大きく異なる。たとえば，先天性障害者は客観的には不自由と見える障害状態でも本人にとってはそれが常態であり，自分の身体に違和感がないことが多い（三澤，1993）。しかし，中途障害者は先天性障害や小児期の早期障害と異なり，一度獲得された機能の低下や喪失があり，障害を受けた時の心理的な落ち込みも強く，障害を受容して立ち直るためには多大な努力が必要である（小西，1995）。このように，生理学的にも心理学的にも個人差が大きく，健常者であれば，健康の維持・増進に必要とされる運動所要量（たとえば，週2回以上，運動時間1回30分以上，ややきつい運動強度；岡，1998）に基づいて指導することも可能だが，障害の種類や程度，受傷時期などは人によって異なり，「身体障害者」とひとくくりにして画一的な指導をすることは難しい。身体障害者における運動・スポーツのターゲットとなる要因やストラテジーには性差，年齢，および障害の種類などの個人差があることを念頭におき，指導を行っていく必要がある。

また，運動・スポーツの指導を行う際には，実施する目的（可動能力の維持・向上や健康増進といった健康志向，競技力向上を目的とした競技志向など）の把握が不可欠である。さらに，生理学的な基準に捉われず，障害の種類や程度に基づく指導や心理的側面からのアプローチを含めた包括的な指導が大切で

「勝利のため，健康のため…」
様々な理由でスポーツを楽しむ

世界の舞台で活躍する選手たち

アテネパラリンピックが開催された
オリンピックスタジアム

ある。特に，心理的側面へのアプローチとしては，自己効力感を高める情報源を用いた指導が効果的であるように思われる。自己効力感とは，ある具体的な状況において，適切な行動をどのくらい成功裡に遂行できるかという見込み感のことである。自己効力感を高める情報源には，①達成感を感じさせる（成功体験），②同じような運動能力を持っている他者が成功する様子を観察させる（代理的体験），③できたという自信を持たせるような声かけをする（言語的説得），④運動・スポーツの効果を感じるような結果をフィードバックする（生理的状態の知覚）がある。自己効力感を高めることは運動・スポーツの継続にもつながるとされる（竹中，1998）。ここでは特に，筆者が実際の指導場面で遭遇した心理的側面に関する問題について，肢体障害者を例に述べることとする。

キーワード
- 自己効力感
- 心臓リハビリテーション
- 健康関連QOL

ツー・バウンドまで許される車いすテニス

〈例；進行性筋萎縮症，男性〉

この男性の運動の目的は，疾患の進行により低下した筋力や体力の向上および可動能力の向上であった。トレーニング開始直後は車椅子にて移動可能であり，移乗には介助を必要とした。「障害は治らないし，歩けるようには絶対にならない」と言われた経験があり，トレーニングに対する自信をなくしていた。そこで，進行性筋萎縮症に適度な運動が大きな効果をあげるといわれていることを説明し，また，この男性と仲の良かった事故による脳損傷の男性ががんばって歩行トレーニングをしているのを見せて，「○○さんを目標にがんばりましょう」と積極的に声かけを行った（代理的経験）。また，移乗時のバランスの改善などの結果があらわれた点に関してはどこがどのように変化したのか細かく伝え，本人が気づけるようにした（言語的説得，生理的状態の知覚）。最終的には，やる気の向上に伴いトレーニングも継続され，筋力やバランスの向上，移乗動作の自立などがみられた（成功体験）。

（内田 若希）

文献

1) 竹中晃二 編（1998）：健康スポーツの心理学，大修館書店．
2) 日本障害者スポーツ協会 編（2004）：障害者のスポーツ指導の手引き〈第2次改訂版〉，ぎょうせい．

7 心疾患患者に対するリハビリテーション

急性心筋梗塞や狭心症などの虚血性心疾患や，心臓外科術後あるいは心不全に対する治療は，生命予後の改善や病後の生活の質（QOL）の向上を大きな目的としており，それら両者を目的として行われる一連の過程が「心臓リハビリテーション（心リハ）」である。

わが国における従来の心リハでは，主として運動療法の役割が強調され，その結果として心機能ならびに上下肢の筋値や最高酸素摂取量などの客観的に測定される生理学的指標が用いられてきた。最近では患者自身が直接報告する患者の視点で捉えた主観的な健康度・機能状態を表す「健康関連QOL」も，心リハの重要な結果として認知されるようになった。

1）心リハ患者における心理的側面の評価

　健康関連QOLとは，「個人が自己の視点で認識した自身の健康度およびこれに直接由来する日常生活における機能状態を第三者の解釈を得ないで報告したもの，そしてこれを尺度化して測定したもの」と定義されている。具体的には，身体機能や精神状態などの主観的な健康度，またこれらの健康度の変化に伴う仕事・家事などの役割機能の変化，友人や親せきとのつきあいといった社会的機能への影響などの事項を，多様な構成要素や次元に分けて測定・評価する場合が多い。

　心疾患患者の健康関連QOLを評価する際に利用されてきた尺度は，疾患の種類による限定を受けない包括的尺度と，それぞれの疾患を有する患者に特有の事項を含んだ疾患特異的尺度に大きく分類することができる（岡ら，2001）。近年，心リハの効果として，健康関連QOLを評価する包括的尺度であるMedical Outcomes Study Short－Form 36－Item Health Survey（SF－36）が頻繁に用いられている。SF－36は，身体機能，日常役割機能－身体，体の痛み，全体的健康感（以上4つの下位尺度が身体的側面の健康度），活力，社会生活機能，日常役割機能－精神，心の健康（以上4つの下位尺度が心理的側面の健康度）という8つの下位尺度で構成されている。各下位尺度得点は，項目ごとに選択肢の数が異なるため0－100点に換算され，得点が高いほど主観的健康度・機能状態が優れていることを示す。SF－36日本語版は十分な信頼性と妥当性を有することが確認されており，日本人の国民標準値が算出されているため，疾患群の健康関連QOLを国民標準値と比較して検討することができるというメリットがある。

2）心疾患患者に対する心リハの効果

　井澤ら（2001）は，急性心筋梗塞発症後1～6か月時点における患者の健康関連QOLを調査した結果，SF－36によって測定される健康関連QOLは有意に改善することを示した。また，彼らは回復期以降の維持期における急性心筋梗塞発症後19か月時点での健康関連QOLについて調査した結果，SF－36のすべての下位尺度が日本人の国民標準値に到達していることを報告した。

　これらの研究は対照群を設けていなかったが，Izawa et al.（2004a）は，急性心筋梗塞患者124例を対象とし，回復期における8週間の有酸素運動と中等度の強度の上下肢の筋力トレーニングを併用した運動療法を主体とした心リハの効果について検討した。その結果，運動療法施行群は非施行群に比べて，握力や膝伸展筋力および酸素摂取量などを含む運動能力とSF－36のうち特に身体的側面に関する下位尺度が有意に改善することを示した。

　また，Izawa et al.（2004b）は，急性心筋梗塞発症後6か月間の通院監視型心リハが終了した患者の運動継続，身体活動量および健康関連QOLに着目し，発症後1年以上経過した時点でそれらの関係について検討した。その結果，心リハ終了後も運動を継続していた群の身体活動量と健康関連QOL得点は，運動を継続していなかった群より高く，運動継続群のSF－36各下位尺度得点は国民標準値に到達していた。以上のことから，心リハ患者の健康関連QOLを維持・向上させるためには，心リハ後の運動習慣をいかに定着させるかが重

要であることも分かった。

3）心リハ患者の健康関連QOLを高める工夫

　心リハ患者の健康関連QOLを規定する要因は，年齢や運動能力，セルフエフィカシー，ソーシャルサポート，合併症の有無など，様々な要因があげられる。それらの中でも，特にセルフエフィカシーは，近年の保健医療分野において注目を集めている心理的概念の1つである。この概念は，「ある結果を生み出すために必要な行動を，どの程度うまく行うことができるかという個人の確信の程度」を表すものであり，社会的認知（学習）理論の主要な構成要素である。

　わが国では，心リハ患者を対象に，身体活動の遂行に関連したセルフエフィカシーの測定尺度が開発されている（岡ら，2001）。この尺度は，日常生活での代表的な身体活動（歩行，ジョギング，階段昇り，重量物挙上，腕立て伏せ）を，どの程度の強度，時間，回数を行うことができるかの自覚を評価するものである。

　Izawa et al.（2005）は回復期心リハ患者を，介入群と対照群の2群に無作為に選別し，心リハ終了後6か月経過した後の運動の継続率，歩数などの身体活動量および身体活動セルフエフィカシーとの関係について検討している。介入群は，回復期心リハ期間中に通常の運動療法とセルフエフィカシーを高めるための働きかけ，セルフモニタリングのための記録表を用い，患者自身に在宅での身体活動量，体重を記録させるようにした。対照群は，通常の運動療法プログラムのみを施行した。その結果，介入群は対照群と比較して，運動継続率，歩数およびセルフエフィカシーが高くなることが分かった。運動の継続は，健康関連QOLを維持・向上させる1つの要因であることから，心リハにおいてセルフエフィカシーを高め，自己管理の能力を促す方法は健康関連QOLの向上にも貢献する可能性がある。

（岡　浩一朗・井澤 和大）

文 献

1）岡　浩一朗・山田純生・井澤和大・大宮一人・三宅良彦：心臓リハビリテーション患者における健康関連QOL評価．Heart Nursing，第14巻，813-819頁．

2）井澤和大・山田純生・岡　浩一朗・大宮一人・三宅良彦・村山正博（2001）：心臓リハビリテーションの成果としての健康関連QOLの評価-SF-36日本語版の応用—．心臓リハビリテーション，第6巻，24-28頁．

3）Izawa K, Hirano Y, Yamada S, Oka K, Omiya K, & Iijima S（2004a）: Improvement in physiological outcomes and health-related quality of life following cardiac rehabilitation in patients with acute myocardial infarction. Circulation Journal, 68: 315-320.

4）Izawa K, Hirano Y, Watanabe S, Kobayashi T, Yamada S, Oka K, Omiya K, & Iijima S（2004b）: Long-term exercise maintenance, physical activity and health-related quality of life after cardiac rehabilitation. American Journal of Physical Medicine & Rehabilitation, 83: 884-892.

5）岡　浩一朗・山田純生・井澤和大・大宮一人・三宅良彦（2002）：心臓リハビリテーション患者における身体活動セルフ・エフィカシー尺度の開発とその評価．心臓リハビリテーション，第7巻，172-177頁．

キーワード
- 組織キャンプ
- メンタルヘルス
- 児童用組織キャンプ体験評価尺度

6) Izawa KP, Watanabe S, Omiya K, Hirano Y, Oka K, Osada N, & Iijima S (2005): Effect of the self-monitoring approach on exercise maintenance during cardiac rehabilitation: a randomized, controlled trial. American Journal of Physical Medicine & Rehabilitation, 2005 May; 84 (5): 313-321.

8 組織キャンプの指導

組織キャンプは，米国独特のカルチャーとして，また青少年の発達に大きな影響を与える教育手段の1つとして発展を遂げてきた。米国キャンプ協会によると，現在，米国では12,000以上の様々なスタイルの組織キャンプが存在し，3百万人以上の人びとが組織キャンプに参加していることが示されている。一方，わが国においても極めて多くの人びとが組織キャンプに参加していることが推測される。

組織キャンプとは，「野外におけるグループ生活の中で，創造的・レクリエーション的・教育的機会を与える体験であり，また，リーダーシップと自然環境を活用して，キャンパーの精神的・身体的・社会的・そしてスピリチュアルな成長に寄与する体験」である。さらに具体的な体験として述べれば，これまでの研究において，組織キャンプには，「自然との触れあい体験」「挑戦・達成体験」「他者協力体験」「自己開示体験」「自己注目体験」という5つの体験が含まれていることが示されており（児童用組織キャンプ体験評価尺度：IOCE-C），日常生活場面の同一期間と比べて，組織キャンプにおいては上記の体験が豊富に得られることが明らかとなっている（西田ほか，2002）。組織キャンプ場面では，日常生活場面とは異なった体験を積むことで，体験者の心理的側面の変容に影響が与えられることとなる。

本稿では，これまでの組織キャンプに関する様々な研究成果の中から，組織キャンプの体験に伴う心理的恩恵（特にメンタルヘルスへ及ぼす効果）についてまとめ，加えてメンタルヘルス効果を導く際にどのような指導を心掛ければ良いのかといった点について概説することとする。

1) 組織キャンプ体験による心理的恩恵
－メンタルヘルスへ及ぼす効果－

組織キャンプの体験により，様々な心理的恩恵が得られることがこれまでに明らかにされている。中でも，特にメンタルヘルス（精神的健康状態）の改善・向上効果を検討した研究には多分野からの注目が集まっている。従来の研究では，組織キャンプ体験前に比べ，体験後に状態不安や特性不安が軽減されること，また抑うつの改善が示されること，そして不機嫌・怒り感情の改善が起ることなど（たとえば，西田ほか，2000）が明らかにされてきたが，メンタルヘルスの肯定的側面への効果は見出されていなかった。

そのような理由から，西田ほか（2003）はメンタルヘルスの肯定的側面と否定的側面の両方に同時に着目し，組織キャンプ体験後におけるメンタルヘルス効果についての検討を行っている。この組織キャンプは，小学校5年生から6年生までの児童27名を対象としており，6泊7日間の日程で実施されている。組織キャンプの目的は，自然体験をとおして生命を尊重する心を育むこと，共

組織キャンプ・プログラムの実践例(1)

組織キャンプ・プログラムの実践例(2)

同生活の体験をとおして感謝の心を育むこと，そして異年齢での班活動体験をとおして協調性や責任感を養うと共に友情を育み自己を見つめ直す機会とすることを掲げていた。この組織キャンプでは，イニシアチブゲーム，トレッキング，飯盒炊飯，勤労体験，そしてキャンドルファイヤーなどが行われた。

小学生のメンタルヘルスを多面的に測定するための心理測定尺度である児童用精神的健康パターン診断検査（Mental Health Pattern for Children：MHPC：西田ほか，2003）を用いて，組織キャンプの影響を調べた結果，組織キャンプを体験した後の児童は，「生活の満足感」が向上し，そして「怒り感情」「疲労」が軽減された（**図14－7，8**参照）。

このことから，組織キャンプの体験は，メンタルヘルスの否定的側面を軽減させる効果を持つだけでなく，肯定的側面を向上させるという効果があることが示された。「生活の満足感」の向上は，自然との触れあいや友だちとの交流，自ら取り組む活動の充実などから起こり，「怒り感情」「疲労」の軽減は，自然環境での体験活動や活動のエンジョイメントなどから得られる可能性があることが考えられた。

> **キーワード**
> ● 自然体験
> ● 児童用精神的健康パターン診断検査
> ● エンジョイメント

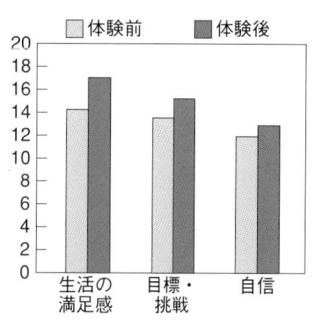

図14－7　組織キャンプ体験に伴うメンタルヘルス（やる気次元）の変容

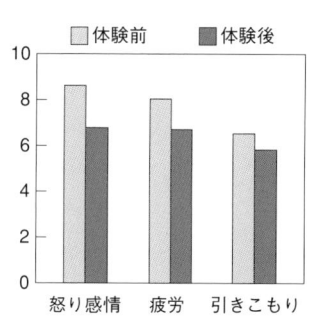

図14－8　組織キャンプ体験に伴うメンタルヘルス（ストレス反応次元）の変容

2）組織キャンプ場面におけるメンタルヘルス改善・向上のための指導法

多くの研究で組織キャンプの体験がメンタルヘルスの改善を導く可能性が示されているが，なぜ，そして，どのようにしてメンタルヘルスの改善・向上が導かれるのかを示した研究は極めて稀である。しかし最近になって，やっとその効果のメカニズムを解き明かそうとする研究が現れ始めている。

因果関係を探った研究の1つとして，西田ほか（2005）は，組織キャンプにおけるメンタルヘルス改善・向上の重要な要因として，エンジョイメント（Enjoyment）を取り上げ，その媒介効果の検討を行っている。ここで言う，エンジョイメントとは，「ポジティブな感情を反映する，あるいはその感情状態に導く最適な心理的状態」である。「組織キャンプ体験」→「エンジョイメント」→「メンタルヘルス変容」というモデルを検討したところ，エンジョイメントが組織キャンプ体験とメンタルヘルス変容との関連を媒介することが明らかとなった（**図14－9**参照）。具体的には，組織キャンプの体験の程度が高くなるにつれて，エンジョイメントの程度が高くなり，ひいてはメンタルヘルスが改善・向上するという機序が確認された。

このことから，組織キャンプ・プログラムを立案する場合には，組織キャンプ独特の体験を単に多く積ませることにのみ配慮するのではなく，体験に付随したエンジョイメントを活動の際にどのようにして盛り込み，また体験者自身にエンジョイメントを如何にして体感させるのかについて留意することが，メンタルヘルス改善・向上を導く際の重要な鍵になると思われる。それ故，組織キャンプの企画・運営等に携わる人びとは，体験者がエンジョイメントを感じる体験内容を見極めつつ，それに応じたプログラム内での指導を行うことが有効である。ただし，エンジョイメントを感じる内容は，体験者個々人において一様ではない可能性も考えられる。今後，組織キャンプ場面におけるエンジョイメントについて詳細に検討していく必要がある。

本稿では，組織キャンプ体験に伴うメンタルヘルス効果について述べると共

に，その改善・向上を導く上での指導の指針について，これまでの研究成果を基にまとめてきた。しかし，ここで述べた効果メカニズムは「原理や原則」として未だ十分に適応できるとは言い難く，今後，さらなる研究データの蓄積により一般化を試みる必要がある。また，本稿で扱ったメカニズム以外にも，複数の効果メカニズムが存在することが考えられる。従来の研究では提示されていない，新しい効果メカニズムの証明も重要な研究課題である。

(西田 順一)

文 献

1) 西田順一・橋本公雄・徳永幹雄 (2000)：児童の組織キャンプ体験がストレス反応に及ぼす影響—認知的評価との関連から—．健康科学, 第22巻, 151-157頁．

2) 西田順一・橋本公雄・柳 敏晴 (2002)：児童用組織キャンプ体験評価尺度の作成および信頼性・妥当性の検討．野外教育研究, 第6巻第1号, 49-61頁．

3) 西田順一・橋本公雄・徳永幹雄 (2003)：児童用精神的健康パターン診断検査の作成とその妥当性の検討．健康科学, 第25巻, 55-65頁．

4) 西田順一・橋本公雄・徳永幹雄・柳 敏晴 (2003)：組織キャンプ体験が児童のメンタルヘルスに及ぼす効果—とくに自己決定感を中心として—．スポーツ心理学研究, 第30巻第1号, 20-32頁．

5) 西田順一・橋本公雄・柳 敏晴・馬場亜紗子 (2005)：組織キャンプ体験に伴うメンタルヘルス変容の因果モデル—エンジョイメントを媒介とした検討—．教育心理学研究, 第53巻2号．

問 題

1. 健康のための運動・スポーツの指導では，どんなことに注意すれば良いか述べなさい。

2. もし，あなたが健康のために，運動・スポーツを指導するとしたら，どんな対象に，どんな内容ができるか述べなさい。

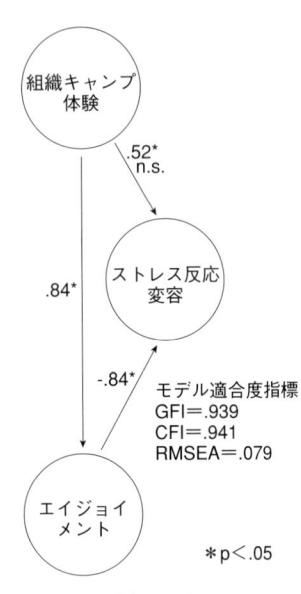

図14-9
組織キャンプ場面におけるメンタルヘルス変容（ストレス反応次元）の機序—エンジョイメントを媒介とした場合の因果分析—

第4部
スポーツ心理学の研究法

15 スポーツ心理学の研究にあたって

スポーツ心理学の卒業論文や修士・博士論文を作成するにあたって，参考にして貰いたい研究方法，研究計画，統計法，レポート・論文の書き方，関係する著書について紹介する。

キーワード
- 評価の技法
- 生活習慣の評価
- 心理状態の評価

イメージ中の呼吸の測定

1 メンタルトレーニングの評価法

　評価とは「品物の価格を定めること，または評価した価格，善悪の美醜，優劣などの価格を判じ，定めること」である。すなわち，メンタルトレーニングの評価とはメンタルトレーニングの目的，方法，有効性，問題点などの価値判断を行うことである。

1) 評価の技法

(1) 研究法としての技法…観察法，実験法，調査法，面接法，事例研究法，KJ法などがある。

(2) 測定法としての技法…心理的評価技法（各種の心理テストを実施して，診断・評価ができる技術）が特に求められる。その他，生理的評価技法（メンタルトレーニング中の生体の変化を生理学的指標から分析する技術。たとえば，リラックスやイメージトレーニング中の筋電図，脳波，皮膚温，呼吸，心拍などを測定・分析ができること）も必要になる。

(3) 研究分析法としての技法…量的研究の技法（測定や調査結果について平均値などを用いて量的変化を分析する）と質的研究の技法（インタビューなどによる事例的研究の結果を複数の分析者で同意されるまで議論を重ね，吟味することによって質的変化を分析する）がある。

(4) データ解析としての技法…得られたデータをコンピュータにより，平均値の算出や変化の検定，分散分析による変化の分析や作図，作表などの解析能力が必要である。

2) 生活習慣の評価

　メンタルトレーニングの第一歩は本番に向けての日常生活で規則正しい生活習慣をすることである。スポーツ選手として望ましい生活習慣ができていることが重要である。そうした意味で，メンタルトレーニングの効果の視点として生活習慣の変化を評価することが必要である。

3) 競技前の心理的状態の評価

　メンタルトレーニングを受けることにより競技前の心理的コンディショニング

がうまくできているかを評価することも重要である。何を評価すれば良いかは評価法の内容によって異なるので，目的にあった適切なものを選ぶ必要がある。

キーワード
- 競技内容の評価
- 心理的スキルの評価
- プログラムの評価

4）競技中の心理状態の評価

最も重要なことは，実施するスポーツ種目にとって望ましい心理状態が作れたかどうかを評価することである。決断が必要な時に適切な決断ができ，耐えるべき時に忍耐力を発揮できたか，ということである。それはスポーツ種目によって異なるし，個人によっても異なるだろう。

5）競技後の競技内容についての評価

（1）目標達成度の評価

競技前に設定された結果およびプレイに対する目標が達成されたかどうかを評価する。

❶結果に対する評価…勝敗，距離，時間，順位などの競技の結果に対する目標が達成されたかどうかを「1.達成できなかった　2.まあまあ達成できた　3.達成した」の3段階で評価する。

❷プレイに対する評価…技術，体力，心理面についての目標が達成されたかどうかをそれぞれ3段階で評価する。

（2）実力発揮度の評価

時間を短縮するスポーツは「ベスト記録÷当日の記録×100」で評価する。逆に距離を伸ばすスポーツは「当日の記録÷ベスト記録×100」で評価する。種々の条件で記録は影響されるが数字的記録で示されるスポーツでは100％以上の力を出すことが実力発揮度の基準となる。時間や距離では計算できない場合は，主観的に判断して評価する。

（3）パフォーマンス確率の評価

スコアブックなどで明らかにできる打率，シュートの成功率，サーブの成功率，エラーの発生率などの確率を評価する。

（4）特定状況における技術の発揮度の評価

特定の状況を易しい場面から難しい場面に設定し，自分が行うスポーツの技術がうまくできるかどうか（自己効力感）を評価する。スポーツ選手にとっては，接戦の時，ピンチになった時，プレッシャーがかかった時に自分の技術がうまくできるかどうかに対する自信が重要である。

（5）内省報告の評価

選手自身から競技内容とメンタルトレーニングとの関係について感想をインタビューなどで聞いてメンタルトレーニングの評価をする。

6）特性としての心理的スキルの評価

メンタルトレーニングの実施前後で心理的特性をみるテストで，数か月間のメンタルトレーニングをした場合の特性としての心理的スキルの変化を評価する。

7）メンタルトレーニングのプログラムの評価

（1）トレーニングの実施方法の評価

メンタルトレーニングの実施について場所，時間（何時頃から何時間実施す

るか），頻度（週何回か），期間，指導者・指導方法などについて評価する。

(2) トレーニングプログラム内容と用いた技法の評価

トレーニングした心理的スキルの内容とそのために用いた技法を評価する。たとえば，リラックススキル（呼吸法，漸進的リラクセーション法など），集中力，イメージなどをトレーニングした場合は，それぞれの内容に対する評価である。

(3) トレーニングの内容の評価と選手・チームの変化の関連性の評価

選手が受けたメンタルトレーニングのどの内容が選手やチームのどのような変化に関連しているかを評価する。また，必ずしも個々のプログラムではなく，メンタルトレーニング全体としての評価が選手やチームの変化に影響することも考えられる。研究としてのメンタルトレーニングは，特にトレーニングの内容と変化の関連性を明らかにしなければならない。

(4) 全体的評価

最終的には第三者の評価や指導者と選手との関係を加味して，トレーニングプログラムの総合的評価を行い，さらに有効な方法を提示すべきであろう。

〔徳永 幹雄〕

文献

1) 新村 出 (1998)：「評価」，広辞苑第5版，岩波書店．
2) 徳永幹雄 (2002)：「メンタルトレーニングの評価」．日本スポーツ心理学会編，スポーツメンタルトレーニング教本，大修館書店．

2 運動・スポーツ心理学研究における研究デザイン

運動心理学（Exercise psychology）の目的は健康・体力づくりに，そしてスポーツ心理学の目的はスポーツ競技力向上に関わるといって良いかもしれない。研究法はこれらの研究領域の目的を達成するために取られるものであるが，その方法が異なるわけではない。人の心と行動を質問紙法を用いた調査や実験をとおして調べたり，効果的な方法やプログラムを試行してその成果を確認したりしながら，変数間の関係や因果関係，プログラム評価，さらには理論やモデルを構築しようとしているのである。その際，研究法としては，データの収集の仕方，研究デザインの組み立て方，分析の仕方などがある。ここでは，運動の健康に及ぼす効果を事例に様々な研究法を概説する。

運動による健康への影響を調べるためのデータの収集法としては，1つは自由記述法，インタビュー法，観察法などがあり，この研究方法を質的研究（qualitative research）という（詳細は152頁）。質的研究は近年，運動・スポーツ科学研究でも盛んに用いられるようになった。この研究法は，運動後にどのような健康に関わる変化が生起するか分からないような時や単一事例を扱う時などに有効である。質的研究ではデータの信頼性や妥当性を高めるために，解釈や研究の方法論によるトライアングレーションという方法が用いられる。これに対し，健康状態に関する質問項目を設定し，その反応カテゴリーを数量

化してデータを扱う研究があり，これを量的研究（quantitative research）という。量的研究では，平均値，相関分析，多変量解析など様々な統計的分析を用いて，変数間の相互関係や規定力を調べることができる。

また，研究デザインとして，横断的研究（cross-sectional study）と縦断的研究（longitudinal study）がある。横断的研究はある集団から質問紙法などを用いてデータを収集し，分析するもので，縦断的研究は対象とした個人内の変化を調べるものである。横断的研究で得られた分析結果は，関係性の強さを示すが，因果関係を示しているわけではなく，因果関係を明らかにするには縦断的研究が必要である。運動の健康に与える影響を調査票で調べる際，1回の調査データを分析するのは横断的研究であるが，その集団に運動・スポーツ活動を行わせ，運動前後の健康度の変化をみるのは縦断的研究である。

疫学研究における縦断的研究においては，前向き研究（retrospective study）と後ろ向き研究（prospective study）という研究法がある。前向き研究は予測的研究デザインであり，後ろ向き研究は研究成果の説明的研究デザインである。運動に伴う健康度の変化の要因を探る際，前向き研究ではある集団に運動を実施させ，他の集団には別の活動を行わせ，事前と事後の健康度の変化を分析する方法で，運動と健康度の因果関係を明らかにするものである。それに対し，後ろ向き研究は同一集団の健康状態を事前と事後の2回測定し，運動群と非運動群に分類して分析し，運動の健康度に及ぼす影響を調べる方法である。

研究デザインとして前実験（pre-experiments），準実験（qasi-experimental design），真の実験（true experiments）がある。前実験はpre-postデザインであって，統制群がない研究である。たとえば，運動に伴う健康度の変化を調べる際，単にあるグループに運動を行わせ，運動前後の健康度の変化を調べる研究法である。これに対照群を設定し，二群間の相違を調べる場合は，準実験デザインとなる。真の実験デザインは，ある母集団を無作為に割付け，一方に介入を行い他方は非介入として比較検討する研究デザインである。運動・スポーツ心理学研究領域では，この真の研究デザインに基づく研究は極めて少ない。よって今後は，健康・体力づくりや競技力向上に関する研究を行う際，因果関係を明らかにする上においても，真の実験研究のデザインを用いるべきであろう。

(橋本 公雄)

キーワード
● 実証的研究

文献

1) 南風原朝和・市川伸一・下山晴彦 編（2001）：心理学研究法入門，東京出版会．

3 実証的研究の方法論

スポーツ心理学には，直観や推測ではなく，実験や調査などの結果をもとに，スポーツ行動と心の働きの関連について明らかにしていくという実証科学的な側面がある。ここでは，ある事柄の正しさを客観的な事実を拠りどころとして証明する実証的研究の方法を概観する。

キーワード
- 実験的研究
- 観察的研究

1）実証的研究の方法

（1）実験的研究と観察的研究

　実証的研究は，実験的研究と観察的研究（あるいは相関的研究）の2つに大別される。これらの研究方法の最も大きな違いは，変数の操作を行うか，行わないかである。実験的研究では，研究者が原因（実験条件）を意図的につくり出し，それらが生みだす結果を測定する。研究者がつくり出す原因を独立変数，測定される結果を従属変数と呼ぶ。実験的研究の目的は，厳密に規定された方法によって独立変数を人為的に操作し，独立変数が従属変数にどのような影響を及ぼすかを明らかにすることである。一般に，観察的研究は独立変数の操作を行わずに，自然に生起する現象をそのままの形で測定する。基本的には2つの変数の関係を相関係数などで表現する。最近は観察的研究（たとえば，調査研究）においても，変数間の因果関係を説明するモデルの検証が盛んに行われている。実験的研究と観察的研究の利点・欠点は原岡（2002）によって簡潔にまとめられている。本節では実験的研究の方法に焦点を当てる。観察的研究の方法に関しては，本章の第6節で心理尺度の作成法が解説される。

（2）実験的研究における剰余変数の統制

　実験的研究には，独立変数と従属変数の他に剰余変数が関与する。剰余変数は従属変数に影響を及ぼす独立変数以外の変数である。因果関係の存在を実証するためには，独立変数の操作だけでは不十分である。剰余変数は独立変数と従属変数の間に見かけの因果関係をつくることもあれば，因果関係を隠すこともある。因果関係を実証するためには，剰余変数の統制が必要となる。剰余変数の統制とは，従属変数に対する剰余変数の効果を独立変数の効果と見誤らないようにするために，独立変数の操作と共に剰余変数の値が変わらないように一定に保つことである。剰余変数の統制は創造的な作業である。研究対象に関する深い知識と研究者としての知恵を必要とする。

　剰余変数を統制する方法は，統計的統制と実験的統制に大別される。統計的統制では，剰余変数として作用しそうな変数の値を測定し，重回帰分析や共分散分析などを用いて分析する。これらの方法では，数学的に剰余変数の値を一定にした時，独立変数の値の変化が従属変数の値にどのような変化をもたらすかを調べる。実験的統制は直接的統制，個体差変数の統制，個体内変動の統制に分けられる。直接的な統制が可能な剰余変数は実験の段階で取り除くことができる。ところが，剰余変数の中には被験者の個人差（個体差）など排除できないものがある。個体差は研究に直接あるいは間接的に影響を及ぼす剰余変数として作用する可能性があるので，適当な実験計画法を用いて統制しなければならない。

（3）個体差変数の統制と実験計画法

❶ 被験者内計画

　個体差変数を統制する理想的な方法は，被験者内計画と呼ばれる実験計画である。被験者内計画では，同じ被験者にすべての実験条件が割り当てられ測定・観察が行われる。この実験計画は，残留効果がある場合，つまり，ある実験条件での独立変数の効果が，別の実験条件での測定に影響を及ぼす場合は用いることができない。残留効果は剰余変数の1つである。心理学の実験ではその存在が否定できない場合が多く，被験者内計画が使えないことが多い。

❷ 被験者間計画

被験者内計画が使えない場合は，個体差変数を統制するために被験者間計画を用いる。被験者間計画では各実験条件に異なる被験者を割り当てる。被験者を割り当てる際は，実験に影響を及ぼすような偏りが起きないように，配分方法に工夫をする必要がある。一般的に用いられる配分方法は，ブロッキングと無作為配分である。ブロッキングは実験への影響が懸念される個体差変数の値をあらかじめ測定しておき，個体変数に差がでないように被験者を適当なブロックに分ける方法である。一方，無作為配分は文字どおり複数の被験者を無作為に各実験条件に割り当てる方法である。実験的研究の妥当性，経済性，実現性の点では無作為配分の方法が優れているといえる。しかし，独立変数の効果の検出力を高めるために，可能であればブロッキングを行うほうが良いという指摘もある（高野・岡，2004；森・吉田，1990）。

（4）個体内変動の統制

個体内変動には，慣れの効果や練習効果などの時間に関係する変数（時間変数）と時間に依存しない変数が関与する。時間変数以外の変数を統制するためには，複数回の測定を行わなければならない。測定を複数回行う場合は，当然時間的な前後が生じるので時間変数が関与することになる。従って，個体内変動を統制する時は，時間変数とそれ以外の変数を同時に統制しなければならない。個体内変動の統制においては，試行や測定の順序に関してカウンターバランスや無作為化を行うことになる（高野・岡，2004）。

2）その他の研究方法

スポーツ心理学では最近，介入研究などの実践研究が盛んに行われている。実践研究とは「研究者が対象者に対して働きかける（介入する）関係を持ちながら，対象者に対する援助と研究（実践）を同時に行っていく研究」である。介入研究も基本的には実験的研究の手法を用いる。心理学では，現実場面での観察の記述や臨床的実践などから仮説を練り上げていく質的研究の方法が重視されつつある。また，「真の実験」ができない場合（たとえば，被験者が少ない場合）の準実験計画や単一事例実験計画も注目を集めている（南風原，2001；原岡，2002）。これらの研究方法は，スポーツ心理学の分野へはまだ浸透していない。

（藤永 博）

文献

1）高野陽太郎・岡 隆 編（2004）：心理学研究法―心を見つめる科学のまなざし，有斐閣．
2）南風原朝和・市川伸一・下山晴彦 編（2001）：心理学研究法入門―調査・実験から実践まで，東京大学出版会．
3）原岡一馬（2002）：心理学研究の基礎，ナカニシヤ出版．
4）森 敏和・吉田寿夫 編（1990）：心理学のためのデータ解析テクニカルブック，北大路書房．

キーワード
- 回帰分析
- 重回帰分析

4 スポーツ心理学に必要な統計解析法

　この節では，スポーツ行動と心の働きの因果関係を明らかにするための実証的研究（実験・調査・実践研究など）で頻繁に用いられる統計解析法の基本的な考え方について簡単に説明する。

1）回帰分析

　2つの変数の関係を調べる場合，一方の変数（独立変数）の値から他方の変数（従属変数）の値を予測したり，独立変数が従属変数にどのような影響を与えるかを調べたりすることが多い。平均への回帰という考え方は，2変数間の関係が完全な直線関係ではない時，「独立変数の値から従属変数の値を予測する」という文脈の中で生じる。現実のデータでは，独立変数のある1つの値に対して，従属変数が常に同じ値をとることはまずない。1つの値に対していろいろな値が観察されるのが普通である。独立変数 x の値に対して得られる従属変数 y の値の分布を考え，それらの値の平均を変数 x の関数 $f(x)$ で表すと，

$$y = f(x) + (偏差)$$

と表現できる。つまり y は x が与えられた時の「条件つき平均」と「平均値からの偏差」で表される。一般にこのようなモデルを回帰モデル，$f(x)$ を y の x への回帰式と呼ぶ。関数 f が複数の量的な独立変数 $x_1, x_2, \cdots, x_p$ の一次結合，

$$f(x_1, x_2, \cdots, x_p) = a + b_1x_1 + b_2x_2 + \cdots + b_px_p$$

で表される時は重回帰式，$p=1$ の時は単回帰式と呼ぶ。量的な変数とは，身長や体重のように数値データによって対象の特徴を表わすものである。回帰モデルには独立変数が質的な変数であるものや，質的な独立変数と量的な独立変数が混在するものもある。前者を利用する分析が分散分析，後者を利用する分析が共分散分析である。質的な変数とは身長の高さ（高い・低い）のように，記述的なデータによって対象の特徴を表わすものである。

2）重回帰分析

　スポーツ心理学の研究では，複数の量的な変数を用いて従属変数を説明・予測する統計法がよく用いられる。このような方法では，変数相互の相関関係を踏まえて，それぞれの変数について他の変数の効果・影響を取り除いても，その変数は従属変数の変化の原因となるかを調べる。他の変数の効果・影響を取り除くためには部分相関や偏相関などの概念が導入される（南風原，2002）。重回帰式を用いる重回帰分析では，偏回帰係数が重要な意味をもつ。上述の重回帰式では b_i が偏回帰係数である。たとえば，偏回帰係数 b_1 は，変数 $x_2, x_3, \cdots, x_p$ を一定と仮定した時，x_1 が y にどれくらいの影響を及ぼすかを示す。従って，$x_2, x_3, \cdots, x_p$ を一定とした上で x_1 を変えるという想定が妥当かどうか，妥当だとすればどのように解釈するべきかを考える必要がある。偏回帰係数に関しては，誤った解釈がなされることが少なくないので注意を要する。偏回帰係数は重回帰分析だけではなく，因子分析や共分散構造分析でも重要な役割を果たす。

3）分散分析

　分散分析はスポーツ心理学の研究において最も頻繁に用いられる手法の1つである。分散分析は，質的な独立変数が従属変数に及ぼす効果・影響を検定する方法である。質的な独立変数のことを要因，要因の値のことを水準と呼ぶ。分散分析では要因の水準によって従属変数の平均値がどのように異なるかを分析する。独立変数の操作を伴わない観察的研究（たとえば，調査研究）においても独立変数が質的である時は分散分析を用いる。

　要因に3つ以上の水準がある時は，どの水準間に従属変数の平均値の差があるかを調べるために，多重比較を行う必要がある。たとえば，ある要因に3つの水準がある場合，水準1と2の比較，水準2と3の比較，水準1と3の比較という3通りの比較を行うことになる。しかし，このような対ごとの比較の繰り返しでは，統計的に有意な結果が出やすくなるという問題が生じる。この問題に対処する方法として，多重比較のための特別な検定法が開発されている。分散分析および多重比較については森・吉田（1990）あるいは南風原（2002）を参照されたい。

> **キーワード**
> ● 分散分析
> ● 共分散分析
> ● 因子分析
> ● 共分散構造分析

4）共分散分析

　共分散分析は，分散分析と回帰分析を組み合わせた方法といえる。たとえば，2つの教授法AとBの効果を比較するために，被験者を教授法Aを用いるグループと教授法Bを用いるグループに無作為に分けて，それぞれの教授法を用いた授業の前後に事前テストと事後テストを実施し，2つのグループの事前テストと事後テストの平均点を計算したとする。この場合，利用した教授法の効果に関わらず，被験者の個体差（学力差）により事前テストの得点が高い者は事後テストの得点も高くなると考えられる。2つのグループの事前テストの平均点が異なる場合，事後テストの得点の事前テストの得点への回帰式を用いて被験者の学力差を補正した上で，2つのグループの事後テストの平均点を比較することができる。これが共分散分析である。従属変数と共変関係にある変数を共変数と呼ぶ。共変数は剰余変数である。上述の例では，事後テストの得点が従属変数，事前テストの得点は共変数である。回帰式の傾きが異なる場合は，共分散分析を使うことはできないので，別の方法を用いなければならない（渡部，1988）。

5）因子分析・共分散構造分析

　スポーツ心理学の研究では，多くの変数の複雑な相互相関を調べることがある。その際，互いに相関関係の強い内容の似た複数の変数の背後に，それらに影響を及ぼす共通の原因が存在すると仮定し，共通の原因との関係をもとに各変数の特徴を明らかにしたり，変数間の相関関係を説明したりする。この共通の原因のことを共通因子，あるいは単に因子と呼ぶ。因子分析ではどのような因子の存在を想定すれば，多くの変数の間に見られる複雑な相関関係がうまく説明できるかを調べる（探索的因子分析）。また，特定の因子と変数の間の関係を説明する仮説モデルをつくり，そのモデルをデータによって検証することもできる（確認的因子分析）。

キーワード
- 質的研究

確認的因子分析の考え方をさらに発展させたのが共分散構造分析である。共分散構造分析の特徴を簡単にまとめると，次のようになる。

❶ 変数と因子間の相関関係を定量的に分析することができる。
❷ 因子間の因果関係を定量的に分析することができる。
❸ パス図を使って変数や因子の関係を表すモデルを自由に設定することができる。

共分散構造分析は変数の因果関係に関する仮説を検証するための仮説検証ツールである。また，共分散構造分析は重回帰分析や因子分析などを包括する統計解析法である。多変量統計解析法の系統的な学習に最適な「教材」といえる。

（藤永 博）

文 献

1) 南風原朝和（2002）：心理統計学の基礎—統合的理解のために—，有斐閣．
2) 森　敏和・吉田寿夫 編（1990）：心理学のためのデータ解析テクニカルブック，北大路書房．
3) 渡部　洋 編（1988）：心理・教育のための多変量解析法入門—基礎編，福村出版．

障害者スポーツでは，障害の種類や程度が異なるので，質的研究が有効

5 質的研究の進め方

　心理学や社会学の中で，質的研究は長い歴史を持っている。しかしながら，体育学，運動科学，スポーツ科学領域において，質的研究が頻繁に見受けられるようになるのは1980年代以降であり，この分野では比較的新しい研究法である。スポーツ心理学においても調査・実験に代表される伝統的なアプローチに代わり得るものとして，多くの研究者が質的アプローチの重要性を主張している。

1）理論背景と目的

　質的研究は量的研究とは異なる方法論に基づいている。たとえば，人間の関わる「現場」とはいくつもの要因が複雑に絡み合っており，それを細かく要素に分解してしまうのではなく，1つの集合体・連続体として解明しようとする。そして，既成の理論や概念枠組みでは捉えきれない，現場に密着したローカルな理論をデータから帰納的に生成していくことが特徴の1つである。そのため，質的研究は探索的な研究方法であり，研究の初期段階において有効であるという見方がなされることが多い。
　たとえば，障害者スポーツの現場において義足を使用している下肢切断者の心理的変化の実態は不明な部分が多い。そこで，「下肢切断者のスポーツ参加による心理的変化とその過程」を検討しようとした場合，障害の種類や程度，各個人を取り巻く環境や時間経過などの影響を考慮する必要があり，その背景には多様な要因が存在している。つまり，それらの要因を細かく分解してしまうことは，連続した変化や，全体としての心理的変化を分解してしまうことになる。このため，この場合では，質的アプローチを選択することが適当であると考えられる。

このように述べると，量的な研究と一線を画すような印象を持たれるかもしれないが，質的な研究の持つ意味と量的な研究の持つ意味において本質的な相違があるわけではない。なぜなら，ある現象を説明しようと試みる姿勢や社会的な有用性を追及することは両者を分かつものではないからである。それでもなお，質的なアプローチによって現象を捉えようとする際には，発想や論理が異なるということを自覚して取り組むべきであろう。

2）質的データについて

それでは，質的研究で用いる質的なデータとはどのようなものなのだろうか。質的データとは言葉の形式によって表現されたものだけでなく，図や映像などもデータとして考えることができる。これらの質的なデータは，研究者が任意に選択した対象への面接や観察，記録から自然な形で抽出される。

上述の研究テーマのサンプリングにあたっては，「下肢切断者」で「義足を使用」しており，さらに「スポーツに参加している」という条件を満たす対象者を選択する。たとえば，面接では対象者が個人の主観や経験したことを自由に語れるよう配慮して，場合によっては収集されたデータは日常会話に近いかたちをとることもある。また，扱う現象に対しての先入観を出来る限り持たないようにしなければならない。なぜなら，質的なデータはデータ収集や分析において自由度が高い反面，研究者の主観的な解釈におちいりやすいからである。むしろ，「客観的ではない」ということを認識し，データ収集，分析を行うことが薦められている。

3）データ収集方法

ここでは心理学の質的研究において最も広く用いられるとされている，半構造化面接について少し触れてみることにする。この技法の特徴は，あらかじめ準備されたインタビューガイド（質問項目やテーマ，具体的な質問文，進行上の指針などをリストアップしたもの）に基本的に沿いながら，テーマに焦点を当てつつ，話の流れに応じて柔軟に質問を変えたり加えたりできるという点である。

例にあげた研究テーマの場合では，下肢切断者がリハビリテーション期からスポーツに参加し，現在に至るまでの間にどのような心理的な変化を感じていたのかについて半構造化面接を行っている。しかし実際のインタビュー場面では，過去と現在を行ったり来たりすることもある。また，インタビューガイドにはないが重要であると思われる語りがあった場合は，そのことについてさらに詳しくインタビューをしていく。その際にも，研究テーマを常に念頭に置き，インタビューを舵取りしながら進めていく。

その他にも，ナラティブ（narrative，物語風の）・インタビューやグループ・インタビュー，観察法，など様々な方法がある。

4）データの分析方法

一般に量的な分析では，測定された変数が何を表すものかはあらかじめ定義されており，変数どうしの関係の程度を明らかにしていくのに対し，質的な分析は，質的なデータから得られた内容を解釈し，分類し，類型化，概念化して

キーワード
● 心理尺度の作成

いく。さらに，データから抽出された概念どうしを関連づけることによって仮説を作り出すことまでを質的な分析と呼ぶことができる。上述した半構造化面接などから得られたデータの場合，まずトランスクリプト（インタビュー内容をすべて文字に変換すること）が行われる。そして，トランスクリプトされたデータを繰り返し精読することで，対象者の発話に潜んでいる様々な意味を汲み取り，解釈していくことになる。一般に事例を分析する場合，各々の事例を深く理解することが目標とされるが，各種の方法論によって重点のおき方が様々である。たとえば，理論的コード化では，主にカテゴリーを中心に作業を進めていく。一方，ナラティブ・インタビューの分析や客観的解釈学と呼ばれる方法では，個別事例に焦点をおき，事例ごとの分析を経た後に事例間の比較，統合が行われる。

このように，データの収集・分析方法には様々なものがある。研究者の設定した研究テーマ，目的などを十分考慮した上で，適切な方法を選択すべきである。

5）質的研究の限界

質的な研究には，常に結果の一般化の程度という問題がつきまとう。質的研究においてなされる解釈や生成された仮説，モデルの多くは，極めて限定された範囲の対象に適応されることになる。しかし，人間一般にあてはまる"ユニバーサルな理論"よりも，特化・限定された"ローカルな理論"が，実用的で有用である場合もある（遠藤, 2002）。ここで例にあげてきた研究結果も，広く人間一般，障害者一般へと普遍化できることを目的とはしていない。むしろ，「下肢切断者」で「義足を使用」し「スポーツに参加している」人とそこに関わる人びとへ有用な知見を提供できることを目的としている。

これまで述べてきたように，質的研究では具体的な事例が重要とされ，扱う事例数が少ないことはいなめない。質的なアプローチでは，現象の多様さや，量研究では扱いきれない複雑な文脈を解釈するために，少数事例を丁寧にたどるのである。質的研究を行うことは決して量的な視点を排除したり，否定することではない。両者がお互いを補う役割を果たすことによって，現象のより深い理解を可能にする。

（船橋 孝恵）

6 心理尺度の作成法

ある事柄に対する心の状態を調べる時に，質問紙が用いられる。そして，心の状態を数量化して，強度や構造を分析する時には心理尺度が用いられる。調べたい内容の心理尺度がすでに作成されていれば，それを用いればよい。しかし，それがなければ，新しく作成しなければならない。ここでは，心理尺度の作成の方法について述べる。一般的に図15-1のような作成過程が用いられている。

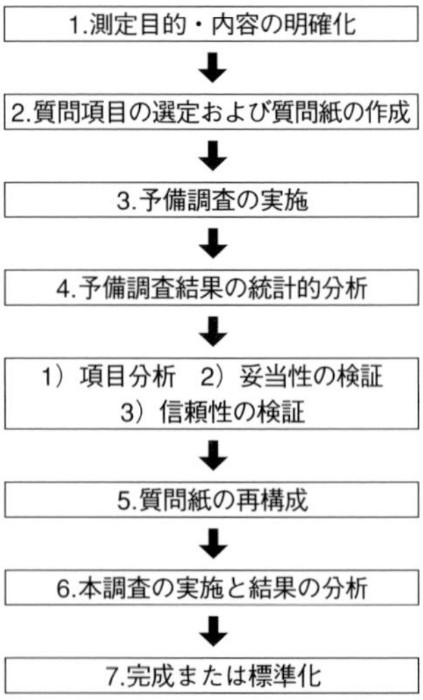

1）測定目的・内容を明確化する

❶測定すべき内容を明確にする。

```
1.測定目的・内容の明確化
        ↓
2.質問項目の選定および質問紙の作成
        ↓
3.予備調査の実施
        ↓
4.予備調査結果の統計的分析
 1）項目分析　2）妥当性の検証
 　　　3）信頼性の検証
        ↓
5.質問紙の再構成
        ↓
6.本調査の実施と結果の分析
        ↓
7.完成または標準化
```

図15-1　心理尺度の作成過程

❷ 測定尺度が妥当であるための条件を明確にする。
❸ 測定対象，時期，方法などを決定する。

キーワード
- 質問項目の選定
- 予備調査
- 項目分析
- 妥当性の検証

2）質問項目の選定および質問紙を作成する

（1）質問項目の選定…関連文献（関連尺度の項目，関連文献の記述，記事・小説など）を調べたり，人に聞く（自由記述，個別面接，対象者の適切な選択，複数の専門家の意見など）。さらには，自分で考える。

（2）項目の絞り込み…30〜50の項目数が望ましい。多くても50〜80項目くらいまでにする。

（3）回答形式…多くはリッカート法。5件法または3件法の評定尺度の回答肢を設ける。

（4）質問紙の作成…質問の順番を決めて，妥当性検証のための調査・内容などを加えて質問紙を作成する。

3）予備調査を実施する

❶ 対象数は因子分析などを使用するので，質問項目の数より多くする。
❷ 対象数はできれば項目数の10倍以上が望ましいが，2倍程度でも問題ない。

4）予備調査結果を分析する

予備調査のデータを用いて妥当性や信頼性を分析する。

（1）項目分析…弁別力のある項目の決定を行う。

❶ 項目の通過率…合計得点でいくつかの群を作成し，各質問の回答傾向に有意差の認められない項目を削除する。
❷ Good-Poor分析…合計得点から上位25％群，下位25％群を作成し，各質問の平均値の検定，カイ2乗検定などから，有意差のない項目を削除する。
❸ Item-Total（項目—全体）相関分析…項目全体得点と各質問項目との相関係数を求め，有意差のない項目は削除する。
❹ クライテリオン群の設定…尺度得点が高くなると思われる基準群を設定し，一般群との間で平均値に有意差が認められない項目は削除する。
❺ 因子分析…尺度に一次元性が仮定できる時，回転前の第1因子で因子負荷量が一定の値（0.4の基準が多い）以下の項目を削除する。また，複数の次元を想定した尺度では，回転後の因子の命名が不可能，あるいはふさわしくない項目，因子負荷量の低い項目は削除する。

（2）妥当性の検証

❶ 内容的妥当性…測定目的にふさわしい項目が選択されているかを検討する。
❷ 基準関連妥当性…すでに標準化されている他の類似した尺度や基準となる変数などとの相関係数を検討することで求める。
❸ 構成概念妥当性…測定された個人差が研究者によって構成された概念（理論モデル）でうまく説明できる内容であるかを求める。その方法として，収束的妥当性（同じ概念を測定していると考えられる尺度との相関が高いことによって求める），弁別的妥当性（異なる構成概念とみなされる尺度と相関がみられないことにより求められる），因子的妥当性（ある

キーワード
● 信頼性の検証

構成概念を測る尺度が複数の下位概念から構成されていることを因子分析によって求める）などがある。また，あらかじめ予測された構造にどの程度実際のデータが適合するかを示す共分散構造分析による「検証的因子分析」が，近年，多く用いられている。

(3) 信頼性の検証

❶再テスト法…同一テストを同一対象者に複数回繰り返し実施し，その一致度を相関係数で示したものを信頼性係数と呼ぶ。調査間隔は前回の影響がみられない期間が必要であり，短い場合で1〜2か月，長い場合は1年程度で行われている。

❷折半法…複数回測定の影響を排除する方法。尺度を2分（奇数・偶数群，前半・後半群）して，それぞれの合計得点を算出し，両群の相関係数を算出し，Spearman-Brawnの公式にあてはめ，信頼性係数を求める。

❸アルファ係数…折半法では項目の分け方で相関係数が異なる。この点を考慮して，全ゆる折半基準で算出された信頼性係数の平均値を算出するのがクロンバックのアルファ係数である。信頼性係数は，いずれも明確な基準はないが，0.7以上，できれば0.8以上あることが望ましい。

5）質問紙の再構成

(1) 項目数を調整し，(2) 尺度を決定する。(3) 項目の順番を決め，並びかえて質問紙を作成する。

6）本調査の実施と結果の分析

(1) 新しい質問紙で項目数の10倍程度のデータを集める。(2) 再び，項目分析，妥当性，信頼性を分析して確認する。(3) 同時に評価法・診断法を作成する。

7）完成または標準化

作成された質問紙を (1) 他の人に使って貰えるようにする。そのためには手引き書が必要である。(2) できれば，市販できるようにする。

以上のようにして心理尺度は，妥当性，信頼性を検証し，診断基準を作成することにより，多くの人びとに使用できるようになる。

(徳永 幹雄)

文 献

1）堀 洋道・山本真理子・松井 豊編（1994）：心理尺度ファイル―人間と社会を測る―，垣内出版．

2）浅井邦二編（1994）：こころの測定法―心理学における測定の方法と課題―，実務教育出版．

3）南風原朝和・市川伸一・下山晴彦編（2001）：心理学研究入門―調査・実施から実践まで―，東京大学出版会．

4）下中 弘（1992, 初版第9刷）：「項目分析」「妥当性」「信頼性」．新版心理学事典，平凡社．

5）徳永幹雄（2004）：体育・スポーツの心理尺度，不昧堂出版．

7 レポート・論文の書き方

調査や実験によって何かがわかったとして，それらを第三者に伝える方法にはいくつか考えられるが，そのうちの1つがレポートや論文を書くことである。ここでは，このような研究レポート・論文を執筆する際の一般的な書き方について，簡単に説明する。

通常，レポート・論文は，「問題（目的）」「方法」「結果」「考察」「まとめ」「文献」等で構成されている（図15－2参照）。各構成部の概要は，以下のとおりである。

1）問題（Introduction）

英語表記に合わせて，「序論」「緒言」「はじめに」などとすることも多い。日本心理学会発行の『執筆・投稿の手引き 2005年改訂版』では，この部分の見出しは書かなくてもよいことになっているが，実際には，多くの論文で見出しが用いられているので，あまりこだわらなくてもよいだろう。

内容としては，この論文でどのようなことを問題にするのか，何を調べようとするのかなどについてが記載される。通常は，これまでに行われてきた関連研究を振り返りながら（先行研究のレビュー），まだ明らかにされておらず，この論文で解決したいと考える問題を見つけ出す作業を行うことになる。

「問題」部の後半（最後）には，この研究で何を明らかにしようとするのかという，研究の目的を記載する。短いレポートでは，見出し自体を「目的（Purpose）」とすることもある。また，「このような結果となるだろう」という仮説も，この部分に記述しておくことが望まれる。

2）方法（Method）

対象者や被験者，材料がどのようなものであったかを記載すると共に，具体的な手続きなどを，読み手が同じ手順で研究を再現できるように，詳しく記述する。既製の実験装置や質問紙を用いる場合は，それらの名称も載せるようにする。対象者・被験者の人数や基本的属性（性別や年齢，身分など）も記載するが，「事例研究」などの場合は，個人が特定されないようにするなど，プライバシーの保護に十分配慮しなければならない。

3）結果（Results）

得られた結果を，「問題」部でたてられた仮説に照らしあわせながら，整理して記載する。適宜，図や表を用いると，理解しやすくなる。図表には，番号とタイトルをつけるが，原則として，図のタイトルは図の下に，表のタイトルは表の上に書くことになっている。また，1つの論文の中に，同じタイトルの図表が出てくることがないよう注意する。

定量的な分析を行った時は，結果を示す際に，統計を用いることが勧められる。統計には，平均，標準偏差などの基本統計（記述統計）や，見つかった違いが意味のあるものであるかどうかを示すための統計的検定（推測統計）などが含まれているが，適切な方法を用いなければならないだけでなく，適切な書式で記載する必要がある。

キーワード
- 日本心理学会
- 執筆・投稿の手引き
- 先行研究
- レビュー
- 目的
- 仮説

問題・目的
何が問題なのか，何を調べるのか
↓
方　法
どのように調べたのか
↓
結　果
分析によって，どのような結果が得られたのか
↓
考　察
得られた結果から，何が言えるのか
↓
（まとめ）
↓
文　献
参考もしくは引用した論文や著書のリスト
↓
（付　録）

図15－2　レポート・論文の一般的な構成

キーワード
- 学術論文
- アブストラクト
- 結論
- 付録
- 実践報告
- 事例研究

4）考察（Discussion）

　得られた結果を，先行研究の結果や既存の理論を踏まえながら解釈する。ある程度自由に解釈してもよいが，主観的になりすぎることは避けなければならない。あくまで，結果をもとに，論理的に議論することが望まれる。

　結果が仮説どおりとならなかった場合は，その理由について，様々な角度から分析する。また，今後に向けて，ここで行った研究の問題点や限界の指摘，将来必要であると考えられる研究の提示などを行うこともある。

　なお，短い論文の場合は，結果と考察を合わせて，「結果および考察（Results and Discussion）」とすることがある。

5）まとめ（Summary）

　「要約」と表記することもある。「目的」「方法」「結果」「考察」のすべての内容が含まれるようにして，研究全体を簡単にまとめる。多くの学術論文では，論文の冒頭に「概要（アブストラクト：Abstract）」があり，そこに研究全体をまとめた内容が記載されるので，「まとめ」は必ずしも必要ではない。また，「まとめ」の代わりに「結論（Conclusion）」とする場合もある。

6）文献（References）

　「参考文献」「引用文献」とすることもある。論文で参考もしくは引用した論文や著書を列挙する。学術論文では，原則として，本文中に引用したもののみを掲載することになっているが，レポートや卒業論文などでは，その限りではない。

　書式には，前出の『執筆・投稿の手引き』で規定されているものなど様々なものがあるが，1つの論文の中では，統一されていることが重要である。

　また，論文によっては，文献の後に，「付録（Appendix）」をつけることがある。「付録」には，実際に用いた質問紙の写しやデータの一覧などを掲載する。

　なお，研究領域や用いられた研究手法によっては，論文の構成は，必ずしもこのとおりでなくてよい。特に，実際の指導のあり方とその成果について報告する「実践報告」や，個人や個別の事象を詳細に検討する「事例研究」では，上述したものとは異なる構成となる場合が多い。

（杉山 佳生）

文 献

1）B.フィンドレイ，細江達郎・細越久美子 訳（1996）：心理学実験・研究レポートの書き方―学生のための初歩から卒論まで―，北大路書房．
2）杉原 隆（1987）：「研究のまとめ方（論文・実習レポートの書き方）」，松田岩男・杉原 隆 編：新版運動心理学入門，大修館書店．
3）三井宏隆・伊東秀章・中島崇幸（1999）：心理学・卒論マニュアル，垣内出版．

8 スポーツ心理学に関係する著書

キーワード
● スポーツ・健康科学書総目録

スポーツ心理学を扱った著書や雑誌は，これまでに数多く出版されている。ここでは，紙面の都合上，比較的新しく，広範な領域が扱われているものを中心に紹介するが，ここで取り上げなかった著書の中にも，大変有用なものが多数あるので，図書館や文献目録等で検索してみることが望まれる（スポーツ・保健体育書目録刊行会が毎年発行している『スポーツ・健康科学書総目録』が役に立つ）。

1）スポーツ心理学一般

日本のスポーツ心理学の研究および実践の中心的存在である「日本スポーツ心理学会」が編者となっている著書には，『スポーツ心理学概論』（不昧堂出版，1979），『スポーツ心理学Q&A』（不昧堂出版，1984），および『コーチングの心理Q&A』（不昧堂出版，1998）がある。これらは，多数のスポーツ心理学会員によって執筆されており，スポーツ心理学研究の動向を知るのに役立つ。加えて，2004年末には，これからの研究の方向性を提示しようという目的で，『最新スポーツ心理学－その軌跡と展望』（大修館書店，2004）が発刊された。

一方，スポーツ，体育，運動に関わる心理学を，専門的かつ網羅的に扱っているのが，『新版運動心理学入門』（大修館書店，1987）である。これは，1976年に出版された『運動心理学入門』を，研究の発展に合わせて改訂したものであるが，スポーツ心理学研究の基礎を理解するのに最も重要な著書の1つであると認識されている。また同時期に，13巻からなる「応用心理学講座」の1冊として，『スポーツの心理学』（福村出版，1988）が発刊されており，スポーツ心理学を概観するのに役立っている。日本人とドイツ人の共著である専門的概説書，『トップアスリーツのための心理学』（同文書院，1993）もまた，研究成果を十分に踏まえた上で心理的トレーニングの実践法を検討しており，研究のためにも実践利用においても，大変有用なものとなっている。

2000年代に入り，『スポーツ心理学の世界』（福村出版，2000）が発刊され，比較的新しい理論や知見が紹介された。また，500ページを越える大著，『スポーツ心理学ハンドブック』（実務教育出版，2000）が出版されており，スポーツ心理学の様々な領域について，専門的な解説がなされている。

スポーツ心理学の入門書として出版されているものには，『やさしいスチューデントトレーナーシリーズ2：スポーツ心理学』（嵯峨野書院，2002）や『入門スポーツの心理』（不昧堂出版，1997）などがある。これらは，初学者にもわかりやすくまとめられており，スポーツ心理学への導入書として役立つと思われる。

2）スポーツ心理学の各領域

近年は，実践的な心理面のトレーニング，すなわちメンタルトレーニングを中心に扱った著書が増えている。西野・土屋（2004）が，これらのメンタルトレーニング関連和書（翻訳書を含む）の内容をまとめているので，参照するとよい。

メンタルトレーニング領域で欠かすことのできない著書としては，『選手と

キーワード
- 学術雑誌
- スポーツ心理学研究
- 体育学研究

コーチのためのメンタルマネジメント・マニュアル』（大修館書店，1997），および『スポーツメンタルトレーニング教本改訂増補版』（大修館書店，2005）があげられよう。前者は，実際にオリンピック選手らに処方されたメンタルトレーニングの実例を紹介しており，後者は，スポーツメンタルトレーニング指導士によって執筆された，指導士あるいは指導士補を目指す人のための指導書である。共に，実践的な活用という点で，大変重要な文献である。また，『改訂版・ベストプレイへのメンタルトレーニング』（大修館書店，2003）も，理論から診断，実践まで総合的にメンタルトレーニングを扱っており，メンタルトレーニングを語る際に欠かすことのできない著書となっている。

一方，具体的方法が記載されていて，ワークブックとしても使えるものには，『メンタルトレーニングワークブック』（道和書院，1994），『スポーツメンタルトレーニング－ピーク・パフォーマンスへの7段階－』（翻訳書，岩崎学術出版社，1995），『トップレベルのメンタルトレーニング』（翻訳書，ベースボール・マガジン社，1996），『今すぐ使えるメンタルトレーニング』（ベースボール・マガジン社，2002［選手用］，2003［コーチ用］）などがある。

さらに，スポーツ種目別に心理的なトレーニングの理論と方法を紹介しているものとして，大修館書店より，『○○のメンタルトレーニング』（翻訳書）というシリーズが刊行されている。これまでに対象となっている種目は，バスケットボール（1991），ゴルフ（1992），テニス（1992），野球（1993），ランナー（1994），水泳（1996），ダンス（2003），サッカー（2004）である。

スポーツ心理学の重要な一領域である「運動学習」に関する著書としては，『運動学習とパフォーマンス』（翻訳書，大修館書店，1994）があり，運動学習理論がまとめられている。また，『運動行動の心理学』（高文堂出版，1989），『運動心理学の展開』（遊戯社，2001）では，運動行動についてのかなり専門的な解説がなされており，さらに，『運動指導の心理学』（大修館書店，2003）では，運動学習理論と動機づけ理論が実践的な運動指導と結びつけられて論じられている。

健康運動心理学いわゆる運動心理学（exercise psychology）を概説したものとしては，『健康スポーツの心理学』（大修館書店，1998）がある。『健康と競技のスポーツ心理』（不昧堂出版，2002）では，特定のテーマについて，専門的に論じられている。

3）雑誌

スポーツ心理学に関する研究論文が掲載されている学術雑誌としては，『スポーツ心理学研究』や『体育学研究』があり，また，『教育心理学研究』，『健康心理学研究』などにも，関連論文が載っていることがある。これらの雑誌は市販されていないが，掲載されている論文は，大学の図書館等を通じてコピーを手に入れることができる（有料）。

市販されている一般雑誌で，スポーツ心理学に関する情報がしばしば載っているものに，『体育の科学』（杏林書院）や『コーチング・クリニック』（ベースボール・マガジン社）がある。いずれも月刊誌であり，スポーツ心理学に限らず，体育やスポーツに関する科学的および実践的な記事が多数掲載されている。

（杉山 佳生）

文 献

1) 西野　明・土屋裕睦（2004）：我が国におけるメンタルトレーニング指導の現状と課題―関連和書を対象とした文献研究―．スポーツ心理学研究，第31巻第1号，9-21頁．

問 題

1．スポーツ心理学の研究の方法論について述べなさい。
2．メンタルトレーニングでは，どんな評価をすれば良いか説明しなさい。
3．レポートや論文の書き方のポイントを述べなさい。
4．心理尺度の作成方法について説明しなさい。
5．健康スポーツの研究で注意することを考えなさい。
4．集中力を持続するには，どんな方法があるか考えなさい。

Column

| コラム | 健康度・生活習慣の診断法が必要 |

　国民の健康や生活習慣病への関心が急速に高まる中で，保健体育の授業やスポーツ指導をとおして健康の維持・増進や生活習慣の改善を指導することも重要な課題と考えられるようになった。そのためには，健康度や生活習慣の現状を分析したり，ある一定期間後の変化を明確にできる診断法が必要である。そこで，中学生から社会人までの健康度（身体，精神，社会面）および生活習慣（運動，食事，休養）を57項目の質問から調査する診断法を開発した。名称は「健康度・生活習慣診断検査（Diagnostic Inventory of Health and Life Habit，略してDIHAL.2，ディハル・ツー，中学生〜成人用）である。

　個人の結果は，自己採点により，因子別プロフィール（下図）や尺度別プロフィールが円グラフで描け，健康度・生活習慣パターンが判定できる。約15分前後で実施できるので，健康に関する授業やスポーツ教室の前後や研修会・講習会などで使用すると便利である。

（徳永 幹雄）

因子別プロフィールの例

文 献

1) 徳永幹雄（2004）：健康度・生活習慣診断検査（DIHAL．，中学生〜成人用）―手引き―，トーヨーフィジカル発行（TEL.092-522-2922）．
2) 徳永幹雄・岩崎健一・山崎先也（2004）：学生の運動及び修学状況と健康度・生活習慣に関する研究．第一福祉大学紀要，創刊号，59-73頁．

第5部

スポーツ心理学の基礎知識

附章 スポーツ心理学に必要な基礎知識とは

附章では，1章～15章で詳しく触れなかったが，スポーツ心理学の一般的な基礎知識として理解しておいて貰いたい事項について追加・紹介する。

キーワード
- 動機づけ
- 動機づけ理論

1 動機づけ理論と原因帰属理論

1）動機づけとは

動機づけは，「行動を一定の方向に向けて発動させ推進し持続する過程，ないしはそれにかかわる機能の全般をおおまかに示す用語」と定義される。すなわち，動機づけには行動を始発する働き，一定の目標に行動を導く働き，行動を強化する働きがある。そして，行動の原動力となる欲求などの内部要因，行動を方向づける目標や誘因，両者の関係から生じる行動の三者の関連を含んだ概念とみなされる。

2）動機づけ理論の分類

スポーツ行動を説明するために，様々な動機づけ理論が提案されてきたが，それらは理論の基本的な志向性によって，3つのカテゴリーに分類することができる（表16－1参照）。

（1）動機理論志向

動機理論志向とは，ある動機の有無と水準によって，行動が決定されるとする立場である。たとえば，内発的動機づけ理論では，自己の有能さの認知の程度や，自己決定がどのくらいできるかといった水準で行動が決定されるとみなされる。

（2）期待－価値理論志向

期待－価値理論志向とは，刺激の認知的処理の結果，形成される期待と価値のいずれか，あるいは両者の水準によって，行動が決定されると考える立場である。期待と価値の高低には，刺激をどのように受けとめるかという認知的評価が大きく影響している。

（3）目標理論志向

目標理論志向とは，個人が抱く目標の認知的表象の特質と機能に基づき，個人が意図的に動機づけのあり方を決定すると考える立場である。ここ

表16－1 動機づけ理論の分類

	行動の決定因	主な理論
動機理論志向	ある動機の有無と水準	達成動機理論（MaClelland,1953） 内発的動機づけ理論（Deci,1971） 自尊心に関する社会心理学の理論群 など
期待－価値理論志向	刺激の認知的処理の結果形成される，期待と価値の水準	期待価値理論（Atkinson,1957） 原因帰属理論（Weiner,1974） 自己効力理論（Bandura,1977） など
目標理論志向	個人が抱く目標の表象の特質と機能	目標志向性に関する理論 （Dweck,1986；Nicholls,1983） など

（奈須（1995）を基に，磯貝（2000）作成）

では複数の目標を想定し，たとえば，課題志向性や自我志向性の持ち方の相違により，行動が異なるとされる。

3）原因帰属理論とは

原因帰属理論は，前述の期待－価値理論志向のカテゴリーに含まれる理論である。この原因帰属理論では，達成結果（成功・失敗）の原因をどのように認知するか，その認知によって感情やその後の行動がどのように変化するかを対象としている。

ワイナー（Weiner, 1974）は，統制の位置（内的・外的）次元と安定性（安定・不安定）次元により，原因帰属を能力，努力，課題の困難度，運の4つに区分している（**表16－2**参照）。不安定要因（努力・運）に原因を帰属させた場合，次回への期待が変化し行動が継続される可能性があるが，安定要因（能力・課題の困難度）への帰属では，次回への期待は変化せず行動が継続されない可能性が高まる。このように，安定性次元は個人の期待に影響を及ぼし，行動を変容させるとみなされる。

また，統制の位置次元は，自尊感情などの感情反応に影響を及ぼす。成功を内的要因に帰属し，失敗を外的要因に帰属させることによって，自尊感情は維持・高揚されるとみなされる。

4）スポーツ行動と原因帰属

スポーツの研究では，運動の嫌いな人は，成功の原因を課題の容易さや運などの外的要因に帰属させ，失敗の原因を自分の能力不足に帰属させる傾向にあることが指摘されている（伊藤，1985）。また，運動に対する意欲の高い人は，成功を内的要因に失敗を努力不足に帰属させ，反対に意欲の低い人は，成功を外的要因に失敗を能力不足に帰属させることが指摘されている（筒井ほか，1989）。さらに，長期に渡って運動を継続している者は，成功の原因を努力と能力両方の内的要因に帰属させるが，失敗した場合ではその原因を努力不足だけに帰属させる傾向にあることが示されている（伊藤，1987）。これらのことから，成功・失敗の原因を努力に帰属させることによって，スポーツ行動の継続の可能性が高まるものと思われる。

スポーツの原因帰属に，文化的差異がみられている。日本とアメリカの大学生競技者の原因帰属を比較した磯貝（2001）の報告では，日本人は米国人と比べ，勝利を得るなどの成功場面では，指導者やチームメートなど自分以外のものに原因を求め，失敗場面では責任は能力や努力など自分自身にあるとみなすことが示された。このことは，米国人には原因を自己の有利な方向に偏って解釈する自己奉仕的帰属傾向があり，日本人には成功を外的要因，失敗を内的要因に帰属する自己批判的帰属傾向があることを示している。

（磯貝 浩久）

キーワード
● 原因帰属理論

表16－2 成功・失敗の原因帰属要因の分類

安定性	統制の位置	
	内 的	外 的
安 定	能 力	課題の困難度
不安定	努 力	運

（ワイナー, 1974）

文 献

1）礒貝浩久（2000）：運動行動に対する動機づけ理論とその文化規定，健康支援，第1巻第2号，15-26頁．

キーワード
● 生涯発達

2　スポーツ選手のライフスキル

1）ライフスキル

　あなたにとって身近な友人の長所について考えてみるとしよう。スケジュールに従って几帳面に行動する，知らない人とでもすぐに話ができる，感情的にならないなど，沢山あげられよう。これらの行動は，几帳面で外向的な人柄や，落ち着いた性格によると考えることもできる。しかし，それぞれについて，友人が身につけたスキルによると考えるとどうであろう。たとえば，目標設定スキル，コミュニケーションスキル，情緒コントロールスキルである。こう考えると友人の長所は，努力によって培われた能力であると捉えることもできる。これらの能力はライフスキル（life skills）であると言える。
　WHOはライフスキルを，日常生活で生じる様々な問題や要求に対して，建設的かつ効果的に対処するために必要な能力であると定義している。つまり，ある出来事に対する反応において，個人の性格を問題にするのではなく，行動を統制するスキルに注目しているのである。このことはスキルの特徴と大きく関係している。1つにはスキルは獲得過程が明確で具体的であるという点である。行動の原因を性格に求めた場合，性格がどのように形成されたのかについてはなかなか明確にはならない。しかし，スキルでは獲得に至る過程が明確であるため，スキル獲得に向けた教育計画の作成が可能である。もう1つは学習可能であるという点である。たとえば，走る・蹴るといった運動スキルは毎日の練習により習得可能である。ライフスキルでも同じように，スキルに対応したトレーニングを行うことで，自らの努力で向上できるのである。ところで，WHOの定義では多様な解釈が可能であり，読み書きといったスキルまで含めることも可能である。しかし，一般にライフスキルは心理・社会的なスキルであって，様々な場面に応用可能な基本的なスキルのみを指している。
　また社会心理学領域ではライフスキルと同様に，社会的スキルやコミュニケーション・スキルといったスキルに注目した研究が行われている。ライフスキルはそうしたスキルも含んでおり，プログラムの開発にあたっては，それぞれの領域における研究成果を活用している。しかし，現在幅広く実施されているライフスキルプログラムでは，問題行動の抑制を目的に数種類のスキルの獲得を目指して実施される他，問題行動に対処することによって得られる自己効力感や自尊感情の影響を重視している。そうした点において，社会的スキルやコミュニケーション・スキルの獲得を目指すスキルトレーニングとはやや趣を異にしている。

2）スポーツ選手とライフスキル

　スポーツ選手とライフスキルの関係についての研究は，1980年代初頭にダニッシュらによって始められた。ダニッシュらはスポーツ選手の競技引退に対しては生涯発達的な視点からのアプローチが必要であることを強調し，スポーツ経験の内容を吟味する過程で，ライフスキルの獲得というアイデアに至っている。
　スポーツ場面では様々なスキルが要求される。たとえば，勝利に向かって目標を設定し，練習計画をたて，体調を管理するスキルや，コーチに相談したり，

チームメイトとお互いに情報を交換しあうなどのスキルである。これらのスキルと同種の側面はライフスキルにも認められる。たとえば，目標を設定し練習計画をたてるスキルは目標設定スキルであり，チームメイトと情報交換するスキルはコミュニケーション・スキルである。つまり競技的に展開されるスポーツ活動には，ライフスキルの獲得に結びつく様々な経験が内包されているのである。ペティパはダニッシュらと共に，米国代表経験のある競技者を対象にしたキャリア援助プログラム（CAPA : Career Assistance Program for Athletes）を実施した。そこでは，彼らが競技生活をとおして獲得しているスキルに言及し，それらがライフスキルとして般化可能であることが説明された。プログラム参加前には，競技場面以外での自分に自信がなく，役に立たないと考えていた多くの参加者が，スポーツを通じて獲得したスキルをライフスキルとして般化させることに自信を示し，プログラムを評価したとされている。一般にスポーツ競技者としての経歴は積極的な期待を受けることが多い。しかし，そうした期待とは裏腹に上記のように，自分自身を過小評価する競技者も見受けられる。スポーツ選手の生涯発達を指向する立場からは，スポーツ経験の内容と共に，スポーツ経験の意義を自らの人生の中で，どのように位置づけることができるのかということが問題となる。ライフスキルを手がかりとする意義づけは，スポーツ経験の意義を人生全体の中で位置づける1つの道筋を示している。

　なお，スポーツ場面で獲得されたスキルは自動的にライフスキルに般化するものではない。それはCAPAに参加するまで，多くの競技者がすでに獲得しているスキルに気づいていなかったことからも明らかであろう。ダニッシュらはライフスキルへの般化に関して，**表16－3**に示した相互に関連する7つの要因をあげている。しかし，たとえばプロスポーツ選手など高い競技レベルにある選手が，競技期に引退後の生活に関心を向けることは簡単ではなく，明日の試合の勝敗に全力を注いでいるコーチや監督の理解を得ることはさらに困難である。スポーツ経験の意義を人生の中でどのように位置づけ，取り組むのかは，ユース選手の段階から考えておくべき問題であると言える。

3）ライフスキル研究の課題

　米国，カナダを中心として，スポーツへの参加を通じてライフスキルの獲得を図るプログラムが多数実施されている。多くの場合，対象者はスポーツ選手ではなく，スラム地区に住む貧困層や人種的マイノリティの子どもたちである。そうしたプログラムではスポーツ経験の内容は重視されていない。子どもたちに人気があるスポーツを教材として利用し，喫煙や飲酒，薬物乱用といった健康を阻害する行動の防止を目的に実施されている。しかし，スポーツ経験に備わる教育的性質を重視する立場からは，スポーツ経験の内容を扱ったスポーツ参加者のためのプログラムが期待される。上野は運動部活動への参加を通じて目標設定スキルの獲得を目指したプログラムを作成すると共に，目標設定スキルの獲得が参加者の時間的展望（将来に対する見通し）と関係していることを明らかにしている。本研究は青年期におけるスポーツ経験に対して生涯発達的視点からアプローチしたものであるが，研究の動向からすればむしろまれな存在である。しかし，スポーツ選手を対象にスポーツ経験の意義を人生全体の中

キーワード
● 運動部活動
● 目標設定スキル

表16－3
ライフスキルへの般化に関する要因
（ダニッシュら）

1. スポーツ場面で獲得したスキルが他の場面においても価値があるという信念を持つ。
2. 自らが獲得している身体的・心理的スキルに気づく。
3. どのようにスキルを獲得したのかを知る。
4. 異なる状況にスキルを応用する自信を持つ。
5. スポーツ以外の場面での役割を見つけようとする。
6. 支援してくれる人を探し求める。
7. 初期の失敗にめげない。

キーワード
- アイデンティティ
- スポーツマン的同一性

で捉えようとする意図を持ったプログラムも，いくつか認められる。ライフスキルはスポーツ経験と人生の関係を非常に具体的に示してくれる。今後はライフスキルを手がかりに，生涯発達的視点からスポーツ経験の質的内容や意義を扱った研究の充実が期待される。

(上野 耕平)

文献

1) Danish,S.J.,Petitpas,A.J.,&Hale,B.D.（1995）：Psychological Interventions : A Life Development Model. In:Murphy,S.M.（Eds），Sport Psychology Interventions. Human Kinetics : pp.19-38.
2) WHO 編，川畑徹朗ほか 監訳（1997）：WHO ライフスキル教育プログラム，大修館書店.

3 大学運動選手のアイデンティティ（スポーツマン的同一性の影響）

児童期から少年期を経てスポーツに傾倒してきた大学運動選手も，ライフサイクルにおいては，身体的な成長期を終え，心理社会的な発達段階でも子どもから大人の入り口に立つ「青年期」に位置する人間であることに違いはない。この青年期に典型的なパーソナリティの発達課題とされているものが，E，H．エリクソンによる「アイデンティティ（同一性）の確立」である。ここでは，大学運動選手に顕著な，質量共に大きなスポーツ経験が，彼らのアイデンティティの確立にどのような影響を与えているのかについて考察する。

1）なぜ，青年期にアイデンティティの確立が求められるのか？

西平（1983）は，青年期の特徴を「体力，記憶力，抽象力，社会性，理想などの内的生活力の成熟が従来の児童期的な人間関係，思考様式，と合致しなくなり，その時から自分の手で創った枠組を自分の手で壊そうとするようになる」と述べている。本文中の「壊す」行為は，未来に向けての再「構築」を意味している。この成人期に向けての自分の再構築こそが青年期のアイデンティティ確立の真意である。図16－1はエリクソンによるパーソナリティの生涯発達課題に大学運動選手のスポーツ経験を位置づけたものである。本図から大学運動選手では，未来に向けての自分の再構築という発達課題をスポーツに傾倒する経験を伴いながら解決し，さらにその答えを抱えて成人期に向っていく姿が考えられる。

2）スポーツマン的同一性とは？

スポーツ経験のアイデンティティ確立への影響を検討するためには，スポーツ経験を数量ではなく，各人のスポーツに対する精神的な傾倒を概念化する必要がある。そこで高見ら（1990）は，「自分はどういう運動選手なのか，どういう運動選手になりたいのかなどの主観的意識や感覚」および「スポーツ経験を通じて得た自己確認や，スポーツに関与することで自分を確認していく心理

的態勢」をスポーツマン的同一性と定義し，質問紙を作成した。つまりスポーツマン的同一性とは，図16－1のスポーツ経験を各個人の意味づけの観点からエリクソンの提示する生涯発達課題に対応させたものであり，子どもの時からスポーツが好きで，ずっと続けてきた今現在の「運動選手としての自分」のことである。

3）スポーツ経験とアイデンティティの確立

図16－2は，大学運動選手のアイデンティティ確立を，スポーツマン的同一性と精神的発達の2つを条件とし，マーシャ（Marcia,1966）のアイデンティティ・ステイタスの4つのタイプの発現を分析したものである（高見ら，1990）。その結果，大学運動選手にとってスポーツマン的同一性の高低が，アイデンティティ確立に影響する重要な要因であることがわかった。運動選手でありながらスポーツマン的同一性が低い状態は，アイデンティティが危機状態にあること示している。そのような状況で精神的発達の高低が，積極的な模索であるモラトリアムと逃避的な混乱である同一性拡散を分けていた。大学運動選手の同一性拡散の状態は，スポーツでの目標を失い，所属集団への不適応が顕在化していることが予想される。一方，スポーツマン的同一性が高い場合でも，精神的発達の高さが，好ましい確立の型である同一性達成を導き，反対に未熟な精神的発達は模索体験のない早期完了と関連していた。

つまり経験から得たスポーツマン的同一性を自らのアイデンティティに主体的に位置づけていくプロセスこそが，大学運動選手のアイデンティティ確立の出発点であり，最大の課題であると言える。また大学運動選手には模索体験のない早期完了が多いことが分かっている。模索体験（アイデンティティの悩み）が精神的発達を促進する側面であることも無視できない。だとすればスポーツ経験が模索のないアイデンティティ確立を生む要因になることも考えられ，模索体験の欠如というパーソナリティの落し穴を生む危険性もここに起因しているだろう。

本研究は筆者自身の青年期に行ったものである。現在，成人期に位置したところから自分自身を振り返ってみると，人生をパーソナリティ発達の段階的な蓄積と捉えたエリクソンの洞察力には感嘆を覚える。それと共に，かつてスポーツに熱中し，自分を模索してきた経験の蓄積といえるスポーツマン的同一性との，獲得や離脱という葛藤が，自分自身のアイデンティティ確立の原動力になっていたことも強く実感される。しかし，エリクソンの生涯発達理論に従えば，筆者自身もまだ発達のなかばである。今後のスポーツマン的同一性との折り合いの模索は，人生のテーマの1つになるであろう。

（髙見 和至）

キーワード

- アイデンティティ・ステイタス
- モラトリアム

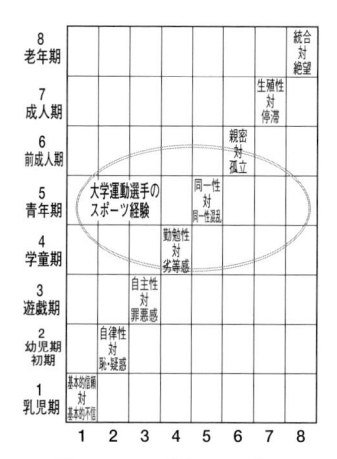

図16－1 エリクソンによるパーソナリティの生涯発達課題とスポーツ経験の位置づけ

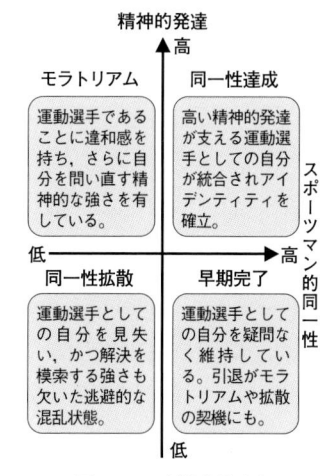

図16－2 精神的発達とスポーツマン的同一性からみたアイデンティティの諸相

文献

1）西平直喜（1983）：青年心理学方法論，有斐閣.

2）高見和至・岸　順治・中込四郎（1990）：青年期のスポーツ経験と自我同一性形成の諸相，体育学研究，第35巻第1号，29-39頁.

3）Marcia,J.E.,（1966）：Development and Validation of Ego-Identity status. Journal of Personality and Social Psychology,3,551-558.

キーワード
- ストレス
- ストレッサー
- コーピング

4 スポーツ活動とストレス

「落ち込んだ時は海沿いをジョギングするとストレス解消になるよ」
「今日もまた怒られた〜。あのコーチかなりストレスだよね」

すでに日常語として頻繁に使われているストレスという言葉であるが，例示したように，ある時は心の中の不快感情を表すものとして，またある時は不快感情の原因を表すものとして，私たちはこの言葉を用いている。日常的には非常に曖昧な使われ方をしているのがこのストレスという言葉なのである。

「最初のセットポイントでサーブミスしたでしょ。実はあの時，観客の視線が気になってすごくストレスを感じていたのよ」

この選手は観客の視線がストレスになったようだ。しかしどうであろう。観客からの視線がプレッシャーになる選手もいれば，そんなことはお構いなしという選手もいる。このように考えると，同じ「観客の視線を浴びる」という出来事に直面しても，それがストレスになるかどうかは人によって異なると言えるのではないか。

ここでは，現在のストレス研究において重要な枠組みとなっている心理学的ストレスモデルを取り上げ，スポーツ活動における心理的ストレスのメカニズムを理解する。また，スポーツ活動とストレスマネジメントとの関係についても触れる。

1）心理学的ストレスモデルとスポーツ活動

ラザルスとフォルクマン（1984）により提唱された心理学的ストレスモデルでは，ストレスを「ストレッサー→認知的評価→コーピング→ストレス反応」という一連のプロセスで捉えている。以降では，高校運動部員の心理的ストレス過程を示した**図16－3**を参考にして，心理学的ストレスモデルの理解を進めていく。

私たちの心理的ストレス過程は，ストレスの原因であるストレッサー（stressor）に直面することから始まる。人によりストレッサーとなる出来事は異なるが，スポーツ活動におけるその代表的な例として，コーチやチームメイトとの人間関係上の苛立事，自分自身の競技力関係の苛立事，長時間に渡る練習などがある。ただし，これらの出来事がストレッサーとなるには，引き続く認知的評価（cognitive appraisal）の段階で「この出来事は自分にとって嫌なことだ」と評価される必要がある。あなたにとって試合でのミスが重大なストレッサーであったとしても，別の人にとってそれが「嫌でない」のであれば，その経験はストレッサーにはならない。心理学的ストレスモデルでは出来事に対する個人の主観的な評価が重視されるのである。

その主観的な評価を行う認知的評価は，出来事と自分との間の利害関係を判断する一次的評価（primary appraisal）と，自分はその出来事をどの程度対処可能なのかを判断する二次的評価（secondary appraisal）で構成される。これらの評価に基づいてストレッサーと個人資源との間に不均衡が生じた際に個人のストレス反応（stress response）は生じるのである。もし，あなたが毎日

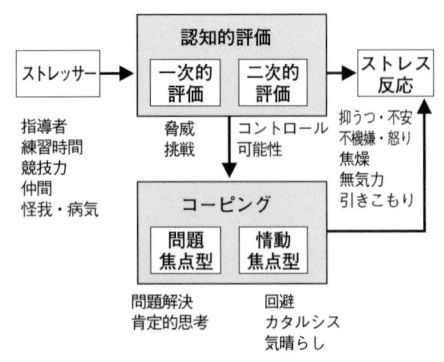

図16－3　高校運動部員の心理的ストレス過程
（渋倉・森，2004に加筆）

の練習を「脅威」と評価するのであれば，あなたには恐怖や不安といったネガティブな情動が生じるであろう。しかし，それを「挑戦」と評価するのであれば，熱意，興奮といったポジティブな情動が生じるかもしれない。また，あなたはコーチの指導方針が自分に合わないと感じている。もし，自分の考えをコーチに打ち明けることができ，それをコーチが受け入れてくれると考えているのであれば，あなたはおそらく健康的である。しかし，コーチに意見することは不可能と考えていたり，たとえそれができたとしてもコーチは意見に耳を貸さないことを知っていたとすれば，あなたは失望感と無力感で押しつぶされそうになっているのではないか。このように，たとえ直面している出来事が同じでも，それを個人がどう評価するかによって出来事の意味あいやその影響力は大きく異なってくるのである。

　ストレッサーに対するネガティブな評価はストレス反応を生じさせる。ストレス反応には情動的，認知的，行動的なものがあり，これらを高い強度で，あるいは慢性的に経験することが様々な不適応行動に発展すると考えられている。たとえば，スポーツ選手のバーンアウトやドロップアウト，スポーツ傷害の発生などは，個人がストレスにうまく対応できていないことが原因であると言われている。

　しかし，人間はストレスに対して受け身的な存在ではない。個人にストレス反応が生じるとこれを低減させる，あるいはこれ以上増幅させないためにコーピング（coping）が行われる。コーピングにはストレッサーに働きかける問題焦点型コーピング（problem-focused coping）と，ストレス反応に働きかける情動焦点型コーピング（emotion-focused coping）がある。たとえば，あなたは自分自身の競技力不足にとても悩んでいる。このような時，問題焦点型コーピングの例としては，競技力不足の原因を取り除くために一生懸命練習に取り組むということなどがある。また，情動焦点型コーピングの例としては，競技力不足の事実を遠ざけ，娯楽などによって気晴らしをするということなどがある。ところで，個人が採用するコーピングの種類は，ストレッサーに対する認知的評価の影響を大きく受けている。たとえば，ストレッサーに対するコントロール感が高ければ問題焦点型コーピングが行われやすく，逆にコントロール感が低い場合には情動焦点型コーピングが行われやすい。実際，これらの組み合わせは引き続いて起こるストレス反応の表出を軽減しやすいことがわかっている。

キーワード
● ストレスマネジメント

2）ストレスマネジメントスキルを育むスポーツ活動

　スポーツ活動における不適応行動の発生はストレスと密接に関わっており，これを予防するためには個人がストレスマネジメントを行うことが重要である。ストレスマネジメントとはストレスを自己管理することである。ストレスマネジメントを行うことでスポーツ活動とより良い関係を築き，そこから多くの恩恵を得られることが望ましい。そこで，スポーツ活動を行う者がストレスマネジメントを適切に行うことができるよう，自分自身のストレスマネジメントスキル（以下，SMSと称す）を高めることは有意義である。実は，SMSを育む機会としても，多くの刺激に満ちたスポーツ活動はそれに適した場なのである。私たちはスポーツ活動に身を投じ，そこで様々な体験をする中で試行錯

キーワード
- 不安
- 特性不安
- 状態不安
- 状態－特性不安

誤を繰り返し,「体験から学ぶ」ことによって自分自身のSMSを向上させることができる。このように,スポーツ活動を単にストレスを生じさせる原因や適応の対象として捉えるのではなく,個人のSMSを向上させる成長促進のエージェントとして捉える視点は必要である。今後の研究によってスポーツ活動におけるSMSの獲得過程が明らかになれば,それを支援する適切なスポーツ活動環境やコーチの役割について具体的な提案を行うことができるようになるであろう。

(渋倉 崇行)

文献

1) 小杉正太郎 編 (2002):ストレスの心理学,川島書店.
2) Lazarus, R. S. and Folkman, S. (1984):Stress, appraisal, and coping. Springer Publishing Company:New York.
3) 渋倉崇行・森 恭 (2004):高校運動部員の心理的ストレス過程に関する検討.体育学研究,第49巻第6号,535-545頁.

5 競技不安

1) 不安とは

　競技者は試合を行う時,自分で意識する・しないに関わらず自己の内外から様々な強さ・種類の心理的刺激(ストレッサー)を受けている。そして,それにより生体のストレス反応として不安や恐れ,喜び,悲しみなどの様々な情動を経験することになる。

　このような情動反応の1つとしての不安(Anxiety)は,イライラ感,心配感,懸念等によって特徴づけられ,身体の活性化もしくは覚醒と関連した負の情緒的状態として考えられている。それ故,不安そのものに関する理解を深めることは,運動パフォーマンスに及ぼす影響やメンタルスキルとして効果的な不安低減を考える上においても有意義なことである。

　近年,不安を考える際の重要な分類として,比較的安定したパーソナリティ特性としての不安と何かの刺激や場面に対してストレス反応として喚起される状態としての不安に概念的に分けて考えられており,それぞれ特性不安(Trait Anxiety)・状態不安(State Anxiety)と呼ばれている。この考え方はスピルバーガー(1966)の状態－特性不安理論として参照されており,これまで両不安を明確に区別していないことに起因した不安研究の方法論的混乱に光明をかざす結果となった。スピルバーガーは,特性不安を「客観的に危険の少ない諸々の状況を脅威であると知覚する傾向,また,客観的な危険の大きさに対して不相応な強さの状態不安で反応させるような動機もしくは獲得された行動傾向」,状態不安を「自律神経系の活性化もしくは興奮を伴うか,あるいはそれと関連する恐れと緊張の主観的,意識的に知覚された感情により特徴づけられ,実際の危険の有無に関わらず個人にとって危険なもの・脅かされるものとして特定の状態を知覚する個人に喚起される情緒的反応」と定義している。

言い換えると，特性不安はある状況を脅威として知覚し，その状況に様々なレベルの状態不安で反応するパーソナリティ特性としての個人の傾向であり，状態不安は，恐れと緊張とによって特徴づけられるような実際の情緒的状態に言及する，すなわち，状態によって変動するものと言うことができる。この理論から考えると冒頭で述べた情動反応は状態不安に関連するものとして考えられるのである。さらに，スピルバーガーはそれらの不安の測度として，状態－特性不安テスト（State-Trait Anxiety Inventory: STAI（1970）・State-Trait Anxiety Inventory for Children: STAIC（1973））を開発した。

2）競技不安とは

スピルバーガーによるSTAIの開発を契機として，STAIは心理学の様々な領域での不安研究に適用されると共にスポーツ場面においても応用されるようになってきた。しかしながら，スポーツや運動達成場面では生活一般場面では強調されないような多くの場面－特異的な不安が考えられる。このことに関してスピルバーガー（1972）は，「一般に状況に特定的な特性不安の測度は，一般的な特性不安尺度よりも特定の種類のストレスに対する状態不安の昇降について優れた予測者である」と述べており，それ専用に開発された測度のほうが状態不安の変化により敏感であろうことは想像に難くない。

このようなスポーツや運動達成場面における特異的な不安の例としてマートン（Martens,R., 1977）は，競争が本質となる競技場面に対する不安を取り上げ，これを「競技特性不安（Competitive A-Trait:競技不安）」と呼び，スピルバーガーの状態－特性不安理論を発展・修正し，「競技状況を脅威として知覚する傾向，さらにまた，これらの状況に対して恐れもしくは緊張の感情で反応する個人の傾向」と定義した。そしてマートンは競技不安理論を展開する際に以下の認識を基礎理論として考えている。

❶ パーソナリティ研究において，交互作用モデルのほうが特性モデルや状態モデルよりも優れるという認識。
❷ 状況に特定的な特性不安測度のほうが一般的特性不安測度よりも予測力に優れるという認識。
❸ 特性不安と状態不安を区別する不安の状態－特性理論。
❹ 社会プロセスとしての競争に関する概念的モデルの必要性。

図16－4は，これらの認識に基づいた競技不安の発展的理論モデルである。このモデルは，客観的競技状況（Objective Competitive Situation：OCS）における状況的要因と個人内要因（A-trait）が，主観的競技状況（Subjective Competitive Situation： SCS）の一部である脅威の知覚をもたらすことと相互作用するリンク1から始まる。この脅威の知覚は次に，パフォーマンスと共に個人の状態的反応（A-state）に影響を及ぼす他の個人内要因と相互作用する（リンク2）。これら認知的，身体的，行動的反応は次に，異なるパフォーマンス結果をもたらす個人内要因と相互作用する（リンク3）。リンク4は，個人内要因へのパフォーマンス結果の相互影響を表しており，このモデルを完結している。

キーワード
● 競技特性不安
● 客観的競技状況
● 主観的競技状況

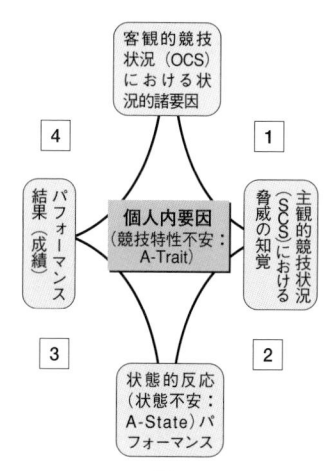

図16－4 競技不安モデル
（マートンほか，1990）

キーワード
- スポーツ競技不安テスト（SCAT）
- 競技状態不安尺度（CSAI）
- 認知的不安
- 身体的不安
- 自信

3）競技不安の測定

　スポーツ競技という競争的状況に特異的な特性不安を測定するために，マートン（1977）はこれまでのSTAIなどの各種不安テストの質問項目を参考に，まず質問項目10項目，擬似項目5項目，計15項目から成る児童用スポーツ競技不安テスト（Sport Competition Anxiety Test for Children : SCAT－C）を，次いで教示と1項目を修正したSCAT－A（Sport Competition Anxiety Test for Adult）を開発した。これらのテストはその後多くの研究者により信頼性と妥当性に関する種々のテストが繰り返され，その有効性が確認されている。

　両テストの日本語版に関しては遠藤（1982，1987）がそれぞれ標準化の試みを行っている。表16－4は日本語版SCAT-Aを示したものであるが，採点法等はマートンに従っている。

　また，マートン（1977）は，スピルバーガーによるSTAIの状態不安尺度（SAI）から10項目を抜き出し，活性化と非活性化の2因子から成る競技状態不安尺度（Competitive State Anxiety Inventory: CSAI）も作成した。このCSAIはさらに，近年，状態不安が多次元的な構成体として理論化されていることに対応して，「認知的不安（Cognitive Worry）」（9項目）「身体的不安（Somatic Anxiety）」（9項目）「自信（Self-Confidence）」（9項目）のそれぞれ独立した3因子27項目（4件法）から成る多次元的な状態不安尺度CSAI-2に改編されている。ここでは，状態不安の各成分がパフォーマンスに対して相互的ではなく，身体的不安が負の直線関係，身体的不安が逆U字型関係にあると仮定されていた。表16－5は橋本ほか（1984）による日本語版CSAI-2を示したものである。

表16－4　日本語版SCAT-A（遠藤，1987）

イリノイ競技質問紙

次の文章は，あなたが試合・競技をする時にどの様に思うかについて書いてあります。各文章をよく読んで，あなたが試合・競技をする時にそのように思うことが「めったにない」，「時々ある」，「よくある」かを決めて下さい。もしあなたが「めったにない」と思ったら1に，「時々ある」と思ったら2に，「よくある」と思ったら3に○印をつけて下さい。正しい答も誤った答もありません。ひとつの文章にあまり時間をかけないようにして下さい。

あなたが試合・競技をする時に，普通いつもどの様に思うかその程度を述べた言語を選ぶことを忘れないで下さい。

	めったにない	ときどきある	よくある
1．人と競争することは楽しいと思う。	1	2	3
2．試合前，落ち着かないことがある。	1	2	3
3．試合前，私はうまくいかないのではないかと心配する。	1	2	3
4．私は試合の時，フェアプレーをする。	1	2	3
5．私は試合中，ミスをするのではないかと心配する。	1	2	3
6．試合前，私は平静である。	1	2	3
7．試合をするとき，目標を定めておくことが重要である。	1	2	3
8．試合前，私は気持が悪くなることがある。	1	2	3
9．試合直前になると，私はいつもドキドキする。	1	2	3
10．私は全力を出しきるような試合が好きである。	1	2	3
11．試合前，私はリラックスしている。	1	2	3
12．試合前，私はピリピリしている。	1	2	3
13．私は，チームスポーツは個人スポーツよりおもしろいと思う。	1	2	3
14．私は試合が早くはじまってくれないかとイライラする。	1	2	3
15．試合前，私はいつも緊張する。	1	2	3

表16－5　日本語版CSAI-2（橋本ほか，1984）

下記は，試合の前の気持が書かれています。例にならって，4つの答えの中で，現在のあなたの気持に最も近い番号を○で囲んでください。それぞれについて，あまり時間をかけないで，あなたの現在の気持を最もよく表している答えを選んでください。

	1 まったくそうでない	2 少しそうである	3 かなりそうである	4 まったくそうである
（例）私はのんびりした気分である。	1	②	3	4
1．私はこの（まもなく始まる）試合のことが気がかりである	1	2	3	4
2．今，あがっているような気がする	1	2	3	4
3．私は今，気持がゆったりしている	1	2	3	4
4．今，自分自身に自信がない気持がする	1	2	3	4
5．いらいらしてじっとしておれない気持がする	1	2	3	4
6．精神的にここちよさを感じている	1	2	3	4
7．実力通りにプレイできるかどうか気がかりである	1	2	3	4
8．私の身体は，緊張している	1	2	3	4
9．私は自信がある	1	2	3	4
10．試合の敗北（敗戦）のことが気がかりである	1	2	3	4
11．私は胃が緊張している	1	2	3	4
12．安定した気持で不安がない	1	2	3	4
13．緊張でミスをするのではないかと気がかりだ	1	2	3	4
14．私の身体はリラックスしている気がする	1	2	3	4
15．試合にのぞむ心の準備は十分できていると思う	1	2	3	4
16．へたにプレイするのではないかと気がかりだ	1	2	3	4
17．心臓がドキドキしている	1	2	3	4
18．じょうずにプレイできるという自信がある	1	2	3	4
19．目標が十分に達成できるかどうか不安である	1	2	3	4
20．私は胃がムカムカしている	1	2	3	4
21．私は精神的にリラックスしていると思う	1	2	3	4
22．試合の結果に対して，他の人々ががっかりするのではないかと気がかりである	1	2	3	4
23．今，手が汗ばんでいる	1	2	3	4
24．自信があり，目標が十分に達成できると予想される	1	2	3	4
25．精神的に集中できないのではないかと気がかりである	1	2	3	4
26．身体がコチコチになっているような気がする	1	2	3	4
27．プレッシャーのもとでも試合に勝つ自信がある	1	2	3	4

なお最近，状態不安の強度のみではなく，個人が不安をパフォーマンスに対して肯定的・否定的のどちらの観点から捉えているかという解釈の方向性の重要性が指摘された。これに対しては，ジョーンズほか（1995）がCSAI-2の各項目に対する反応の程度を−3（非常に抑制的）〜＋3（非常に促進的）の7件法で回答させる方法を取り入れることによって，以後多角的に研究が進んでいる。

このように，SCATやCSAI-2の日本語版の検討は試みられてはいるが，日本人には特有の不安を生起させる特性，あるいは要因があるかもしれないという発想から，橋本ほか（1985，1993）は日本人に適したスポーツ競技における状態不安尺度と特性不安尺度の作成を試みており，今後の発展が期待される。

（遠藤 俊郎）

キーワード
● コーチング

文献

1) 遠藤俊郎（1982）：日本語版SCAT-C（The Child form of Sport Competition Anxiety Test）標準化の試み，山梨大学教育学部研究報告，第33巻，207-213頁．
2) 遠藤俊郎（1987）：日本語版SCAT-A（Sport Competition Anxiety Test for adult）標準化の試み，山梨大学教育学部研究報告，第37巻，122-128頁．
3) 橋本公雄・徳永幹雄ほか（1984）：スポーツ選手の競技不安の解消に関する研究，福岡工業大学エレクトロニクス研究所所報，第1巻，77-86頁．
4) 橋本公雄・徳永幹雄ほか（1993）：スポーツにおける競技特性不安尺度（TAIS）の信頼性と妥当性，健康科学，第15巻，39-49頁．
5) Martens, R.（1977）：Sport Competition Anxiety Test，Champaign IL，Human kinetics publishers．

6 コーチングの心理

1）コーチングの研究動向

チームの輝かしい勝利や選手の優れたパフォーマンスの影には必ずコーチの存在がある。なぜなら，選手が一人で日々の練習を組み立て，技をみがき，継続して厳しい練習に打ち込んでいくことは心理的にも身体的にも非常に難しいからである。実際，オリンピックなどの大きな大会で成功をおさめた選手たちの多くがそれまで歩んできた道のりを振り返り，コーチの指導や存在の大きさを改めて実感している。このようにスポーツの指導者が選手に与える影響は大きく，またそれ故，指導者に求められる役割も重要である。それは，単に選手のスキル獲得といった技術指導の側面だけではなく，選手の人間的成長といった，選手との心理的な関わりの中で達成されていく心理的支援の側面からも，コーチングを捉えていくことが求められている。では優れた指導者はどのようなコーチングを実践しているのだろうか。

こうした疑問に対して，なされてきたこれまでのコーチング研究は，大きく特性理論（trait theory）と行動理論（behavioral theory）に分けられる。特性理論では，コーチに求められるリーダー特性を生まれつき備えた人とそうでない人がいるという立場に立ち，優れたリーダーの特性分析を中心に研究が進

キーワード
● コーチングモデル

試合場面では，コーチは選手が実力を最大限発揮できるようなコーチングを行っている。そこでは，戦術のポイント，試合の持つ意味，緊張のコントロール，チームワーク，プレイのイメージなど，様々な重要な事柄を，短時間でコンパクトに選手に伝え，そして評価する技術が求められる。
（写真は試合直前のブラジルのあるチーム。北村撮影）

練習場面では，コーチは選手の持つ能力を最大限引き出すようなコーチングを行っている。そこでは，練習テーマへの焦点化，科学的合理的説明，考えさせる関わり，激励などにより，コーチと選手との間でつくられる情報や動きがつくられる場の設定によって，選手が自らのイメージをつくりあげ（心理的，戦術的），そのイメージ通りに動ける（技術的，身体的）ように，選手に働きかける技術が求められる。
（写真は練習中のブラジルのあるチーム。北村撮影）

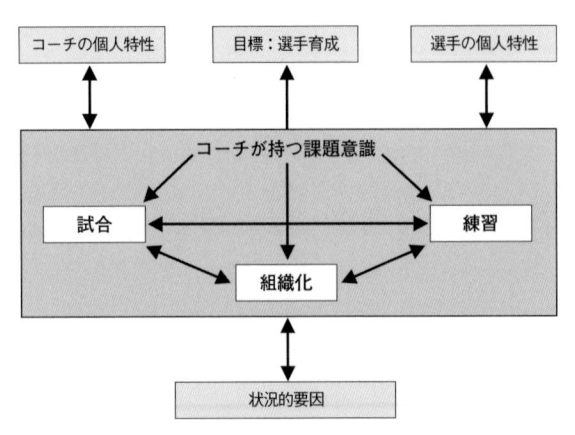

図16－5　コーチングモデル（Côté，1993）

められてきた。しかし，こうした個人特性とリーダー特性との関連性は，これまでの研究の中でもあまり認められていない。実際，あるチームで優れた結果を残し，優れたリーダー特性を持つコーチであっても，チームや選手等の環境が変わったら，あまり成果を残せないといった例も多く，逆にあまりリーダー特性を持たないとされるコーチが優れた結果を残していく例も多い。こうした流れの中でコーチング研究は現在，優れたリーダーは必要な技術を学ぶことによってリーダーシップを発揮しているという行動理論の立場に移行している。

その中でもコテ（Côté, 1993）によるコーチング・モデル（**図16－5参照**）は，コーチングに関わる様々な要因を包括的に説明したものとして興味深い。このモデルでは，コーチング過程の全体像が次の3つの中心的な構成要素によって表されている。（1）組織化（organization）：コーチがやるべき様々な事柄をうまく組み立てて調整することにより最適な練習環境と試合環境をつくる，（2）練習（training）：選手が様々な技術を獲得していく手助けをするために質の高い練習を組み立てる，および（3）試合（competition）：試合場面で選手が最大のパフォーマンスを発揮できるよう試合の前後の期間を含め心身の調整を行う。つまり，コーチは短期・長期の目標を設定し，その目標達成のプロセスについての明確なビジョンを示し，物的な環境を整えることで選手のやる気を高める。そして試合に向けた練習をとおして目標達成のステップを上り，その成果が試合の場で評価され，分析され，新たな練習課題設定へと循環されていく。

こうした3要素が機能するための周辺的な要素として次の3要素があげられている。（1）コーチの個人特性（coaches' personal characteristics）：コーチの哲学，考え方，信念など，（2）選手の個人特性（athletes' personal characteristics and level of development）：選手の学びに関連する個人的な諸能力や性格特性，および（3）状況的要因（contextual factors）：チームや選手がおかれている環境といった状況に応じて変わる要因。たとえば，あるコーチがジュニア選手を指導する場合とエキスパート選手を指導する場合ではコーチングの内容が大きく異なる。それは状況的要因（練習の頻度，時間，強度といった運動の内容や練習環境など）や選手の個人特性（競技経験，競技レベル，モチベーションなど）の影響が大きいためであり，またコーチングの目標（勝利や記録への志向か，楽しさの体験の志向かといった目標の志向性の違い）も異なってくるからである。このように合計6つの要素が相互に影響し合う様相がコーチング過程として捉えられる。このコテのモデル（**図16－5参照**）は個人競技スポーツを対象としたものであるが，サルメラ（Salmela, 1996）はこのモデルが集団競技スポーツにおいても妥当であることを検証している。このモデルが示唆するものは，コーチングのプロセスが，コーチ一人に閉じたものではなく，コーチや選手を取り巻く様々な要素との相互作用の中でつくられていくものであり，またコーチングそれ自体も多くの構成要素によって成り立っている点が説明されている。あるコーチングの実践を分析する際の分析枠組みとして，ある

いはコーチングを組み立てる際の構成枠組みとして有用である。

2）コーチングのポイント

ではどのようなコーチングがより効果的に選手のパフォーマンス向上に貢献するのだろうか。**表16-6**はエキスパート・コーチが実践しているコーチングのポイントをコーチングモデルに基づいてまとめたものである（Kitamura, 2001）。

これらはコーチングのポイントの一部に過ぎない。またすべてがあらゆるコーチング場面で効果的に機能するとは限らない。コーチングモデル自体が様々な要素との相互作用の中で成り立つことから明らかなように，コーチングはこれが正解というものは存在しないからである。だからこそ，工夫や追及の大きな可能性を秘めた実践なのである。

（北村　勝朗）

キーワード
● セルフトーク

表16-6　コーチングのポイント

1．組織化（指導態度）
・選手に敬意を持って接し，選手の人間的成長を常に意識する。
・言葉で伝えるはっきりしたビジョンや計画を持つ。
・目標達成のための具体的な行動を伝える。
・選手との双方向のコミュニケーションを持つ。
・絶えず学び続ける。

2．練習（効果的な練習づくり）
・選手がわくわくする練習を組み立てる。
・一人ひとりの能力や個性に合わせた指導をする。
・トレーニングの身体的，戦術的，技術的，心理的要素について知識を持つ。
・パフォーマンスの結果と選手たちが努力したプロセスに基づいて評価する。
・教えるのではなく，選手自身に考えさせ，選手の能力を引き出す。

3．試合（実力を発揮させる）
・自分の感情をコントロールして選手と接する。
・自分のやることに確信を持ち迷った姿勢を見せない。
・状況に応じて対応する。
・判断に必要な情報をそろえる。

文献

1) Côté, J. (1995)：The coaching model：A grounded assessment of expert gymnastic coaches' knowledge，Journal of Sport & Exercise Psychology，17，1-17．
2) Kitamura, K. et.al. (2001)：Perceptions of coaching concepts of expert soccer coaches in Japan．Proceedings of the 10th World Congress of the International Society of Sport Psychology，Skiathos，Greece．
3) 河野一郎・勝田　隆（2002）：知的コーチングのすすめ―頂点をめざす競技者育成の鍵，大修館書店．

7　セルフトーク

1）セルフトークとは

スポーツ選手が試合中に自分自身をひどく非難したり，何事かぶつぶつとつぶやいたりしている様子を頻繁に目にすることができる。セルフトーク（以下STと略す）とは，このような自分自身に向かっての語りかけのことを指す。

STの内容としては，「ボールを見ろ」といった注意を方向づけるST，「私はあがり症」といったラベルを貼るST，「よし」「だめ」といった評価を与えるST，「食らいつけ」「落ち着いて」「楽しく」といった動機づけに関連したSTなど多様である。

これらのSTがパフォーマンスにプラスまたはマイナスの影響を及ぼす可能性があり，プレイヤーが練習中や試合中に自分自身に向かってどのように語りかけるかが重要であるという指摘がなされている。

たとえば，オリンピックのレスリングに出場した選手を対象にして，ポジティブな予期をするSTやプレイの手がかりに注意を集中するSTが，良好なパフォーマンスと関係があること（Gould et al., 1992），また，テニスのジュニア選手を対象にして，ネガティブなSTが敗戦と関係している（Van Raalte et al., 1994）などの研究報告がある。

キーワード
- 思考コントロール
- 注意集中

2）セルフトークの効用

（1）思考コントロール

STの効用については，大きくは2つの分野に要約できる。その1つは認知的スキルや思考コントロールに関係するもので，適切なSTの使用は動機づけ，自信，集中力などを促進すると考えられている。

スポーツ選手がある試合場面なりストレス状況に出会った時に，それをどのように認知するか，たとえばプレッシャーと受けとめるか（「この相手には勝てそうもない。負けたらどうしよう」），それとも挑戦の好機（「失うものは何もない。自分の力を試すチャンス。全力を尽くそう」）と受けとめるかによって，プレイ遂行の仕方は異なってくる。

（2）プレイ遂行の重要な要素に注意集中

STの効用のもう1つは，プレイ遂行中のSTに関するもので，注意と情報処理の理論に基づいて，STがプレイ遂行の重要な要素を促進すると考えられている。たとえば，ランディンら（Landin and Hebert, 1999）は，女子学生熟練者を対象にして，テニスのボレースキルの向上を目指してST介入による練習に取り組んだ。そして，「スプリット」と「ターン」の2つのST語の使用が，反応前の小さなジャンプ動作と，ラケットを引く際の肩の回転という，ボレースキルの重要な手がかりに注意を向けることを可能にして，これらの動作の確実な遂行をもたらしたと報告している。

3）認知の再構成

STをコントロールすることでパフォーマンスを高めようとする技法が考案されている。

（1）ネガティブな思考やSTの識別

どのような場面・状況で，どのようなことを自分自身に向かって言っているか，どのような問題が生じているかをノートに書き出す。

（2）ネガティブ思考の停止

実際の練習や試合場面で不適切なSTを発していることに気づいたら，そのSTを止めるようにする。思考停止のきっかけとしては，「ストップ」と言う，腿を叩く，大声を出す，空の雲を見る，などを用いることができる。

（3）ポジティブなSTへの転換

次の段階は，ノートに書き出した不適切なSTを，自信や集中力や動機づけを高める適切なSTに置き換えることである。**表16-7**に，テニス選手の例（ワインバーグ，1992）を示しておく。

実際のプレイ場面においても，不適切なSTを停止した後に，引き続いて適切なSTを言えるようになることが望ましい。たとえば，新たな動作を学習する場面で，「この動きは難しい。私には無理だ」というネガティブなSTに気づいたら，「これまでにも新しい動きを学習してきた。今度も根気よく取り組めば学習できる」を続けるようにする。

（4）ものの見方を変える

ポジティブなSTに置き換える作業は，ただ例にならって適当なSTを選んでくるというやり方では実際のところ役に立たない。たとえば「緊張している。

これでは上手くプレイできそうもない」を,「落ち着いて自信を持ってやれ」に置き換えても,緊張を感じている状態ではなんら功を奏さないだろう。むしろ,「適度な緊張は必要なもの。準備ができている感じがする」のほうがリラックスと自信をもたらす。起こっていること,経験していることを無視したり否定したりしないで,むしろ自分の利益になるようにそれを用いるのである。

また,ネガティブなSTの背景には,「完璧なプレイをしなければならない」「悪条件のもとでは勝つことができない」などの不合理な信念が潜んでいることがあり,ものの見方を変えるにはこれを是正する必要がある。この段階ではスポーツ心理学の専門家による介入やアドバイスが求められるだろう。

(5) アファーメーション

自分が目標としている良好な心身の状態を言語化して用いることで,自己暗示的な効果が期待される。このようなアファーメーション（自己肯定）もポジティブなSTの1つと考えられる。いずれも肯定文で現在形の文章となっている。

「強敵が相手でも落ち着いてプレイできる」「最後まで自信を維持できる」「とてもリラックスしている」「一日中プレイしていても平気な感じがする」「うまくプランの変更ができる」「ミスから学んで挑戦することができる」など。

大切なことは,その内容が過去に経験したことがあるもので,自分にとって信頼できるものであることである。

（海野 孝）

キーワード
● アファーメーション

表16－7　テニス選手のセルフトーク例

場面・状況	ネガティブなセルフトーク	ポジティブなセルフトーク
a．凡ミスをした時	こんな簡単なショットをミスするなんて…バカ！	誰でもミスをする。次のポイントを取ることに集中しよう。
b．重要な試合の前	もし負けたら,皆になんて思われるだろう。	ベストを尽くすことだ。勝敗は自ずと決まる。
c．重要なポイントのサーブを打つ前	また緊張してダブらないように。	リラックスしてボールをよく見よう。
d．きわどいボールを相手にアウトと判定された時	今のボールは入っていた。絶対にミスジャッジだ。嘘をつくなんて汚い選手だ。	1つのミスジャッジで試合は決まらない。ともかく私がうまくプレイし続ければ勝てる。
e．疲労感のある時の練習	明日一生懸命やればいい。今日の練習は軽くすまそう。	今日一生懸命練習しておけば明日が楽になる。
f．サーブが大きくフォールトした時	なんてひどいサーブだ。	落ち着いて,いつものリズムとタイミングで打てば入る。
g．ゲームスコアをリードされた時	この試合は,もう勝てそうもない。	一度に1ポイントずつ取ろう。
h．風が強い日の試合前	風が強い日は苦手だ。	相手のコートにも風がある。集中力を維持した方が勝つ。

（ワインバーグ,大修館書店,pp.140,1992を改編）

文 献

1) ガルウェイ著,後藤新弥訳（1976）：インナーゲーム,日刊スポーツ出版社．
2) ワインバーグ著,海野孝・山田幸雄・植田実共訳（1992）：テニスのメンタルトレーニング,大修館書店,129-144頁．
3) Gould, D., Eklund, R. C., and Jackson, S. A.（1992）：1998 U.S. Olympic wrestling excellence：II. Thoughts and affect occurring during competition. The Sport Psychologist, 6：383-402.
4) Landin D., and Hebert E. P.（1999）：The influence of self-talk on the performance of skilled female tennis players. Journal of Applied Sport Psychology 11：263-282.
5) Van Raalte, J. L., Brewer, B. W., Rivera, P. M., and Petitpas, A. J.（1994）：The relationship between observable self-talk and competitive junior tennis players'match performance. Journal of Sport and Exercise Psychology, 16：400-415.

キーワード
- DIPCA
- TSMI
- ACSI-28
- Female Athlete Triad

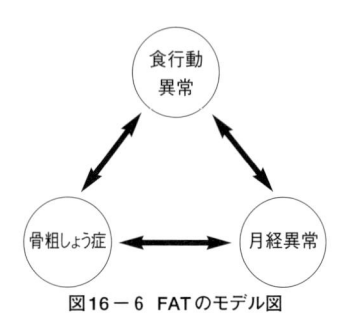

図16-6 FATのモデル図

8 女性スポーツ選手の心理的特性と問題

　女性の身体は，男性の身体とは質的にも量的にも異なっている。体格や身体組成，運動能力，筋力には大きな差がある。また，心理・思考・行動パターンにも女性の特性がみられる。女性の特性を理解し，その特性に即してスポーツ参加の推進，指導，チーム・マネジメントを行うことが求められている。

1）女性スポーツ選手の心理的特性

　競技に関連する心理的特徴を明らかにする各尺度で得られた結果を概観すると，スポーツ選手の心理的特性には，性差が認められている。

(1) 心理的競技能力診断検査（DIPCA）

　男性に比べて女性の得点が低い。女性は「自己実現意欲」や「協調性」に優れているが，「精神の安定・集中（集中力，自己コントロール，リラックス）」では男女間に顕著な差は認められていない（徳永・吉田・重枝・東・稲富・斉藤，2000）。

(2) 体協競技動機テスト（TSMI）

　男性のほうが心理的適性は望ましい傾向にある。女性は不安が高く，冷静な判断，精神的強靭さ，闘志，意欲などが劣っている。しかし，コーチ受容，生活習慣の乱れ，努力への因果帰属は男性に比べて望ましい傾向にある。女性は，日常生活の乱れが少なく，コーチを信頼し，成績の向上や成功の原因を自らの努力に帰属している。このことから，男性よりも女性のほうがまじめに競技に取り組んでいるといえる（杉原，1981）。

(3) Athletic Coping Skills Inventory(ACSI)-28（日本語版）

　男性に比べて女性の得点が低く，因子別には，「指導者との関わり」を除くすべての因子で男性のほうが高い得点を示している（大場・田中，2003）。

2）Female Athlete Triad（女性アスリートのスポーツ障害トライアングル）

　激しいトレーニングの反復により，局所的・全身的障害，内分泌系の異常や心理的問題の発生など，心身に様々な影響が生じる。Female Athlete Triad（FAT：女性アスリートのスポーツ障害トライアングル）は，女性スポーツ選手に特有のスポーツ障害の1つであり，著しい食行動の乱れと，それに随伴した月経異常（運動性無月経），骨粗しょう症の3症候の相互の関連性を指摘したものである。FAT発症には，心理的特徴，競技特性，トレーニング内容や強度，環境，年齢，コーチ・チームメイト・家族との関係など様々な要因が関わっている。さらに，思春期に起こる身体的・生理的変化やそれに伴う心理的ストレス，社会的な痩身動因，ボディ・イメージの歪みもFAT発症の危険性を高める。また，痩せ願望の高さ（痩せればパフォーマンスが向上するという思い込みや痩身信仰），過度なダイエット行動やトレーニングの実施，誤った食事制限の影響も考えられる。FATは予後が悪く，長期にわたり重大な影響をもたらすと言われている。

(1) 食行動の異常

　食行動の異常としては，過食行動や拒食行動が顕著である。スポーツ選手の

場合，摂食障害様の症状を呈していても，精神医学的に摂食障害と診断されるケースは少ないとの見解もある（Pruitt, et al., 1991）。しかし，食行動の異常は，女性スポーツ選手の 22 – 34％に認められ（Warren, Stanton and Blessing,1990；Sundgot-Borgen, 1994），重症化して摂食障害に至ることも考えられるため，初期徴候を捉えて対応することが重要である。また，指導者や親の影響が大きいと言われるため，指導方法や家族関係にも留意することが必要である。

（2）月経異常

月経異常（運動性無月経）としては，初経発来遅延，続発性無月経等が指摘される。月経異常は，心理的・身体的ストレス，体重・体脂肪の顕著な減少，月経調節に関連するホルモン環境の変化により発現する。また，女性性の拒否や心理的葛藤が月経異常に症状化することもある。スポーツ選手には運動性無月経が多い。発現率は 1 – 44％（Loucks and Horvath, 1985）とも言われるが，競技特性によって異なる。月経異常には，病識の乏しさ，治療の動機づけが生じにくいなどの問題がある。しかし，卵巣機能の低下や難治性の不妊症，骨塩量減少などの危険性が高くなるなど，その影響は甚大であるため，早期の対応が重要である。

（3）骨粗しょう症

骨粗しょう症は，女性ホルモン（エストロゲン）の減少に伴って，骨塩量の減少を生じ，骨が脆弱化する疾患である。スポーツ選手の場合，運動性無月経を誘因とし，若年性骨粗しょう症を発症して疲労骨折を起こすことがある。疲労骨折は骨に起きる過労現象とも言われ，運動性無月経の発症率が高い競技種目（体操，陸上長距離など）に多く認められる。疲労骨折の発症が度重なる場合や，回復の遅さが顕著な場合は，栄養摂取状態，月経状態，トレーニング強度など，選手の全般的身体状態について注意することが必要である。

（4）性役割葛藤

長年にわたり，女性のスポーツ参加に関して，ジェンダー・バイアスと性役割葛藤の問題が指摘されてきた。すなわち，競技においては男性性（強靭さ，達成，攻撃性）が求められるため，女性性（従順さ，優美さ，美しさ）との葛藤が生じるのではないかと考えられてきたのである。しかし，女性のスポーツ参加が活発に行われ，様々な種目での目覚ましい活躍がみられる今日では，このようなバイアスは薄れつつある。これまでの研究においても，女性スポーツ選手に性役割葛藤が存在することを示す結果は得られていない。とはいえ，女性スポーツ選手に対する「女性らしさ」への社会的要求や，女性性が求められる競技特性は，FAT（特に食行動異常）発症の潜在的要因の１つとも考えられる。従って，女性スポーツ選手の指導においては，この点についても配慮することが重要であるだろう。

（5）スポーツ環境

スポーツを取り巻く環境では，競技特性や，競技実施に望ましいパーソナリティ特性が影響して，FATの発見が遅れ，症状の悪化をもたらしたり，他の問題を生じる可能性が高い。女性スポーツ選手は当然のことながら，指導者，家族など，女性スポーツ選手に関わるすべての人びとがFATに対する認識を高め，その予防と早期発見に努めることが求められる。さらに，これは女性ス

キーワード
- 月経異常
- 骨粗しょう症
- 性役割葛藤

表16–8
FATを示す女性アスリートの特徴

- 完全主義的なパーソナリティ
- 自己への高い期待
- 競技スポーツへの参加
- 自己批判的な行動
- セルフエスティームが低い
- 抑うつ的徴候
- 低体重・痩身の達成と維持への固執
- トレーニング内容の変化を伴わない疲労骨折
- 疲労骨折の重複・再発
- 若齢（青年期・成年期）

（Joy, E. et al., 1997 より）

表16–9
FATを生じやすい競技特性

1. パフォーマンスが主観的に採点されるスポーツ
（ダンス，フィギュアスケート，飛込み，体操，エアロビクス）

2. 体重が少ないことが重要な持久性スポーツ
（マラソン，陸上長距離，自転車）

3. 競技中身体の線が明らかになるユニフォーム等を着用するスポーツ
（バレーボール，水泳，飛込み，クロスカントリー，クロスカントリースキー，陸上，チアリーディング）

4. 体重制を導入しているスポーツ
（馬術，格闘技（空手・柔道など），レスリング，漕艇）

5. 思春期以前の体型特性が重要視されるスポーツ
（フィギュアスケート，体操，飛込み）

（ACSM, 1997 より）

キーワード
- ビジュアルトレーニング
- スポーツビジョン

ポーツ選手に限ったことではないが，選手が心身についての正しい知識を身につけ，将来起こりうる障害の予防に留意することは，パフォーマンスの向上に貢献するばかりでなく，スポーツ選手に求められる自己コントロール力であり，心理的スキルの1つである。

（大場 ゆかり）

文献

1) 大場ゆかり（1998）：「女性スポーツの弊害―摂食障害・月経障害・骨粗鬆症―」．竹中晃二 編 健康スポーツの心理学，大修館書店，177-185頁．
2) 大場ゆかり（1997）：女性アスリートのスポーツ障害トライアングル．ヒューマンサイエンス，1999，第11巻第2号，26-32頁．
3) American College of Sports Medicine（1997）：The female athlete triad―Position stand―. Medicine & Science in Sports & Exercise, 29（5），i‑ix．
4) Smith, A.D.（1996）：The female athlete triad―Causes, diagnosis and treatment―. The Physician and Sportsmedicine, 24（7），67-86．

9 ビジュアルトレーニング

1）ビジュアルトレーニング

ビジュアルトレーニングは，「スポーツビジョン」の研究テーマに含まれ，スポーツに影響する視機能の分析と評価，スポーツのための視力矯正，スポーツにおける眼外傷とその予防とならび，視覚・視機能の側からスポーツを研究する学問である。スポーツと視覚・視機能の関係が，その種目によって重要度が異なるものの，競技力に影響を与えることは明らかである。中でも球技系種目では，対象となるボールの動きだけでなく，敵や味方の位置や動きに対して随時注意を向けておく必要がある。わが国のビジュアルトレーニング研究は，1980年代以降急速に進歩し，その評価・測定法が確立し，トレーニング効果の報告も見られるようになってきた。ここでは，スポーツにおける視覚・視機能の項目を理解し，ビジュアルトレーニングの実際について述べる。

2）スポーツビジョン項目

競技力と関連する視覚・視機能は，単に視力が良いというものではなく，競技特性やその場面で要求される機能が異なる。では，スポーツビジョンにはどのような項目があるのだろうか。アメリカで最初のスポーツビジョン研究機関であるAOA（American Optometric Association）のスポーツビジョン項目は**表16－10**のとおりである。

わが国のスポーツビジョン検査項目は，スポーツビジョン研究会により，静止視力，動体視力（KVA，DVA），コントラスト感度，深視力，眼球運動，瞬間視，眼と手の協応動作の8項目が採用されている。

3）競技種目別にみたスポーツビジョン項目の重要度

表16－11はAOAが発表している競技種目別重要度である。重要度を示す

表16－10 スポーツビジョンの項目

1．静止視力
2．動体視力
3．周辺視野
4．深視力
5．眼球運動
6．瞬間視
7．焦点調節時間
8．眼と手・体・足の協応動作
9．視覚化能力
10．眩しさからの回復速度
11．暗視力
12．眼の疲労回復能力
13．色覚
14．利き目
15．視覚記憶
16．中心‐周辺認識力
17．空間の位置感覚

数値を見ればわかるように，ランニングや水泳などのクローズスキルの種目と比べ，サッカーや野球などのオープンスキルの種目のほうが，スポーツビジョンの重要性が高いことが理解できる。さらに，これらのスポーツビジョン項目について，レギュラーと非レギュラーを比較した場合，レギュラーのほうが高いスポーツビジョン能力を示すという結果が多く報告されている。

4）ビジュアルトレーニングの実際

ビジュアルトレーニングとは，視覚・視機能を高め競技力を向上させることを目的としたトレーニングである。近年の研究成果によって，トップアスリートは視覚・視機能にも優れることが分かってきたが，スポーツビジョンはあくまでパフォーマンス過程の構成要因の１つにすぎない。従って，フィジカルおよびスキル系のトレーニングと併せて行っていくことが必要不可欠である。眼からインプットされた情報を認知し，次の動作を選択・決定し，パフォーマンスとしてアウトプットされる（**図16－7**参照）部分までのトレーニングが，競技力向上に強く影響する。

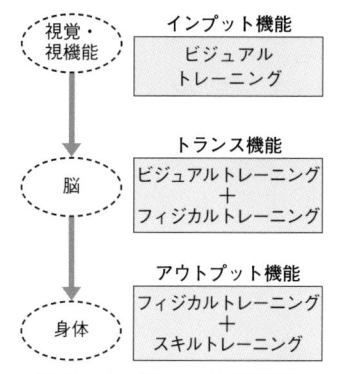

図16－7　パフォーマンス過程と各段階に応じたトレーニング

以下に，代表的なビジュアルトレーニングを紹介する。

（1）　動体視力のトレーニング

電車に乗った時など，車窓から見える看板やその文字を視認する。読み取れるようになってきたら，顔を動かさないよう意識してみる。

（2）　眼球運動のトレーニング

外眼筋が支配する眼の動きをすばやくするトレーニングである。部屋の中などでいくつかの対象物を設置し，それらを繰り返し眼で追う。慣れてきたら顔を動かさずに眼だけで追うようにする。また，目標物を直線状に近いところと離れたところに設置し，フォーカスをすばやく合わせるようにして繰り返す。これは深視力のトレーニングとしても活用できる。

（3）　瞬間視のトレーニング

外を歩いている時などに，一瞬顔の方向を左（右）に向けて正面に戻す。その時，どれだけ多くの情報（光景）を視認できたかを確認する。

（4）　眼と手（足）の協応動作のトレーニング

４～５人で円をつくりジャンケンをする。その勝敗を認知し，すばやく勝っ

表16－11　競技種目別重要度スコア　※数値が高いほど重要度が高い

	静止視力	動体視力	眼球運動	焦点調節	深視力/立体視	視覚反応時間	目と手の協応動作	周辺視野	視覚化能力
野球（打撃）	4	5	5	5	5	5	5	5	5
テニス	4	5	5	5	5	5	5	5	5
スキー	5	5	5	3	5	5	5	5	5
ホッケー	4	5	5	5	5	5	5	5	3
カーレース	5	5	5	2	5	5	5	5	5
サッカー	3	4	5	3	5	5	5	5	5
バスケットボール	3	3	4	3	5	5	5	5	5
体操	1	3	3	3	5	5	5	5	5
ボクシング	2	2	5	3	3	5	5	5	4
高跳び	1	3	3	3	5	4	5	4	5
ゴルフ	3	1	4	3	5	1	5	5	5
野球（投球）	3	2	3	3	3	1	4	5	5
アーチェリー	4	1	3	3	2	1	5	5	2
ボーリング	2	1	3	2	3	1	5	4	4
レスリング	2	1	1	1	2	5	3	3	4
ランニング	1	1	2	1	1	3	1	4	4
水泳	1	1	1	1	1	3	1	4	4

キーワード
- 目標志向性
- 課題・自我志向性

注)「パーセプショントレーナー」の問合先
有限会社チャイルドライク＆スポーツ
(TEL. 092－724－5130)
株式会社スポ研
(TEL. 092－874－6626)

た人の身体に触れさせる方法や，負けた人は後方にジャンプするなどの条件をつける。チームなど集団で行うトレーニングでは，楽しみながらゲーム感覚で実践させる。

（1）～（3）で紹介したトレーニングは，近年パソコンの普及に伴いトレーニングソフトウェア（パーセプショントレーナー：有限会社チャイルドライク＆スポーツ，株式会社スポ研社製）注が販売されている。モニター上で行うトレーニングのため，深視力や奥行知覚では限界があるものの，スポーツビジョンの基礎的なトレーニングとしては十分効果が期待できるものである。基礎的なトレーニングを継続しながら，動きと組み合わせたトレーニングに発展させることが，競技力向上には重要なトレーニング方法である。

またビジュアルトレーニングは，リラックスした環境下で，1回あたり15～20分程度，週3～4回の頻度で行うことが望ましい。

（渡辺 修）

文献
1) 真下一策（2002）：スポーツビジョン―スポーツのための視覚学―，ナップ．
2) 真下一策（1995）：ビジュアルトレーニングの実際．臨床スポーツ医学，第12巻第2号，1121-1125頁．

10 スポーツにおける目標志向性

1）目標志向性とは

達成目標には様々なものがあり，その達成目標に対する個人の志向性により，認知，感情，行動といった動機づけのプロセスが異なってくると捉えるのが目標志向性（目標理論）である。すなわち，スポーツ場面では，競技者が重視する目標やその意味づけによって，目標を成し遂げるための方法や過程が影響を受け，その結果として様々なスポーツ行動が生じ，維持されるとみなされる。スポーツにおける目標志向性では，特に，課題・自我志向性，個人・社会志向性の重要性が指摘されている。

2）スポーツにおける課題・自我志向性

スポーツにおける課題志向性は，新しいスキルを身につける，技術を向上させるなど練習の過程や努力を重視する志向性である。一方，スポーツにおける自我志向性は，能力に価値をおき，他者との比較をとおしての達成を重視する志向性である（**表16－12**参照）。

これまでの研究では，内発的動機づけは課題志向性と正の相関，自我志向性と負の相関を示すこと（Duda et al., 1995；細田，杉原，1999）がわかっている。課題志向性は，スポーツ参加を促進し（Whaite et al., 1994；工藤ほか，1993），適切な学習方略を選択させ（Lochbaum et al., 1993），有能感と積極的な関係がみられること（伊藤，1996）などが報告されている。これらは，スポーツ場面で課題志向性を高める重要性を示している。

3）スポーツにおける個人・社会志向性

キーワード
●個人・社会志向性

スポーツにおける個人志向性は，スポーツにおいて個性を発揮するなど個人内基準への志向性であり，スポーツをとおしての自己実現に近い内容を意味する。一方，スポーツにおける社会志向性は，チームの規則や規範の遵守，集団での役割遂行，チームメイトとの良好な人間関係などスポーツ集団への適応に関する志向性である（磯貝ほか，2000：表16－13参照）。

自己中心性の高い者は，個人志向性が高く，極端に社会志向性が低い，他者依存性の高い者は，社会志向性が高く，極端に個人志向性が低い傾向にあると考えられ，このような不均衡が拡大することによって，不適応行動が生じる可能性がある。そのため，両志向性をバランス良く高めることが重要となる。

4）スポーツ集団の目標志向性

スポーツ集団が重視する目標や，スポーツ集団の動機づけ雰囲気によって，個人の動機づけや目標志向性が影響される。練習過程や課題達成を重視するスポーツ集団では，選手は内発的動機づけが高く，課題志向性も高い。反対に，競争や勝敗を重視する集団では，選手の自我志向性が高くなる。従って，スポーツ集団の目標志向性を確認する必要がある。

（磯貝 浩久）

表16－12 スポーツにおける課題・自我志向性尺度（TEOSQ日本語版）

スポーツにおいて、どのようなときに達成感（うまくやれた）を感じますか。
自分の気持ちにあてはまる番号を○で囲んでください。

(1) ぜんぜんそう思わない (2) あまりそう思わない (3) どちらともいえない (4) かなりそう思う (5) とてもそう思う

1) もっと練習したいと思うような技術を、はじめて習得したとき　1 2 3 4 5
2) このプレーができるのは自分だけだと思えたとき　1 2 3 4 5
3) やっていて楽しいと感じるプレーを習得したとき　1 2 3 4 5
4) 仲間より上手にできたとき　1 2 3 4 5
5) 頑張って新しい技術を身につけたとき　1 2 3 4 5
6) 誰よりもうまくやれると思えたとき　1 2 3 4 5
7) 練習に一生懸命取り組めたとき　1 2 3 4 5
8) 他人が失敗しやすいことが、自分にはできたとき　1 2 3 4 5
9) もっと練習したいと思えたとき　1 2 3 4 5
10) 自分が一番得点をあげたとき　1 2 3 4 5
11) プレーが簡単にできると感じたとき　1 2 3 4 5
12) 自分が一番だと感じたとき　1 2 3 4 5
13) 自分のベストを尽くしたとき　1 2 3 4 5

＜課題志向性：奇数項目，自我志向性：偶数項目＞

表16－13 スポーツにおける個人・社会志向性尺度（ISOSQ）

あなたは、スポーツをするときどのように思っていますか。
自分の気持ちにあてはまる番号を○で囲んでください。
ここでのクラブという言葉は、チームやスポーツをするときの集団と考えてください。

(1) ぜんぜんそう思わない (2) あまりそう思わない (3) どちらともいえない (4) かなりそう思う (5) とてもそう思う

1) スポーツをするときは自分らしさを大切にしている　1 2 3 4 5
2) クラブでの自分の役割をきちんと果たしている　1 2 3 4 5
3) 他人の批判を気にせずに決断している　1 2 3 4 5
4) 指導者やチームメイトから信頼される人になりたい　1 2 3 4 5
5) クラブの目標より自分の目標を重視している　1 2 3 4 5
6) 周囲の人に対しては、いつも誠意を持って接している　1 2 3 4 5
7) クラブが負けても自分のプレーが良ければ満足する　1 2 3 4 5
8) クラブのメンバーの気持ちをよく理解している　1 2 3 4 5
9) 自分の信念に基づいてスポーツをしている　1 2 3 4 5
10) クラブの規則などルールはいつも守っている　1 2 3 4 5
11) クラブの方針に従うのは当然である　1 2 3 4 5
12) 周囲と反対でも、自分が正しいと思うことは主張できる　1 2 3 4 5
13) 勝敗よりも自分の実力を最大限に発揮したい　1 2 3 4 5
14) クラブのためなら自分を犠牲にしてもかまわない　1 2 3 4 5
15) クラブの雰囲気やメンバーのつながりを大切にしている　1 2 3 4 5
16) 自分の気持ちに素直にスポーツをしている　1 2 3 4 5
17) 周囲の期待に応えるために一生懸命に努力している　1 2 3 4 5
18) メンバーで悩んでいる人がいたらサポートしてあげる　1 2 3 4 5

＜個人志向性：1,3,5,7,9,12,13,16，社会志向性2,4,6,8,10,11,14,15,17,18＞

文献

1) 磯貝浩久（2002）：スポーツ選手の目標設定と目標志向性．徳永幹雄 編 健康と競技のスポーツ心理，不昧堂出版．

2) 宮本美沙子・奈須正裕 編（1995）：達成動機の理論と展開，金子書房．

キーワード
● バーンアウト
● ストレス

11 スポーツ選手のバーンアウト

1）バーンアウトとは

　バーンアウト（burnout：燃え尽き）は，1974年にアメリカの精神分析医が自らのクリニックの看護師に認めたもので，長い間の献身が十分に報いられなかった時に生じる情緒的・身体的消耗とされている。以後，看護師や教師といったヒューマンサービス従事者に同様の報告が行われるようになった。

　スポーツ選手のバーンアウトは，このような概念が援用され，スポーツ活動や競技に対する意欲を失い，燃え尽きたように消耗・疲弊した状態である。図16－8は，著者らがバーンアウトを経験したスポーツ選手との面接をとおして，バーンアウトのプロセスに関連する要因を抽出したものである。バーンアウトというからには，必ず燃えていた時期がある。それは主観的な意味も含めての競技状況での成功経験から自信をつけ，親や周囲の称賛や期待が強まったり，より高い目標を掲げるようになったり，深くスポーツにコミット（関与）していく。これが熱中の時期である。しかし，しだいに期待した結果が得られなくなる。たとえば，怪我をして練習の継続が困難になったり，成績が思うように伸びなくなったりという局面，つまり停滞の時期がやってくる。ここで，スポーツへの興味を失って他の活動へ移行していく場合と，目標の修正を行ったりこれまでのトレーニング方法を見直したり，取り組み方を変えるような場合には特に問題が生じることはない。しかし，バーンアウトではここで固執して頑張り続けるのである。焦燥感を抱きながらも今までと同等の目標を持ち続けたり，さらに練習量を増やしたり，努力しても報われないという悪循環から心身共に疲れ果ててしまう。そして否定的な自己イメージや無力感を強めたり，対人関係の孤立や自己の存在価値観に疑問を抱いたり，肉体的にもオーバートレーニングに陥ってしまうのが消耗の局面である。このような，＜熱中→停滞→固執→消耗＞というプロセスがバーンアウトに共通して認めることができる。

　スポーツに固執することがバーンアウトの鍵であり，それが消耗に至る心理的な原因となっているならば，バーンアウトは単に「燃え尽き」や「完全燃焼」ではなく，むしろ心理的には「くすぶり」や「不完全燃焼」として捉えることが，より適切な理解となるように思われる。

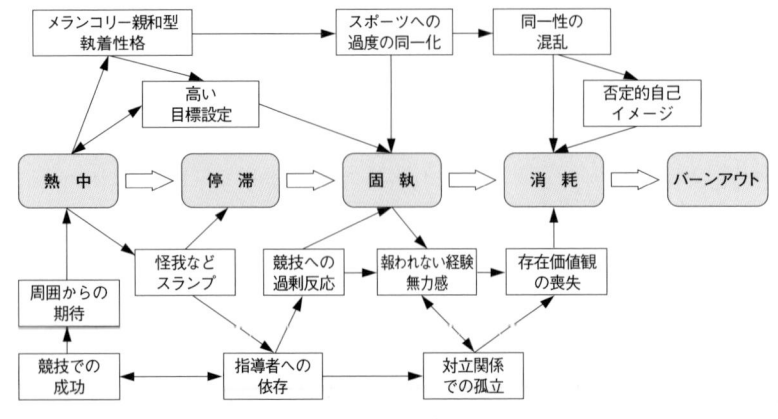

図16－8　スポーツ選手のバーンアウトのプロセス（中込・岸，1991年より作成）

2）バーンアウトの心理的背景

(1) ストレス状況

　多くの研究は，バーンアウトをスポーツ環境からもたらされる慢性的なストレス反応の結果として捉えている。たとえば，選手は練習での過剰な負荷や練習時間の延長，他者からの勝つことへのプレッシャーなどストレスフルな要求にさらされる。こうした要求はす

べての選手に等しく受け止められるわけではなく，個人の認知的評価のもとで，それが脅威として感じられた場合には，生理的症状（疲れ，不眠など）として表われ，パフォーマンスの低下やスポーツ活動からの離脱，種々の問題を導くと考えられている。

また，スポーツ選手にとって最もストレスをもたらすものの1つが「報われない経験」である。熱中から停滞，固執の局面で，高い目標・期待を自分に課し，多大なエネルギーを投入しても報われない経験を繰り返すことになる。

（2）性格特徴

さらに，選手自身の性格特徴がバーンアウトの素因として関わっている。生まじめ，几帳面，他者指向，完全主義という特徴である。このような性格特徴は，メランコリー親和型・執着性格というカテゴリーにまとめることができる。この性格分類は，うつ病の病前性格として知られているもので，執着性気質は，仕事熱心，凝り性，徹底性，正直，几帳面，強い義務や責任感といった特徴を持つ。

また，メランコリー親和型性格特徴は，几帳面と自己要求の高さ，仕事・対人関係での秩序の重視，仕事の量と精度の豊富さ，他者への良心性である。両者には類似点が多く，うつ病の病前性格として一括して論じられることが多く，いずれも状況の変化に対して柔軟な対応に欠けることが問題となっている。バーンアウト＝うつ病というわけではないが，バーンアウトの症例には抑うつ反応を多く認めることができ，活動を頑張り続けて消耗するという背景はこのような性格特徴が一因を担っていると思われる。

（3）アイデンティティのあり方

競技スポーツに取り組むようになるのは，多くは思春期から青年期にかけての時期であり，この時期の発達課題はアイデンティティ（自己同一性）の模索と獲得である。

スポーツという社会的に承認された活動で親や周囲の賞賛を浴びることは，スポーツ領域に限定されたアイデンティティを強め，アイデンティティの早期達成を促す。こうした状況では，スポーツ活動を続けること，そこでの競技成績や達成感などによって，心理的安定を得ているのである。いわば，自己の存在基盤や存在価値をスポーツ活動に依拠し，拠り所としてしまうので，怪我をしたり今までのパフォーマンスが達成できなくなったりすると選手に多大なストレスを生じさせることになる。

占有的で強すぎるスポーツへのアイデンティティは，高いパフォーマンスを達成するためには必要ではあるが，一方で選手に競技以外の外的活動の狭窄化をもたらす。つまり，選手がスポーツ活動に多大なエネルギーを投入する資源になると同時に，停滞の局面では，スポーツ以外の選択肢の少なさから固執する背景となるのである。

（岸　順治）

文献

1) 中込四郎・岸　順治（1991）：運動選手のバーンアウト発症機序に関する事例研究．体育学研究，第35巻4号，313-323頁．

2) 岸　順治（1994）：運動選手のバーンアウトの理解と対処．Japanese Journal of Sports Science，第13巻第1号，9-14頁．

キーワード
- スポーツ傷害
- 心理的ストレス

12 スポーツ傷害に関わる心理的問題に対するアプローチ

　受傷したスポーツ選手ができるだけ早く，安全かつ確実に元の競技生活に復帰することは，選手自身だけではなく医療の専門家やスポーツ指導者にとってきわめて重要な目標の1つと考えられる。これらは，最近のスポーツ医科学分野の発展，特にリハビリテーションプログラムの内容や施設・用具の充実に伴って達成されつつある。しかし，受傷した選手の中には，処方されたプログラムにうまく専念できないために，競技への早期復帰あるいは完全復帰ができないこともあり，最悪の場合，競技続行を断念している選手も見受けられる。これらの選手は，受傷することによって何らかの心理的問題を抱えている場合がある。たとえば，受傷する前よりもパフォーマンスが低下したり，怪我が再発するのではないかという不安や恐怖，早く競技に復帰しなければライバルに遅れをとり，指導者に見放されるかもしれないという焦燥感や切迫感，どうせこの怪我は完治しないんだというあきらめや絶望感など，重度の怪我を負った選手は，それ自体による身体的苦痛のみならず，様々な心理的苦痛を経験していることが考えられる。これらは，受傷した選手だけではなく，その選手を扱う医師や理学療法士，アスレティック・トレーナー，さらには活動を共にする指導者やチームメイトにとっても改善すべき大きな問題となっている。

　Oka et al. (1997) は，膝や足首，肩を受傷し，医師によって治癒期間が3か月〜1年未満と診断された大学生競技スポーツ選手（受傷群）を対象に，受傷後のストレス反応をPOMSによって調べ，過去3年間に重度の障害を経験していないスポーツ選手（非受傷群）の得点と比較している。その結果，非受傷群はメンタルヘルスが良好であることを表す氷山型のプロフィールを示すのに対して，受傷群は鏡像型，すなわちメンタルヘルスに問題があると言われるプロフィールを示すことが明らかになった（図16−9参照）。また，受傷群のうち，「また怪我がひどくなるのではないか」「他の部位も受傷するのではないか」といった再受傷の恐怖や他の身体部位受傷の不安を抱いている選手が58%，「受傷する前の記録に戻るかどうか」「昔のように走れるかどうか」といった競技復帰に対する不安を抱いている選手が73%，「久しぶりにプレイをしてチームになじめるかどうか」「監督やコーチとうまくやっていけるかどうか」といったチーム内での人間関係に関する不安を経験している選手も45%存在した。このような重度の怪我を負った選手は，自身が経験している心理的ストレスにうまく対処し，強い意志や動機づけを維持しながら長期の治療やリハビリテーションに取り組んでいかなければならない。そのため，スポーツ心理学やアスレティック・トレーニングの分野では，受傷によるストレスの軽減，リハビリテーションへの動機づけの維持，競技復帰の際に利用可能な心理的スキルの習得をねらいとした心理的援助の重要性が指摘されている。特に，目標設定やセルフモニタリング，思考停止（ソート・ストッピング），積極的セルフトークなどの認知行動的技法，リラクセーションや視覚化（イメージ）のスキルなどは，心理的援助を行う際に利用される代表的な手法と考え

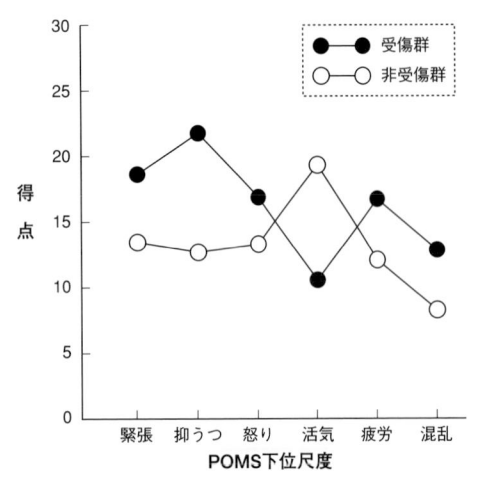

図16−9　受傷の有無によるPOMS得点のプロフィール

られている。

　一方，スポーツ心理学の領域では，スポーツ傷害の発生に関わる間接的原因の中でも，特に心理社会的要因を見極めることで，スポーツ傷害の予防に貢献しようとしてきた。スポーツ傷害の発生機序を心理学的見地から理解するために，ラザルスのストレス認知モデルの考え方を応用し，「ストレス－スポーツ傷害」モデルが提案されている。このモデルの基本的な考え方として，選手が練習や試合などで緊迫した場面に遭遇し，その場面をストレスの強い状況として認知した場合，ストレス反応が活性化され（たとえば，状態不安の高まり），筋緊張や視野狭窄，注意散漫といった状態に陥る。筋緊張は運動の協応性や柔軟性を失わせ，視野狭窄，注意散漫は周辺の重要な情報を見逃させる。その結果，スポーツ傷害発生の危険性が高まると考えられている。この一連の過程に影響を及ぼす要因として，学業不振，家庭不和といった日常生活におけるストレッサー，競技特性不安やローカス・オブ・コントロールなどのパーソナリティ，ソーシャルサポートや対処スキルなどの対処資源が想定されている。

　岡ら（1998a）は，大学生競技スポーツ選手のシーズン前の日常生活や競技生活で経験しているストレッサーが，シーズン中のスポーツ傷害の発生頻度や受傷の程度にどのような影響を及ぼすかについて検討している。結果として，シーズン前のストレッサーはシーズン中の受傷の程度よりも発生頻度と有意な関係があった。特に，**表16－14**に示すような日常・競技ストレッサー（岡ら，1998b）のうち，クラブ活動内容，競技成績，自己に関する内的・社会的変化，他者からの期待・プレッシャーといったストレッサーが傷害発生頻度に影響を及ぼしていた。また，これらの現象は，コンタクトスポーツの選手においてのみ認められることが明らかになった。以上のことからも解るように，スポーツ傷害発生の予防は身体面だけでなく心理面へのアプローチも必要であり，そのためにシーズンをとおしてストレスマネジメント教育のような介入を行うことによって心理的コンディションを改善させ，スポーツ傷害発生の危険性を低減させることが重要である。たとえば，選手がシーズン前に身体検査などのチェックを受けるのと同様に，日常生活や競技生活でどのような心理的ストレスを経験しているのかをアセスメント（評価）し，選手自身や指導者がそのストレス源が何であるかに気づかせ，さらにはストレス反応を低減させるためのテクニックを獲得させるような支援を行っていくことが望まれている。

　　　　　　　　　　　　　　　　　　　　　　　　（岡　浩一朗）

キーワード
● ストレスマネジメント

表16－14
日常・競技ストレッサーの内容
（岡ら，1998b）

因子	項目例
日常・競技生活での人間関係	友人の悩みやトラブルに関わった／仲間の話題についていけなかった
競技成績	競技における個人的な目標が達成できなかった／自分の記録や競技成績があまり伸びなかった
他者からの期待・プレッシャー	先輩や後輩，ライバルから期待やプレッシャーを感じた／周りの人から過度に期待された
自己に関する内的・社会的変化	自分の能力・適性について考えるようになった／自分の性格について考えるようになった
クラブ活動内容	クラブ活動で時間が束縛された／クラブ活動内容に不満を持った
経済状態・学業	クラブ活動のための出費（遠征費，部費など）があった／自分の勉強，試験，卒業などがうまくいかない

文　献

1) Oka, K., Takenaka, K., & Kodama, M.（1997）: The effects of personal and situational factors on mood states of injured athletes. Japanese Health Psychology, 5, 23-30.

2) 岡　浩一朗・竹中晃二・松尾直子（1998a）：大学生アスリートの日常・競技ストレッサー尺度の評価がスポーツ外傷・障害の発生に及ぼす影響．スポーツ心理学研究，第25巻，54-64頁．

3) 岡　浩一朗・竹中晃二・松尾直子・堤　俊彦（1998b）：大学生アスリートの日常・競技ストレッサー尺度の開発およびストレッサーの評価とメンタルヘルスの関係．体育学研究，第43巻，245-259頁．

キーワード
- ジェンダー論
- 女性のスポーツ参加

13 スポーツにおけるジェンダー論

　2004年に開催されたアテネオリンピックは女性のオリンピックと呼ばれ，参加選手312名中，女性が171名と初めて女性が男性の数を上回り，多くのメダルを日本にもたらした。「激しいスポーツは女性には向かぬ」と言われた時代ははるか昔となり，女性の競技スポーツへの参加は質・量共に急速に拡がっている。一方，地域社会においてもフィットネスクラブに通う女性の姿を自然に見かける時代となり，種々の調査からも女性のスポーツ参加は年を追うごとに増加している。今やスポーツは女性にとって重要な文化そして生活の一部であり，健康の保持・増進，他者との交流などの効果もこれを後押ししている。しかしながら，女性スポーツには未だ多くの課題が残されている。たとえば，青少年期の野球やサッカーなどのスポーツクラブには女子の参加を制限する場合があること，20，30歳代女性のスポーツ参加率は男性より低いこと，また一般社会と同様に女性のコーチ，スポーツ組織の役員，教員，研究者などリーダー的役割を担う立場の者も男性より少ないことなどがある。ここでは，前述した例をもとにわが国におけるスポーツのジェンダー研究の動向と課題を概観したい。

1）青少年期のスポーツとジェンダー

　生涯を通じて様々なスポーツを楽しめるようになるには，青少年期の学校体育の果たす役割が大きい。わが国の学校体育は男女関係なくスポーツを楽しめる内容だろうか。1989年の学習指導要領の改定により，性差によるカリキュラムの差が記述上なくなった。それまでの学習指導要領，つまり，授業で学ぶ内容には男女差が存在した。北田によると，このような性別によるカリキュラムの差はまだスポーツ医・科学が進んでいなかった19世紀後半頃の激しい運動は女性を心身共に男性化するとの見解を根拠として形成され慣習的に継続されたためと述べている。指導要領改定後，十数年を経た現在でもなお男子は武道，女子はダンスといった性差に基づく授業を行っている学校（指導者）もあり，意識改革が必要であろう。

　一方，学校以外では，学校週5日制などの影響もあり，土・日曜日を中心とした地域スポーツの振興が盛んである。従来の地域スポーツは種目，年代，男女別に作られたクラブがほとんどであったが，ここ数年，種目や技術レベルが多様で選択の幅の広いクラブが増加している。あるクラブではテニス，バレーボール，剣道，ヨガなど十数種類の種目の活動があり，会員は好きな種目にいくつでも参加できる。このような団体は「総合型地域スポーツクラブ」と呼ばれ，全国で約800のクラブが活動している。ここでは学校の授業やクラブにない種目を求めて活動する子どもたちも多く，やりたい種目を性別や年齢を越えて行える場となっている。このような地域スポーツの振興は男女関係なく様々なスポーツを楽しめる社会への実現に一役買っている。

2）女性のスポーツ参加

　従来，女性のスポーツへの参加率は男性と比較して低いが，スポーツを楽しむ女性は確実に増えている。笹川スポーツ財団の調査によると，40－60歳代

の女性で週に2回以上スポーツをする人は4割を越えている。しかし，20，30歳代の実施率は男性と比較して低く，家事や子育てに関しての固定的な性役割や能力観がスポーツの実施を妨げている。一方，スポーツを「見る」やスポーツ大会やクラブ運営などスポーツを「支える」活動についても女性は男性より低調である。子育て中の女性を対象にした調査では，スポーツ施設における託児の充実や子どもと一緒に参加できるプログラムへの要望が多かった。託児施設や子どもの遊び場を備えるなど環境を整えることも女性のスポーツ参加の促進を促す上で重要であろう。

3) スポーツ社会における女性の立場

企業など一般社会と同様，スポーツ分野においてもコーチ，スポーツ組織の役員，教員，研究者などリーダー的役割を担うポジションの男女比は，男性と比べて女性がかなり低い。日本オリンピック委員会が2004年に発表した「スポーツ団体の女性スポーツへの取り組みに関する調査」の結果報告書によると，競技団体における役員の女性が占める割合は5.7％であった。また女性が「会長」の団体は3.3％，女性が比較的多い「理事」職も7.3％と女性役員の比率は1割も満たなかった。これでは団体の意志決定に女性の意見を反映するのは困難な状況である。男女平等が進んでいるとされる米国でもこれらの問題に悩んできた。1972年に議会を通過した「タイトルナイン」というスポーツにおける男女平等を保証する法律は女性のスポーツ参加を著しく発展させた。しかし，女性コーチの割合は，女性の競技者やプログラム数の増加によって指導者の需要が増したにも関わらず減少したのである。その原因として，女性では男性よりOGのネットワークやサポートシステムが弱い，家族と過ごす時間とのバランスが取りにくい，質の高いコーチ力を持つ者が少ない，意識的・無意識的差別などがあげられている。法律による形式的な平等は，結果的に不平等を引き起こす可能性が示されたのである。その後，1994年に開催された第1回世界女性スポーツ会議（ブライトン宣言），第2回世界女性スポーツ会議（1998年），第1回IOC世界女性スポーツ会議（1996年），第2回IOC世界女性スポーツ会議（2000年）の会議では，スポーツ組織の意志決定への女性の参画や女性指導者の能力開発などが決議文の中に盛り込まれてきた。具体的には女性指導者養成のための特別基金やカリキュラムの開設，スポーツ組織の意志決定機関への女性登用の具体的目標数値の提示，国際・地域規模のスポーツ組織における各国代表団に最低1名の女性代表者の登用を奨励するなどである。日本でも2006年に熊本市で第4回世界女性スポーツ会議の開催が予定されており，2001年の「ブライトン宣言」への署名，2003年にはJOCの女性スポーツ委員会設置など2000年代に入って活発な動きがみられる。性別に関係なく個人個人が自由にスポーツを楽しめる社会の実現に向かって，今後の動向に注目したい。

（上田 真寿美）

キーワード
- 世界女性スポーツ会議
- タイトルナイン

女性スポーツの盛んな米国

文献
1) 山田 昇，江刺正吾 編（1999）：女性と社会，世界思想社．
2) 井谷惠子，田原淳子，來田享子 編（2001）：目で見る女性スポーツ白書，大修館書店．

キーワード
- 競技引退
- ライフイベント
- スポーツキャリア
- 移行
- 生涯発達

3）井谷惠子ほか（2001-2003）：スポーツのジェンダー学―女が変わる、男が変わる、スポーツが変わる．体育科教育．
4）読売新聞（2004）：女性スポーツ白書2004．
5）スポーツに関わる女性を支援する会，NPO法人ジュースホームページ http://www.jws.or.jp

表16-15 スポーツ・キャリアにおける移行の6局面

1．競技スポーツへの参加の開始
2．集中的（専門的）トレーニングの開始
3．競技レベルの向上，競技区分（年齢などによる）の移行
4．アマチュアからプロへの転向
5．競技力全盛期からスポーツ・キャリアの終結への準備期
6．スポーツ・キャリアの終結

（FEPSAC, 1997を基に著者が改変）

14 競技引退に関わるスポーツ心理学的指導・援助

　近年，スポーツ選手の競技引退に関わる教育や援助の重要性に注目が集まるようになってきた．わが国においても，サッカー，野球などにおいて組織的な取り組みが開始されている．その一方で，今なお，「引退することを考えながら競技に取り組むなどもってのほか」「競技に専念している今，引退に関することや引退後のことを考えたりしたら，モチベーションがさがるだけ．パフォーマンスに良い影響をもたらすことはない」と考える選手，指導者も多い．日々の生活の中心は競技（練習），人間関係も競技に関する仲間のみ，という環境で，スポーツへのコミットメントや排他的専念が強まれば，自らの人生の可能性や選択肢について考える機会が少なくなったり，キャリア探求行動を保留することが多くなる．

　スポーツ選手も一人の人間であり，引退後にも人生がある．一生のすべてをスポーツ・キャリアのみが占めることはなく，スポーツ選手としての社会的役割の占める割合が低くなったり，競技への関わり方を変える時が到来する．それ故，競技引退をライフイベントの1つと考え，競技人生（スポーツ・キャリア）あるいは自らの一生という広い視点から捉えることが重要である．スポーツ心理学には，そのための援助や指導の役割を担うことが期待されている．

1）スポーツ・キャリアにおける競技引退

　スポーツ・キャリアには，様々な局面がある．FEPSAC（1998）は，スポーツ・キャリアにおける移行（transition）について，①競技参加の開始，②集中的トレーニングの開始，③競技レベル・競技区分の向上，④アマチュアからプロへの転向，⑤スポーツ・キャリア終結への準備期，⑥スポーツ・キャリアの終結という6つの局面を指摘した（**表16-15**参照）．競技引退も，チームやクラブの移籍，卒業や就職などと同様，「スポーツ・キャリアの終結」というスポーツ・キャリアにおける移行の一形態として捉えることができる．

2）競技引退に対するスポーツ心理学的アプローチ

　競技引退に関する研究領域は，競技引退への適応要因や競技引退の特質についての理論的研究から，競技引退後の心理的・身体的・社会的適応に関する実証的研究，競技引退への適応を促進するための予防的介入の実践・開発に関する実践的研究へと発展してきた．近年，生涯発達の視点に立ったスポーツ選手への予防的・教育的介入の有効性が主張され，競技引退前後の適応促進プログラムが開発，実施されている．その背景には，スポーツ選手の育成には，競技

力の向上だけを目指したのでは十分とは言えず，健康心理学的視点に基づいた教育や，人間としての個人的・心理的・社会的発達を考慮することが重要であるという認識がある。すなわち，このような介入，指導，援助は，競技引退に対する準備行動の促進だけを目指しているのではなく，自己探求と人間的成長を促進し，競技生活をより豊かなものにすることも目指している。スポーツを通じて獲得した経験やスキルを日常生活において活用できるようにするためにも，スポーツ・キャリアの早期から，スポーツ・キャリアを通じて，競技力向上のための心理的教育プログラムの一環として実施されることが望ましいと考えられている。

競技引退は，心理的・社会的・環境的要因等の様々な要因が複雑な相互作用を織り成す事象である。その多様性ゆえ，単一の要因により移行の特質を理解し，その影響への対処を試みることは非常に難しい。それらの多様性を考慮し，個々のスポーツ選手の競技引退観を捉え，スポーツ心理学的指導・援助に活用する方法の1つとして，競技引退観検査（大場ほか，2001）が作成された。競技引退観の把握にあたっては，引退に対する心理的取り組みや将来への展望などを考慮し，個々人の競技引退観の意味を捉えることが重要となる。また，性や年代，スポーツ種目の特性によって異なる特徴が見られることも忘れてはならない。競技引退観を手がかりにしてスポーツ心理学的な指導・援助を行う際には，競技引退観の全体像を捉えつつ，個別性への配慮が不可欠である。

3）競技引退のためのスポーツ心理学的指導・援助：4つの視点

競技引退への準備行動のみならず，自己探求や人間的成長を促進することを目指したスポーツ心理学的指導・援助において，以下に示す4つの視点が重要である。

（1）スポーツ・キャリアのプランニング

競技での目標設定はもちろんのこと，競技引退への計画や準備も含めたスポーツ・キャリアについての長期的な展望を持つことは，スポーツ・キャリアの充実のためには不可欠である。競技に対するスタンスや目標，モチベーションが明確になれば，怪我や故障（身体面での自己管理）への配慮を怠ることも減り，充実したスポーツ・キャリア積むことができるようになる。

（2）ターニング・ポイントとしての引退

競技引退時には，一時的に不安や喪失感，安堵感など，様々な感情の波に襲われることもある。しかし，競技引退をターニング・ポイントと考えることで，将来への挑戦と新たな目標設定の機会が与えられる大きなチャンスとして活かすことができる。

（3）ライフ・プランニング

「スポーツ選手」としてではなく，個人としての自分を見つけること（同一性の確立）は，進学や就職等のキャリア選択時に留まらず，引退後の生活全般に関わる非常に重要である。スポーツ・キャリアにおいては，スポーツへのコミットメントは不可欠であるが，専心的になることなく，スポーツとそれ以外の生活とのバランスを保ち，スポーツ以外の事柄にも広く関心を持ったり，様々な経験を積むなど，広い視野を持つよう心がけることが必要である。この

キーワード
- 競技引退観検査
- 人間的成長

表16-16　競技引退観検査の内容

- **競技引退の状況的規定要因**
  競技への傾倒，引退への準備，マイナス思考，引退の誘因，自信，競技以外の関心，競技への取り組み方

- **競技引退に対する態度**
  感情的態度：喪失・不安，安堵・期待，恥・後悔
  認知的態度：重大な決断，不慮の出来事，消極的な選択，転換点
  行動的態度：成績不振による引退，区切りによる引退，引退後の活動，引退後のスポーツ関与

- **競技引退の意図**

- **競技引退イメージ**

キーワード
- 合理的行為理論
- 計画的行動理論

ことは，引退後の生活における方向性やスポーツとの関わり方にも関連する。

(4) ソーシャルサポートの活用

スポーツ・キャリアのプランニング，ライフ・プランニング，引退について考える時，信頼できるソーシャルサポート源を活用すべきである。ソーシャルサポートを利用することについて，「他者の力を借りること」「助けを求めること」「弱さを見せること」になると考えるスポーツ選手もいるが，これは「チームワーク」と同じことであり，自分自身も他者にとってのソーシャルサポート源としての役割も担っていることを考えれば，それを負い目に感じるようなものではない。家族，友人，コーチ，チームメイト，チーム関係者，スポーツ組織など，自分の周りのソーシャルサポート源が，自分にとってどのような支えとなっているのか改めて検討すると共に，ソーシャルサポートのネットワークを広げる努力が求められる。

（大場 ゆかり）

文献

1) 大場ゆかり（2002）：「スポーツ選手のライフ・プランニングと引退」．徳永幹雄 編 健康と競技のスポーツ心理，不昧堂，178-189頁．
2) 大場ゆかり（2000）：「エリートスポーツ選手の競技引退」．上田雅夫 監修：スポーツ心理学ハンドブック，実務教育出版，431-437頁．

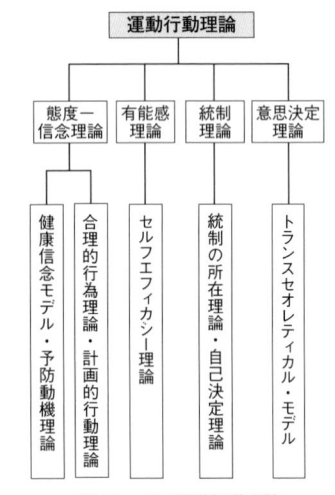

図16－10 運動行動理論

15 身体活動・運動に適用される理論・モデル

人がなぜ，健康行動を取るのか，あるいは取らないのかを理解するのに，社会心理学や健康行動学の領域で提示されている理論やモデルは役に立つ。たとえば，健康信念モデル，合理的行為理論，計画的行動理論，社会的認知理論（セルフエフィカシー理論），統制の所在理論，意思決定理論，トランスセオレティカル・モデルなどである。ビドルとニッグ（Biddle and Nigg, 2003）は，これらの異なったアプローチを理解しやすくするために，図16－10に示すように，態度―信念理論，有能感理論，統制理論，意思決定理論の4つのカテゴリーに分類している。ここでは，運動行動に良く用いられている合理的行為理論，計画的行動理論，セルフエフィカシー理論，そして行動の改善・促進のための介入として極めて有効なトランスセオレティカル・モデルについて解説する。

1) 合理的行為理論と計画的行動理論

人の行動を予測し説明するために，社会心理学では「態度」という概念を用いてきた。態度は，対象（刺激）と行動（反応）間の媒介変数であり，感情的・認知的・動機的な3つの成分からなっている。また，態度はある程度一貫性があるが，変容もするので，行動変容のために，態度形成や態度変容の研究が行われてきた。しかし，これらの態度研究では，態度と行動の非一貫性（ズレ）が指摘され，態度規定の問題，状況要因の問題，測定法の問題などが論議された。そこで，この態度と行動の非一貫性の問題を解決するために，態度を再規定し，行動を説明する画期的な理論として提示されたのが，フィッシュバ

インとエイゼン（Fishbein & Ajzen, 1975）の合理的行為理論（TRA：Theory of Reasoned Action）であり，それを発展させたのがエイゼン（Ajzen, 1985）の計画的行動理論（TPB：Theory of Planned Behavior）である（図16－11参照）。

キーワード
● 社会的認知理論

合理的行為理論では，行動を予測・説明するのに，行動意図，態度，主観的規範の3つの変数が用いられ，行動意図が行動の直接的な決定因と仮定される。従って，行動意図が強ければ強いほど行動が生起することになる。また，この行動意図は態度と主観的規範の2つの要因によって予測される。態度はある特定の行動に対する評価ないし感情的な一次元尺度で捉えられ，その態度は「行動の効果への信念」と「結果への評価」によって予測される。一方，主観的規範とは行動を遂行することに対する社会的プレッシャーのことであり，直接的には測定できず，「重要な他者の期待に対する信念」と「重要な他者の期待に従う動機づけ」によって予測される。従って，運動への行動意図は運動に対して良い評価と感情を有し，運動することを他者も期待していると信じているときに強くなり，運動行動に結びついていくことになる。

合理的行為理論は意図的な行動については適合するが，実際の行動はむしろ適切な機会や資源があるかどうかに関わっており，個人の行動意図だけで決まるものではない。そこで，エイゼン（Ajzen, 1985）は意志のコントロール下にない行動をも予測・説明するために，「行動の統制感」という変数を付加して計画的行動理論へと発展させた。この行動の統制感は行動の遂行に対する容易さと困難さについての信念のことであり，行動に対して直接的な影響と行動意図を介した間接的な影響をもたらす。また，行動の統制感は統制の信念と統制の強さによって予測される。

2）社会的認知理論

社会的認知理論（Social Cognitive Theory：SCT）は，バンデューラ（Bandura, 1986）が学習理論を発展させて提唱したもので，社会的学習理論ともいわれる。人の行動を人（個人内要因：認知，感情，生物学的出来事），環境，行動（行動の特性）の相互関係の中で捉えようとするもので（図16－12参照），この理論の中には，モデリング，セルフ・コントロール，セルフエフィカシーの概念が導入され，行動変容が促進される。モデリングとは模倣のことであり，人は他者の行動を観察して行動が獲得される。つまり，他者がある行動をしたときの賞罰をみながら，人はどのような行動を取るかを学習するのである。セルフ・コントロールとは，自分自身で行動を統制することであり，行動変容を促すために，目標設定やセルフモニタリングノートの活用などの行動変容技法が用いられる（4章参照）。セルフエフィカシーは社会的認知理論の中でも中心的な概念であり，ある特定的な行動を成功裡に遂行することへの確信度をいう。人が行動を行うのは，その行動を遂行することができるという効力予期（セルフエフィカシー）とその行動をした後に生じる結果や成果の可能性に対する見積もりという結果予期に

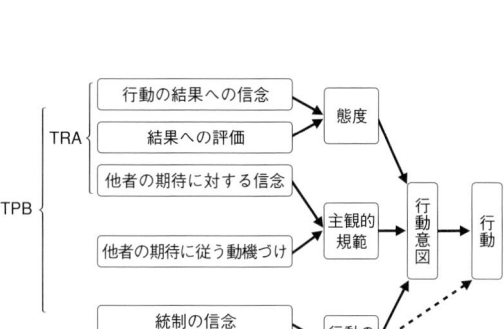

図16－11 合理的行為理論（TRA）と計画的行動理論（TPB）

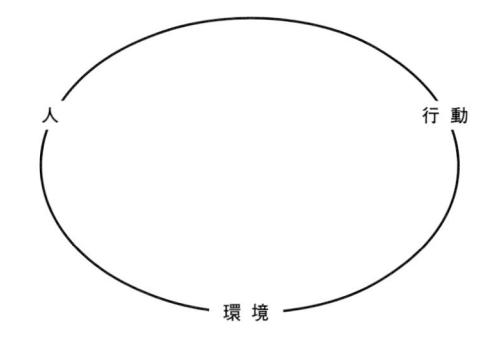

図16－12 社会的認知理論の三者の相互関係

キーワード
● トランスセオレティカル・モデル

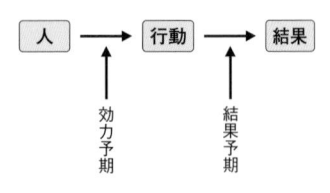

図16-13 効力予期（セルフエフィカシー）と結果予期

よるものであり，両者の予期が高い時に行動が遂行される（図16-13参照）。バンデューラのセルフエフィカシー理論では，この2つの予期は異なったものとしているが，身体活動・運動領域では双方とも自信の概念であり，区別して効果の検証がなされていることは少ない。

また，セルフエフィカシーは，「遂行行動の達成」「代理的体験（モデリング）」「言語的・社会的説得」「生理的・情動的喚起」の4つの資源によって高めることができる。

「遂行行動の達成」とは，成功と失敗からなる個人の経験に基づくもので，成功体験や達成体験はセルフエフィカシーの資源の中でも最も強い効力を持つとされる。「代理的体験（モデリング）」は，他者の成功や失敗，あるいは行動を観察することであり，このような社会的比較情報はセルフエフィカシーに大きく影響する。「言語的・社会的説得」は，他者からの言葉による説得であり，セルフエフィカシーに影響するが，前述の2つと比べると弱い資源といわれる。「生理的・情動的喚起」は，体内からのフィードバック情報のことであり，脅威からもたらされる感情の興奮を取り除くことでエフィカシーは高められる。

3）トランスセオレティカル・モデル

トランスセオレティカル・モデル（Trancetheoretical Model：TTM）はプロチャスカとディクレメンテ（Prochaska and Diclemente, 1992）によって提唱されたもので，行動の変容ステージ，セルフエフィカシー，意思決定のバランス，行動の変容プロセスから構成され，最も包括的な理論である。このモデルの身体活動・運動への適用は始まったばかりであるが，研究としても介入としても有用なモデルである。

行動の変容ステージとは，実際の行動と行動に対する準備性（意図）によって行動を分類するもので，無関心期，関心期，準備期，実行期，維持期の5つのステージからなっている（図16-14参照）。運動を例に説明すると，無関心期は運動を行っておらず近い将来も行う意志がない段階，関心期は現在運動を行ってはいないが近い将来に運動する意志は持っている段階，準備期は運動を行ってはいるが不定期の段階，実行期は運動を行ってはいるがまだ日が浅い段階，維持期は運動を行ってすでに半年以上を経過している段階をいう。行動をしている・していないで判断するのではなく，準備性という動機的成分を加味し，1つでもより後期ステージに移行すれば行動変容したと考えるのである。

セルフエフィカシーは，前述したが，変容ステージとの関係は後期ステージに移行するほど高くなる。

意思決定のバランスとは，行動することの恩恵（pros）と負担（cons）のバランスの知覚をいい，ジャニスとマン（Janis and Mann, 1977）の提唱する意思決定理論の主要な構成要素である。変容ステージと意思決定のバランスの関係は，無関心期と関心期のステージの人は恩恵より負担のほうが上回り，実行期と維持期のステージの人は逆に恩恵のほうが負担を上回る。従って，意思決定バランス得点（恩恵－負担）は後期ステージに移行するほど高くなる。後期ステージに行動変容させるには，負担の軽減を図り，恩恵を強化することである。

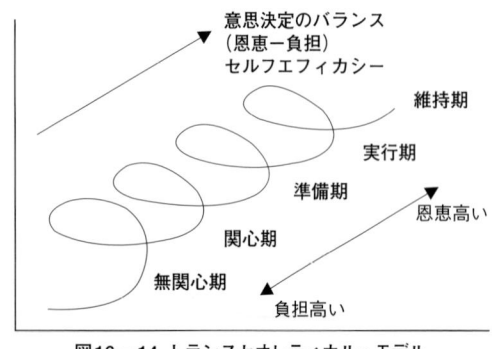

図16-14 トランスセオレティカル・モデル

行動の変容プロセスとは，変容ステージの後期へ移行させるための方略を指す。認知的方略として，行動への意識を高める（意識の高揚），感情的に揺さぶる（ドラマティック・レリーフ），自分自身を見直す（自己再評価），周囲への変化・影響を考える（環境再評価），社会的解放があり，行動的方略として，代替行動を取る（逆条件づけ），他者の援助を受ける（援助的関係），他者に宣言する（自己解放），賞を与えたり，罰を取り除く（強化マネジメント），行動を起こすきっかけをコントロールする（刺激コントロール）の10の方略がある。前期ステージでは認知的な方略を用い，後期ステージでは行動的方略を用いて行動変容を促す。

（橋本　公雄）

キーワード
- 人格
- 性格
- 特性論

文献

1) Ajzen I.（1985）：From intention to action: A theory of planned behavior. In J. Kuhl and J. Beckmanneds. Action control: From cognitive to behavior. New york: Springer-Verlag.
2) Bandura A.（1986）：Social foundations of through and action: A social cognitive theory. Englewood Cliffs, N.J.:Prentice-Hall.
3) Fishbein M. and Ajzen I.（1975）：Belief, attitude, intention and behaviour: An introduction to theory and research. Reading, Mass.: Addison-Wesley.
4) Prochaska J.O. and Diclemente C.C.（1983）：Stage and proccesses of self-change in smoking: Towards an integrative model of change. Journal of Consulting & Clinical Psychology 51: 390-395.

16　スポーツとパーソナリティ・態度・楽しさ

1）パーソナリティ

(1) パーソナリティとは

　パーソナリティは，通常，「人格」あるいは「性格」と翻訳されているが，簡単に言えば，「各個人に特有な，一貫性・安定性が保たれている行動の仕方・傾向」のことである。ここでいう「行動」には，外からは見えない思考パターンや情緒的反応も含まれている。

　パーソナリティの捉え方には様々なものが提唱されているが，ここでは，測定法を手がかりとして，スポーツ心理学研究において有用だと考えられる2つの考え方を取り上げよう。

　パーソナリティは，しばしば，「質問紙」と呼ばれるものを用いて調べられるが（質問紙法），この場合の多くは，特性論という立場に立っている。これは，パーソナリティは多くの具体的な要素（因子）によって構成されているという考え方である。たとえば，日本でよく用いられている矢田部－ギルフォード（Y－G）性格検査では，パーソナリティは12の因子で構成されているという考え方に基づいて測定されている。この因子の数や内容は測定尺度によって異なっており，モーズレイ性格検査（MPI）では，向性（外向－内向性）と神経症的傾向（情緒安定性）の2因子となっている。また近年では，統合理論として，5因子説が注目されている。

キーワード
- 投影法
- スポーツカウンセリング

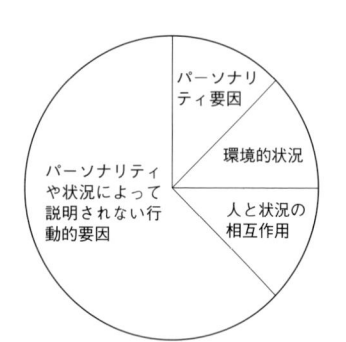

図16-15 パーソナリティおよび状況要因の競技パフォーマンスへの影響力の割合（Cox, 2002）

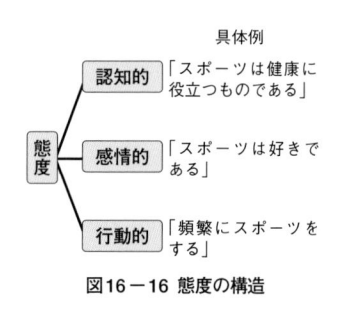

（円グラフ：パーソナリティ要因／環境的状況／人と状況の相互作用／パーソナリティや状況によって説明されない行動的要因）

図16-16 態度の構造

	具体例
認知的	「スポーツは健康に役立つものである」
感情的	「スポーツは好きである」
行動的	「頻繁にスポーツをする」

　一方，投影法というパーソナリティの測定方法があり，代表的なものには，ロールシャッハテストや絵画統覚検査（TAT）がある。これらのテストでは，特定の図や絵に対する反応から個人の中（下位意識レベル）で生じていることが推測され，パーソナリティが解釈される。このような立場は，精神力動的アプローチなどと呼ばれており，スポーツカウンセリングや臨床スポーツ心理学の領域において重視されている。

（2）スポーツとパーソナリティ

　スポーツ心理学におけるパーソナリティ研究は，大きく，「どのようなパーソナリティの人がスポーツで成功したり，スポーツに参加したりするのか」という問題と「スポーツ活動によってパーソナリティは変容するのか」という問題に分類できよう。

　パーソナリティとスポーツでの成功や参加との関係については，一流スポーツ選手や特定のスポーツ種目の選手に共通したパーソナリティを明らかにしようとする研究が行われており，スポーツで成功するために必要な要件として提言されてきた。また，運動学習の効率に向性のようなパーソナリティが影響していることも示唆されている。

　しかしながら，現在では，このようなスポーツマン的パーソナリティの持ち主がスポーツで必ずしも成功するとは限らないと指摘されている。コックス（Cox, 2002）は，パーソナリティはスポーツでの成功の10〜15％程度しか説明しないとしており（**図16-15参照**），様々な要因の1つに過ぎないと主張している。スポーツ参加についても，同様のことが言われているようである。

　また，一般的なパーソナリティよりもスポーツに関連が深い心理特性のほうが，スポーツでの成功や参加を予測するとして，最近では，心理的競技能力のような「スポーツ場面でのパーソナリティ」と考えられる特性を対象とする研究が増えてきている。

　一方，スポーツ活動によるパーソナリティの変容については，向性のような比較的安定したパーソナリティ因子への影響は少ないが，抑うつ性など，「特性」というよりも「状態」に近く，変化しやすいと言われている因子には影響があると考えられている。従って，近年のスポーツによるパーソナリティ変容研究は，一般的なパーソナリティではなく，変容が期待される特定の特性のみを対象としたものが主流となっている。

2）態度

　態度は，心理学では，「様々な対象に対する，個人の一貫した一定の反応傾向」などと定義されている。石井（1987）は，運動に対する態度を，「運動経験を通して形成される楽しさや喜び，運動への価値意識，運動への志向性や行動などの反応傾向であり，個人が運動をどのように感じ，どのように判断し，どのように行動するかを決定する傾向」と規定している。態度とパーソナリティの違いとしては，態度が特定の対象や状況に関連している（たとえば，スポーツに対する態度，勝敗に対する態度など）のに対し，パーソナリティは，そのような対象を想定していないという点があげられている。また，態度は，一般に，感情的，認知的，行動的の各要素で構成されていると考えられている（**図16-16参照**）。

態度は，経験を通じて形成されるものである．態度形成には，欲求がどれだけ満たされているか，関連する情報をどれだけ取り入れられるか，あるいは所属している集団やそのメンバーがどのような態度を持っているかなどが関係している．また，形成された態度は，ある程度安定しているものであるが，全く変わらないというわけではない．スポーツに対する態度も，様々な要因によって変容することがあるが，その要因の1つとして，「楽しさの経験」があると考えられている．

3）楽しさ

楽しさとは，快感情を伴うあるいは導くような心理的状態とみなすことができるだろうが，スポーツにおけるこのような楽しさは，スポーツ参加やコミットメント，アドヒアランスと密接に関係しているようである．

楽しさも，パーソナリティと同様に，様々な要素から成り立っていると考えられている（和田, 2000）．このような楽しさの構成要素を見出そうとする研究は，スポーツだけでなく体育授業や身体活動に対しても行われているが，いずれの研究においても，多くの因子が抽出されている．これらの結果は，スポーツや体育，運動における楽しさは一元的なものではなく，様々な側面を持っていることを示していると言える．また，最近のスポーツ研究においては，「見る楽しさ」についても，「する楽しさ」とは異なる構造やメカニズムがあるだろうということで，関心を持たれているようである．

ところで，これまでの楽しさ研究の多くは，ある程度明確に楽しさを感じる場合を対象としてきたが，スポーツでは，「何となく快適で，うまくいっていた」というような楽しさもあるだろう．このような状態は「フロー」と呼ばれている．フロー状態は，自分の技能レベルと課題の難易度がうまくマッチしたときに生じると考えられている．スポーツ場面でのフロー状態を測る尺度も開発されており，研究の新たな方向性を示す構成概念として注目されている．

（杉山 佳生）

キーワード
- 態度形成
- 快感情
- コミットメント
- アドヒアランス

運動の楽しさとは？
楽しいという感情はなぜ，生じるのか？
（雪の中で遊ぶ姉妹）

文献

1) Cox, R, E.（2002）：Sport Psychology - Concepts and Application -（5th ed.），McGraw Hill, p.185.
2) 石井源信（1987）：「運動に対する態度とその変容メカニズム」．松田岩男・杉原　隆 編：新版運動心理学入門，大修館書店．
3) 和田　尚（2000）：「スポーツの楽しさ」．杉原　隆・船越正康・工藤孝幾・中込四郎 編：スポーツ心理学の世界，福村出版．

17　運動・スポーツに伴う感情変化のメカニズム

なぜ運動やスポーツ活動をした後に，不安，抑うつ，気分などのネガティブな感情が解消され，ポジティブな感情が現れるのか，このメカニズムはまだ分かっていない．しかし，いくつかの生理学的な仮説と心理学的な仮説は提示されているので，それらを簡単に解説する．

キーワード
- 生理学的仮説
- 心理学的仮説

1）生理学的仮説

　生理学的仮説としては，モノアミン仮説，エンドルフィン仮説，大脳機能側性仮説，反動仮説，温熱仮説がある。

　モノアミン仮説とエンドルフィン仮説は，感情に影響するといわれる脳内の神経伝達物質（ホルモン）の分泌量が運動に伴い増加することから説明されるメカニズムである。モノアミン系のホルモンとしてはノルエピネフリン，ドーパーミン，セロトニンなどがあり，これらが運動によって増加するので，抑うつが改善されると解釈されている。また，エンドルフィンは，下垂体前葉で生成され，鎮痛作用，麻薬作用をもつβ－エンドルフィンという内因性モルヒネ様物質が運動によって増加するため，気分の高揚や不安の低減が生じると説明されている。しかし，これらは小動物の実験や末梢の血液や尿中に放出される代謝物質を測定して気分や不安などの感情との関係が調べられているものであり，直接脳内のホルモンを測定して感情との関係を調べているわけではない。

　大脳機能側性仮説は，運動は2つの大脳半球の覚醒に異なって影響を与えるというものであり，運動後の不安低減を脳波のパターンから説明するものである。運動後にアルファ波が増加することは多くの研究で認められているが，左脳の活性が不安低減に，右脳の活性が不安の増加に関連していることからこの仮説が立てられているのである。

　反動仮説は，生理学的メカニズムを用いて心理的変化を説明するもので，神経系は強い刺激を受けると行動的，主観的，生理的要素を含む感情反応が生起し，この過程が活性化されると，有機体をホメオスタシスの状態にもっていく中枢神経の働きによってopponent processが自動的に起こるというものである。つまり，快に対して不快，緊張に対してリラックスのような感情反応がopponent processで生じたことを意味する。運動などの長期的刺激を受けると，運動に伴う不安などの感情が生じ，その一方で運動後にリラックスなどの感情が増加してくると説明されている。

　温熱仮説は，運動に伴う不安低減は運動によって生じる体温の上昇によるという仮説であり，入浴やサウナ後の気分の爽快さを考えれば理解できる。しかし，運動後の体温上昇と不安の低減をみた実験的研究では，体温上昇はみられたものの不安低減が生じなかったり，不安の変化と体温の変化との有意な関係はみられるものの体温の操作では不安反応は説明できなかったりと，まだ十分には検証されていない。

2）心理学的仮説

　心理的仮説としては，マスタリー仮説，活動の楽しみ仮説，心理的恩恵期待仮説，気晴らし仮説などがある。

　マスタリー仮説は，身体的有能感の増加が達成感・成就感を増加する，つまり成就感がポジティブな気分を増加するというものであり，活動の楽しみ仮説は興奮あるいはリラックスした，個人的に有益な，意味のある楽しい経験からもたらされる活動が気分をよくするというものである。心理的恩恵期待仮説は，ある行動が気分の恩恵をもたらすという強い信念をもっている人はもっていない人に比べ，その活動へ参加した時，大きな恩恵を受けるというものである。

また，気晴らし仮説は，一時的にストレスフルな状況から気を晴らすこと，あるいは日常的に繰り返される活動から休息をとることによって不安は低減するというものである。**図16－17**に，運動群（トレッドミル歩行），瞑想群（リラクセーション），コントロール群（座位安静）共に不安低減がみられたことから，この仮説が出されたものである。

運動と気分や感情の変化を説明する，いくつかの生理学的仮説と心理学的仮説を示したが，決定的なものはない。また，まだ十分に検証されていない仮説もある。恐らくこれらのいくつかが複合したものと考えられる。これまでの研究では，運動に伴う感情の測定に不安や抑うつというネガティブな感情尺度を用い，その説明として，生理学的にも心理学的にも「快」というポジティブな側面から説明を試みてきた。これは不安に対してリラックス，抑うつに対して快が，運動に伴って生じるというのが前提にあったからである。しかし，運動中・後に，快感情，リラックス感，満足感などポジティブな感情の増加も見られる。従って，運動に伴う感情の変化のメカニズムを明らかにする研究の課題としては，運動中・後のネガティブな感情だけでなく，ポジティブな感情を直接測定し，提示されている生理学的・心理学的メカニズムを再検討する必要があるだろう。

（橋本 公雄）

キーワード
● 気晴らし仮説

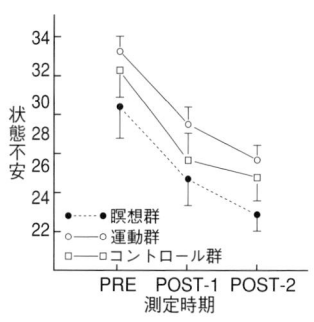

図16－17 気晴らし仮説
（Bahrke & Morgan, 1978）

18 アウト・ドア・スポーツと心の健康

アウト・ドア・スポーツは，1990年代になって，急激に人気が高まってきた。これは都市型の生活が全国に普及した現在，アウト・ドア＝自然派志向という意識が人びとの間で強くなってきたことによるものであろう。

アウト・ドア・スポーツは，登山やキャンプ，スキー，スケート，ダイビング，サーフィン，ヨット，カヌーなど，山や海などの大自然の中で行われるスポーツと捉えることができる。このアウト・ドア・スポーツは，野球やサッカーといった競技スポーツと異なる特性を持っている。

1）自然の中で行われる活動である

日常生活を行っている場所と異なり，山や海といった美しい自然環境の中で行われる活動で，スキーでは雪，サーフィンでは波といった，その活動場所特有の環境を利用して行うスポーツである。そのため安全に配慮が必要で，場合によっては大自然の猛威にさらされ危険を伴うこともある。

2）様々な活動が可能である。

のんびりと山歩きを楽しむトレッキングから本格的な高所登山まで，様々なレベルで自然と関わることがでる。また，山，草原，河川，湖沼などの地形や海，あるいは季節によって多種多様な活動を行うことができるスポーツである。

3）誰もが参加できる

高所登山や氷下でのダイビングなど，特殊なトレーニングを必要とする活動も

キーワード
- 非日常性
- ストレス解消
- 自己有能感

キャンプで川下りを楽しむ子どもたち

カヌーで川下りをする子ども

カヌーを操作してはしゃぐ子ども

あるが，基本的にはアウト・ドア・スポーツは，個人の欲求，体力，技術，経験に応じて，老若男女誰でも参加することができる。現在，スキーやダイビング，サーフィンなどと並び自然散策を中心とするトレッキングを楽しむ人びとが年々増加している。

4）競技性がない

アウト・ドア・スポーツは，人と競争するよりは，様々な自然環境との関わりの中で活動を楽しむことを目的として行われる。競技スポーツのように勝ち負けにこだわることが少なく，活動自体を楽しむ傾向が強いスポーツである。

5）非日常的な環境での活動である

日ごろ生活している環境とは全く異なる自然の中の活動で，日常的な生活様式から離れ，自然環境にあった生活様式を取り入れて行われるのもアウト・ドア・スポーツの特性の1つである。そのため今まで経験したことのない感覚や感動を味わうことができるスポーツである。

このような特性を持つアウト・ドア・スポーツは，心の健康にどのような効果があるのだろうか。アウト・ドア・スポーツは自然の中できれいな空気を吸いながら，全身運動を行うので身体の健康増進には最適である。そればかりか，社会から受ける精神的疲労やストレスを解消してくれる効果があると考えられる。アウト・ドア・スポーツを行うことにより日常生活の決まりきった仕事や煩雑な人間関係から解放され，自然の与える安らぎと新鮮な感覚や刺激により徐々に精神的疲労やストレスから解放されるのである。たとえば，スクーバーダイビングに参加したダイバーを対象にした調査では，ダイビングを行った後で日常的な精神的疲労やストレスが解消されたと感じる人びとが多いことを明らかにしている。さらに，ダイビング前には自覚していなかった潜在的なストレスが，ダイビング後に爽快な気持ちになることで初めて自分が日常生活でストレスを溜め込んでいたことを自覚し，結果としてダイビングがストレス解消に役立つことが調べられている（芝山，1999）。

また，アウト・ドア・スポーツは，危険を伴う厳しい自然環境下で行われることもあり，日常生活とは異なる身体的・精神的なストレスがかかる。このような自然の中での一過性のストレスを，活動をとおして克服していくことにより，自己概念や自尊心，自信を向上させる効果があることが知られている。たとえば，自然の中で行われる年間をとおしたシリーズキャンプは，不登校傾向を示す子どもの自己有能感を向上させ，抑うつ傾向を低減させる効果があることが明らかになっている（兄井，2003）。

以上のように，様々な特性を持つアウト・ドア・スポーツは，大自然の中で行われ，心身をリラックスさせるのに役立ち，日常のストレスによって崩れた心身のバランスを正常に機能させる効果がある。さらに，様々な克服体験をすることで，健全な自己認識を育てる効果もあると考えられえる。しかし，アウト・ドア・スポーツが心の健康に与える効果については，体験的には良く知られているが，現在研究が始まったばかりで，確かなことはあまり明らかになっていない。今後この分野の研究が進むことにより，アウト・ドア・スポーツの

効果的な実施方法が明らかになって行くと考えられる。

(兄井 彰)

キーワード
● 福祉社会

文献

1) 兄井　彰（2004）：キャンプ経験が不登校児童・生徒のコンピタンスと抑うつ傾向に及ぼす効果．日本生活体験学会誌，第4号，25-34頁．
2) 芝山正治（1999）：スクーバダイビングの実施に伴うストレスの解消効果について．駒沢女子大学研究紀要，第6号，43-53頁．

19 福祉社会におけるスポーツの役割

1）福祉社会とは

　福祉とは「幸福の追求，およびその社会的実現に至る努力の過程」（川村ほか，2001）や「幸福．公的扶助やサービスによる生活の安定・充実．「祉」も，さいわいの意」（広辞苑，第5版，1998）と言われている．英語では，Welfare（福祉，厚生，幸福，繁栄の意）と呼ばれている．すなわち，人びとが一人の人間として幸せで，幸福な生活を送ることを追求し，そのために個人や社会が努力することである．そして，福祉社会とは「国民が自らの生活環境を取り巻く社会福祉問題の発生と環境を認識し，それを基盤として市民が連体し行動を起こすことによって諸問題の解決と個々の市民が有する諸権利，自己実現を目指す社会」（山縣ほか，2001）である．21世紀はこれまでに築かれてきた経済国家の中で，人びとの幸福が追求される社会でなければならない．老若男女，健康な人も疾病のある人も，健常者も障害者も，すべての人が幸福な人生を送れることを目指すのが福祉社会であろう．法的には，福祉六法と言われる生活保護法，老人福祉法，身体障害者福祉法，知的障害者福祉法，児童福祉法，そして母子および寡婦福祉法（**図16－18**参照）など多くの法律が制定されている．

　近年，日常的にもバリアフリー（Barrie free，障害除去，障害物のない），ノーマライゼーション（Normalization，等生化，等しく生きる社会の実現あるいは共生化，福祉環境作り）やグローバリゼーション（Globalization，地球規模化，あるいは地球一体化）といった外来語はよく聞かれるようになった．また，「社会福祉」「介護福祉」や「高齢者福祉」「介護タクシー」「公的介護」などと言った言葉は福祉社会を目指した運動である．

2）福祉社会におけるスポーツの意義

　WHOは1980年に障害の概念として3つの分類をしている．心身の機能障害（病気や心身機能の変調が永続した状態），能力障害（そのために諸活動の遂行が制限されたり，欠如すること），そして，社会的不利（機能障害，能力障害の結果として個人に生じた不利益）である．

　福祉社会におけるスポーツは，特にこうした障害を持った人びとを対象にして運動やスポーツを指導したり，一緒にすることによって，彼らの幸福の追求

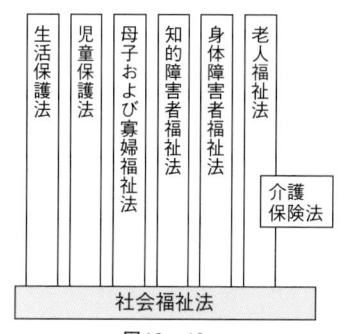

図16－18
社会福祉法の6つの法律「福祉六法」

（生活保護法／児童保護法／母子および寡婦福祉法／知的障害者福祉法／身体障害者福祉法／老人福祉法／介護保険法　→　社会福祉法）

キーワード
● スポーツメンタルトレーニング指導士（補）

車椅子卓球者を囲んでの社会福祉士を志す学生達

福祉士を志す学生たちに語って貰う

及び，その社会的実現への努力（より充実した生活を営む）ことに寄与することに意義がある。

近年，福祉系の大学や専門学校において，「健康スポーツ福祉」「スポーツ健康福祉」「福祉スポーツ」などと呼ばれる学科やコースが開講されている。「予防医学」「介護予防」「健康維持」などをキーワードにしながら，運動，スポーツ，レクリエーションなどの身体活動を通しての援助技術を身につけ，社会に貢献できる「社会福祉士」の人材育成が行われている。同時に社会福祉系の資格取得はもとより，健康運動実践指導者，レクリエーション・インストラクター，障害者スポーツ指導員など運動・スポーツ指導者の資格取得も目指している。

これらの傾向は，わが国が現在・将来にわたって福祉社会を目指す中で，運動・スポーツの貢献の範囲を，これまでの競技スポーツや健康維持のスポーツにとどまらず，福祉社会という社会的規模，国家的規模にまで視点を広げようとする意義あることである。

3）福祉社会におけるスポーツの役割

すでに，多くの運動やスポーツは形こそ違え，福祉のためにも行われているであろう。高齢者のスポーツ，障害者のスポーツ，治療としての運動・スポーツ，健康のため運動・スポーツ，レクリエーション・スポーツ，支えるスポーツとしてのボランティア・スポーツなどである。特に様々な障害を持った人びとに対して運動・スポーツの持つ身体的・心理的・社会的効果が期待できるように指導できることが重要である。最近，寝たきり高齢者を予防するための「介護予防」のための筋力トレーニングやストレッチなどの運動が注目されている。

スポーツ心理学的には，運動・スポーツの持つ心理的効果である心の健康，生きがい，主観的幸福感といった課題の追究が期待される。

（徳永　幹雄）

文献
1) 山縣文治ほか 編 (2001)：社会福祉用語事典，第2版，ミネルヴァ書房.
2) 川村匡由 編・代表 (2001)：社会福祉基本用語集（三訂版），ミネルヴァ書房.

20 スポーツメンタルトレーニング指導士の資格制度

1）スポーツメンタルトレーニング指導士（補）

スポーツ心理学に関する資格として，日本スポーツ心理学会が認定するスポーツメンタルトレーニング指導士（補）がある。この資格は，競技力向上のための心理的スキルを中心とした指導や相談を行う専門的な学識と技能を有すると認められた者に対して与えられる。資格制度は，メンタルトレーニングの需要の増加やメンタルトレーニングに関する研究成果の蓄積などの背景のもと，「スポーツ心理学への認識と理解を高める」「専門家としての信用を得る」「指

導士としての専門性，責任性を高める」などを目的として，平成12（2000）年4月にスタートした。

2）活動の内容

スポーツメンタルトレーニング指導士（補）は，スポーツ選手や指導者を対象として，競技力向上のための心理的スキルを中心とした指導や相談を行う。具体的な活動内容は，以下のとおりである。

❶ メンタルトレーニングに関する指導・助言：メンタルトレーニングに関する知識の指導・普及，メンタルトレーニング・プログラムの作成や実施，メンタルトレーニングに対する動機づけなど。
❷ スポーツ技術の練習法についての心理的な指導・助言：練習・指導法，作戦など。
❸ コーチングの心理的な側面についての指導・助言：リーダーシップとグループダイナミクス，スランプへの対処，燃え尽きや傷害の予防と復帰への援助など（ただし，精神障害や摂食障害などの精神病理学的な問題は除く）。
❹ 心理的コンディショニングに関する指導・助言。
❺ 競技に直接関係する心理検査の実施と診断：競技動機，競技不安，心理的競技能力など（一般的な性格診断は行わない）。
❻ 選手の現役引退に関する指導・助言。
❼ その他の競技力向上のための心理的サポート。

これらの活動は，狭い意味でのメンタルトレーニングの指導・助言に限定しないこと，精神障害に関わる治療行為は含めないこととされている。

3）資格の認定条件

最初に取得するスポーツメンタルトレーニング指導士補の認定条件は，①日本スポーツ心理学会に2年以上在会，②修士号取得者で所定の授業科目の履修者，③スポーツ心理学に関する業績5点以上，④スポーツ心理学に関する研修実績10点以上，⑤心理面の指導実績30時間以上，⑥スポーツ経験者となっている。指導士では，業績，研修実績，指導実績の条件が異なる。

4）資格登録までの流れ

資格の申請から，資格登録までの流れは，図16−19に示されるとおりである。

（磯貝 浩久）

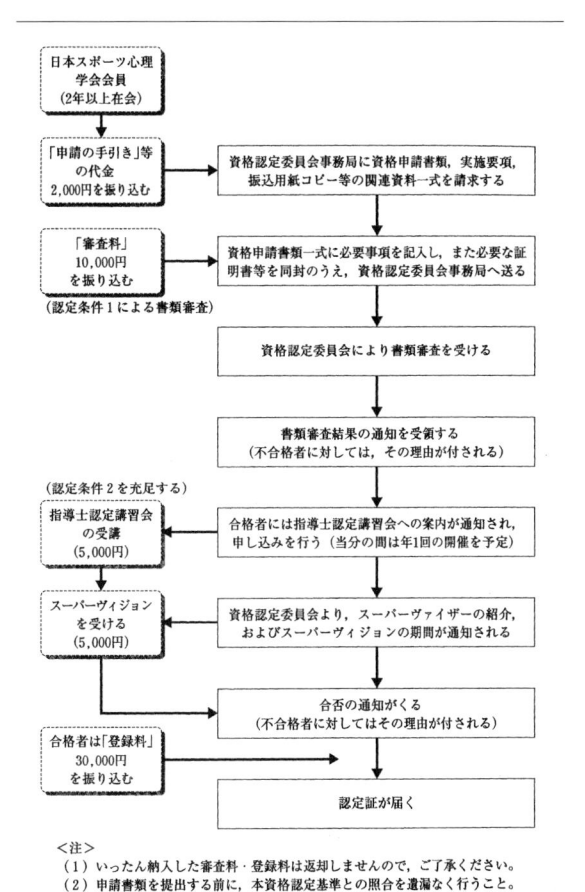

図16−19 資格登録までの流れ
〈資格認定申請の手引き，日本スポーツ心理学会，2002〉

Index

ア行

Item-Total 相関分析	155
アイデンティティ	168
アイデンティティ・ステイタス	169
IPR 練習	50
アクティベーション	53, 122
アセスメント	86, 90
アドヒアランス	199
アファーメーション	179
アブストラクト	158
アルファー係数	156
意識の構図	35
意思決定バランス	115, 127
一次的評価	170
一点への精神集中	36
一般的な自信の高め方	44
イメージ	47, 80, 88
イメージカード	50, 55
イメージトレーニング	83, 85
イメージの基礎練習	47
イメージの利用	54
因子	197
因子的妥当性	155
因子分析	150, 155
ウェルネス	118
内田クレペリン精神検査	12
動機づけ	18
運動学習	103
運動学習心理学	5
運動実践のステージ	130
運動習慣	138
運動心理学	3, 108
運動心理学研究の歴史	109
運動性無月経	181
運動の楽しさ	113
運動の統制感	113
運動部活動	167
運動プログラム	98, 105, 133
運動療法	137
縁起をかつぐ	53
エンジョイメント	141
エンドルフィン仮説	200
応用スポーツ心理学会	2
温感練習	27
温熱仮説	200

カ行

快感情	199
回帰分析	150
快適経験	126
外的集中	34
外的・内的要因	37
外的要因	37
カウンセラー	92
カウンセリング	92
鏡の前	55
学術雑誌	160
学術論文	158
学生の精神的健康	119
額凉感練習	29
仮説	157
課題・自我志向性	184
課題達成機能	68
活動の楽しみ仮説	200
ガーフィールド	13
体のリラックス法	31
ガルウェイ	35
感覚	33
観察的研究	148
感情の安定やコントロール能力	119
技術・体力・心理面の作戦	49
技術のイメージづくり	53
技術の転移	97
技術の保持	97
技術練習	53
基準関連妥当性	155
基礎イメージ	90
期待信念	113
きっかけになる言葉	38
気晴らし仮説	200
規範	66
気分転換	119
気分プロフィール尺度	12
基本的態度	92
基本統計	157
逆転移	96
逆転の作戦	50
客観的競技不安	173
キュウ・ワード	30
教育的アプローチ	85
教育的コンサルテーション	85
共感的理解	92
競技引退	166, 192
競技引退観検査	193
競技後の反省	16
競技状態不安	12, 174
競技場でよい緊張感	31
競技特性不安	12, 173
競技内容の評価	145
競技後の振返り	59
競技前の心理的準備	16, 57
競技前や競技中の気持ちづくり	53
競技力向上	89
協調性	64
共分散構造分析	150
共分散分析	150
筋弛緩法	26
筋電バイオフィードバック	28
禁欲規則	95
身体的対応策	53
苦痛の閾値	39
Good-Poor 分析	155
クライエント	85, 92
クライテリオン群の設定	155
グラハム	13
グリット・エクササイズ	36
グリフィス．C	2
グールド	20
計画的行動理論	194
継続は力なり	125
傾聴	92
系統的脱感作法	78
結果期待感	41
結果に対する目標	22
結果の知識	126
結果や目標に対する自信	43
月経異常	181
結論	158
ゲーム・ライク・プラクティス	101
ゲームライクドリル	105
原因帰属理論	165
健康運動心理学	4
健康のモデル・定義	117
健康関連QOL	137
健康志向のスポーツ	122
健康スポーツの心理学	108
健康増進	127
健康とは	117
健康日本21	118
検証的因子分析	156
恒常練習	99
構成概念妥当性	155
行動意図	113
行動変容技法	129
更年期症状	134
更年期の身体の変化	134
幸福主義モデル	117
興奮を鎮める	53
項目の通過率	155
効率型練習	123
合理的行為理論	194
効力期待感	41, 121

高齢者	131
国際スポーツ心理学会	2
心作り	89
心のリラックス	29
個人型練習	123
個人・社会志向性	185
個性	65
コーチング	175
コーチングモデル	176
骨粗しょう症	181
コーピング	170
コミットメント	199
コミュニケーション	86
コミュニケーション構造	60
コミュニケーション・スキル	62
コンサルテーション	85
コンセントレーション	82

サ行

サイキング・アップ	30, 80
サイキング・アウト	30
再テスト法	156
作戦イメージ	49
作戦能力のトレーニング	16
試合中の心理状態診断検査	12
試合前の心理状態診断検査	12
ジェイコブソン	26
ジェンダーバイアス	181
ジェンダー論	190
時間的展望	167
刺激コントロール法	116
自己暗示	53
思考コントロール	178
自己会話	56
自己効力感	41, 121, 137
自己実現意欲	19
自己宣言	22
自己動機づけ	114
自己分析	90
自己有能感	202
自信	121, 174
自信とは	41
自信に影響する要因	42
自然体験	141
視線の固定	37
実験的研究	148
実証的研究	147
実践報告	158
質的研究	84, 152
質の高い練習	87
失敗	58

執筆・投稿の手引き	157
質問項目の選定	155
質問紙の作成	155
質問紙法	197
実力発揮	87
実力発揮度の評価	58, 145
実力発揮・目標達成型目標	123
しているイメージ	48
児童用精神的健康パターン診断検査	141
示範（デモンストレーション）	104
シミュレーション・トレーニング	67
社会的手抜き	67
社会的認知理論	194
重回帰分析	150
収束的妥当性	155
集団維持機能	68
集団の機能	61
集団の凝集性	61
集団の構造	60
集団の構造化	60
集団の志気	61
集団の成員性	61
集団の生産性	61
集中した動きづくり	39
集中点	88
集中力	66, 80, 85
集中力とは	33, 36
集中力の定義	35
集中力のトレーニング	16
集中力を維持する	39
集中力を高める	36
集中力を妨害されない	37
主観的競技状況	173
主体変容	89
受動的集中	34
守秘義務	95
シュブリルの振子実験	36
シュルツ	27
シュルツの心の健康	119
純粋性	92
生涯発達	166, 192
勝者の条件	57
状態 – 特性不安テスト	172
状態不安	172
状態不安調査	12
状態をみる検査	12
情動焦点型コーピング	171
情報フィードバック	105
勝利意欲	20
女性のスポーツ参加	190
自律訓練法	27

事例研究	158
人格	197
深呼吸	26
人生の成功	59
心像	47
心臓リハビリテーション	137
身体活動	127
身体活動・運動行動	112
身体活動・運動の継続法	114
身体活動習慣	126
身体活動セルフエフィカシー	127
身体活動の恩恵	127
身体活動の負担	127
身体活動変容ステージ	127
身体障害者	135
身体的・精神的リラクセーション	120
身体的不安	174
身体的リラクセーション	53, 119
信頼性の検証	156
心理学の仮説	200
心理学的ストレスモデル	170
心理尺度の作成	154
心理状態のチェック	58
心理の恩恵期待仮説	200
心理的競技能力	10, 198
心理的競技能力診断検査	12, 79, 82
心理的競技能力の因子	11
心理的コンディショニング診断テスト	12
心理的サポート	84
心理的状態の評価	144
心理的スキル	10, 19
心理的スキルとレーニングの進め方	16
心理的スキルトレーニング	81
心理的スキルの診断	16
心理的スキルのトレーニング	15
心理的スキルの評価	145
心理的ストレス	170, 188
随伴性の管理	116
頭寒足熱	31, 56, 122
スキーマ	97
スキーマ理論	97
スキルウオームアップ	105
ストレス	170, 186
ストレス解消	202
ストレス反応	170
ストレスマネジメント	170
ストレスマネジメント教育	189
ストレッサー	170, 189
スーパーバイザー	94
スーパーバイジー	94
スーパービジョン	7, 94

Index

スピリチュアル 118
スピルバーガー 172
スポーツカウンセリング 198
スポーツキャリア 192
スポーツ競技不安テスト 174
スポーツ・健康図書総目録 159
スポーツ傷害 188
スポーツ心理学研究 160
スポーツ心理学の研究内容 5
スポーツ選手としての生活習慣 43
スポーツ選手に必要な自信 42
スポーツ選手の心の健康 123
スポーツ日誌 59, 79
スポーツビジョン 182
スポーツマン的同一性 168
スポーツマン的パーソナリティ 198
スポーツメンタルトレーニング指導士
....6, 204
性格 197
生活習慣の評価 144
成功 58
成功 - 失敗 121
成功体験 126
精神集中 30, 36, 53
精神的対応策 53
精神的リラクセーション 53, 119
精神力動的アプローチ 198
生物医学モデル 118
性役割葛藤 181
生理学的仮説 200
勢力構造 61
世界女性スポーツ会議 191
積極的思考法 115
積極的対話 53
折半法 156
セルフコントロール 88
セルフモニタリング 114
狭い集中 34, 39
セルフエフィカシー 113
セルフトーク 30, 36, 82, 177
セルフモニタリング 130, 133, 139
セレモニー化 38
先行研究 157
漸進的リラクセーション 27, 29
センタリング 83
鮮明なイメージ 50
相互独立的自己観 64
相互協調的自己観 64
ソシオメトリック構造 60
組織キャンプ 140
ソーシャルサポート 67, 70, 115

タ行

体育学研究 160
体協競技動機テスト 12
体育心理学専門分科会 3
対象物への注意の固定 36
態度形成 199
タイトルナイン 191
大脳機能性仮説 200
タイム・トライアル 51
他者依存 53
達成感 120
達成動機 18
達成度評価 130
妥当性の検証 155
楽しみ・思いきり型競技 123
WHOのオタワ憲章 118
WHOの定義 117
多様性練習 99
短期的目標 22
知覚 33, 35
チームスローガン 81
チーム・ビルディング 69, 86
チーム風土 67
チームプロセス 68
チーム目標 66, 69
チームワーク 68
注意 35
注意集中 178
注意の概念 33
注意の警戒 33
注意の固定 36
注意のスタイル 34
注意の選択 33
注意の能力 33
注意の方向 34
注意を一点に集める 36
注意を乱す要因 37
中期的目標 21
中高年女性の健康と運動 134
中高年女性の適度な運動 134
長期的目標 21
適応性 121
適応モデル 117
テニス選手 89
転移 96
投影法 198
動機づけ 164
動機づけ理論 164
統計的検定 157
闘争心 19

東大式エゴグラム 12
特性不安 172
特性不安テスト 12
特性論 197
特性をみる検査 11
特定状況における技術の発揮度の評価
....145
トランスセオリティカル・モデル
....127, 194

ナ行

内観療法 81
内省報告の評価 145
内的集中 34
内的要因 37
ナイデファー 34
内容的妥当性 155
納得・合意型練習 123
二次的評価 170
日常生活動作能力 132
日本心理学会 157
日本スポーツ心理学会 2
日本体育学会 3
人間的成長 193
忍耐力 19
認知行動的コンサルテーション 85
認知的トレーニング 81, 101
認知的評価 25, 170
認知的不安 174
認知の仕方 26
眠るのも技術 56
能動的集中 34
脳波バイオフィードバック 28
脳波のバイオフィードバック機器 37
能力に対する自信 43

ハ行

バイオフィードバック 74
バイオフィードバック機器 37
バイオフィードバック・トレーニング ...35, 37
バイオフィードバック法 28
背景公式 27
敗者の条件 57
パーソナリティ 114
パーソナリティ変容 198
パターン化 38
パフォーマンス確率の評価 145
バリアへの対処 115
バーンアウト 186
判断力 121
バンデュラ 41, 121

索　引

反動仮説 200
PST パッケージ 82
PM式リーダーシップ 68
ピークパフォーマンスのイメージ 90
非言語的コミュニケーション 62
ビジュアルトレーニング 182
非日常性 202
皮膚温 27
皮膚温バイオフィードバック 28
評価尺度 11
評価尺度のシステム化 13
評価の技法 144
広い集中 34, 39
疲労骨折 181
不安 172
不安の対応策 53
VTR, 録音テープ, 作戦板の利用 55
風景のイメージ 47
フォーカルポイント 80
フォーメーションテスト 82
福祉 203
腹式呼吸 26
福祉社会 203
福祉社会におけるスポーツ 203
福祉六法 203
プレイの内容に対する目標 22
プレイのルーティン化 38
プレイをしていない時 56
ブレイン・ストーミング 67, 69
プレゼンテーション 86
フロー 199
付録 158
プログラムの評価 145
分散分析 150
文脈干渉効果 99
ベストプレイのイメージ 48
ペップトーク 88
弁別的妥当性 155
変容プロセス 128
北米スポーツ心理学会 2
ポジティブシンキング 80
本番（競技出場） 16
本番（競技出場）の注意 57

マ行

マイクス 13
マスコミコントロール 85
マスタリー仮説 200
マートン 20, 173
満足感 120
見立て 93

見ているイメージ 48
無作為割付介入 129
無条件の積極的関心 92
メンタルアドバイザー 84
メンタルスキルトレーニング 85
メンタルトレーニング 59
メンタルな動きづくり 16, 54
メンタルヘルス 110, 140
メンタルマネジメント 84
項目分析 155
目的 157
目的意識 87
目標志向性 184
目標修正 24
目標設定 20, 66, 80, 82, 87, 90, 114
　　　　　　　　　　　126, 130, 188
目標設定スキル 167
目標設定表 23
目標達成意欲 120
目標達成度の評価 145
目標のたて方 20
モチベーション 87
モノアミン仮説 200
モラトリアム 169
モラール 66, 68
問題焦点型コーピング 171

ヤ行

役割遂行モデル 117
役割・地位構造 60
役割の明確化 66
矢田部・ギルフォード性格検査 12
やる気 18
やる気を高める 16
やる気を高める方法 18
よい緊張感 16, 25
用具なし, ボールなしでの動きづくり ... 55
用具や競技場のイメージ 48
予測力 121
予備調査 155

ラ行

ライフイベント 192
ライフスキル 43, 118, 166
螺旋モデル 125
リセット 88
理想の心理状態 13
リーダーシップ 68
リハーサル（予行練習） 47
リハビリテーション 135, 188
リラクセーション 80, 82, 122

リラクセーションテクニック 85
リラックス点 88
リラックスの原理 31
リラックス法 90
臨床スポーツ心理学 198
臨床モデル 117
倫理 95
ルーティン 80
ルーティン化 38
レーア 13
レビュー 157
練習の組織化 104
練習ノート 86
ロジックツリー 88
露天風呂 31
ロールプレイ 81
論理療法 80
矢田部・ギルフォード性格検査 82

ワ行

ワインバーグ 13, 45

欧文

ACSI-28 180
CSAI 174
DIPCA 74, 77, 180
DIPCA.3 12
DIPS-B.1 12
DIPS-D.2 13
Exercise Psychology 108
Female Athlete Triad 180
POMS 79, 82, 188
PPI 82
SF‐36 138
STAI 173
TAIS 74, 77
TSMI 180

教養としてのスポーツ心理学
©Mikio Tokunaga 2005

NDC375 / vi, 209p / 26cm

初版第1刷 ——	2005年5月20日
第8刷 ——	2013年9月1日

編著者 —— 徳永幹雄(とくながみきお)
発行者 —— 鈴木一行
発行所 —— 株式会社 大修館書店
　　　　　〒113-8541　東京都文京区湯島2-1-1
　　　　　電話 03-3868-2651(販売部) 03-3868-2299(編集部)
　　　　　振替 00190-7-40504
　　　　　[出版情報] http://www.taishukan.co.jp

装丁 —— 海野雅子(サンビジネス)
本文デザイン・DTP —— サンビジネス
印刷所 —— 広研印刷
製本所 —— ブロケード

ISBN978-4-469-26577-4　Printed in Japan

[R]本書のコピー、スキャン、デジタル化等の無断複製は著作権法上での例外を除き禁じられています。本書を代行業者等の第三者に依頼してスキャンやデジタル化することは、たとえ個人や家庭内での利用であっても著作権法上認められておりません。